SAINTE-MARIE DE QUARANTE

SAINTE-MARIE DE QUARANTE

DOCUMENTS INÉDITS

> Templun ad Dei omnipotentis, ipsius
> Virginis reverentiam et honorem aedifi-
> catum in villa de Quadraginta.
>
> (Bulle du Pape Innocent IV à l'Abbé de Quarante.)

J'ai entrepris ce travail pour la gloire de Dieu et l'honneur de Sainte-Marie de Quarante

BÉZIERS

Imprimerie Générale, Barthe, Soucix, Bourdou & Rul
9, Avenue de Pézenas et Avenue de Bédarieux, 10

1907

SAINTE-MARIE

DE QUARANTE

DOCUMENTS INÉDITS

> Templun ad Dei omnipotentis, ipsius
> Virginis reverentiam et honorem aedifi-
> catum in villa de Quadraginta.
> (Bulle du Pape Innocent IV à l'Abbé
> de Quarante.)

J'ai entrepris ce travail pour la gloire de Dieu et l'honneur
de Sainte-Marie de Quarante

BÉZIERS
Imprimerie Générale, Barthe, Soueix, Bourdou & Ryl
9, Avenue de Pézenas et Avenue de Bédarieux, 10

1907

Monseigneur,

Ce modeste recueil est destiné à porter la joie dans toute âme vraiment chrétienne. N'est-ce point une joie de constater combien a été louable et vertueuse la vie des moines de cette abbaye ? Des nombreux chanoines de Sainte Geneviève, qui ont chanté les louanges de Dieu, sous ces voûtes dix fois séculaires, un seul est accusé de n'avoir pas été un bon religieux. C'est en vain que j'ai cherché sa condamnation. Elle a dû être gratuite, puisque je ne l'ai trouvée nulle part.

Tous les faits que j'ai pu recueillir sont unanimes à nous montrer comment les Génovéfains du Monastère de Sainte-Marie de Quarante surent mériter par leur zèle ardent, et leur profonde piété, la confiance des habitants de la région. Aussi les ressources affluaient pour fonder un hôpital, distribuer d'abondantes aumônes, etc., etc.

Comment mieux dépeindre leurs multiples bienfaits, que par ce tableau de nos saints livres : « J'ai vu un fleuve sortir de ce temple, et tous ceux qui venaient s'y désaltérer y trouvaient une vie surabondante ».

J'ai l'honneur, Monseigneur, d'être, de Votre Grandeur, le très humble, très respectueux et très obéissant serviteur.

Louis VABRE, Curé de Quarante.

10 Janvier 1907

(Manuscrit publié avec les encouragements de Monseigneur de Cabrières, évêque de Montpellier.)

Le 15 Février 1907.

Cher Monsieur le Curé,

Je vous remercie de m'avoir envoyé votre curieux et très intéressant travail sur votre belle église et sur tout son glorieux passé. Ce ne sont, il est vrai, que des documents, présentés selon l'ordre chronologique, et auxquels vous avez laissé leur valeur propre, sans les surcharger d'aucun commentaire, mais, tels qu'ils sont, ils ont une éloquence et une importance qui vous les ont fait remarquer et publier. Votre tact si sûr, en fait de découvertes d'inscriptions ou de médailles, ne l'a pas été moins au point de vue des pièces manuscrites ou inédites, ou peu connues, à recueillir et à signaler à l'érudition des hommes spéciaux, que ces études de détail sur l'ancienne Eglise de France intéressent justement.

Pour moi, que tant d'années, passées dans le diocèse, ont attaché, chaque jour davantage, à son histoire, à ses monuments et à tous ses souvenirs, je vous bénis de m'avoir procuré la joie de pénétrer un peu plus avant dans la vie des Evêques, des Abbés et des Moines qui ont habité Quarante. J'aimais déjà beaucoup votre imposante Eglise, si pieusement restaurée par M. le Vicaire général David, votre intelligent et dévoué prédécesseur. Mais je l'aimerai plus encore ; et quant il me sera donné d'y célébrer les Saints Mystères ou d'y donner la Confirmation, j'y prierai, j'espère, avec un redoublement de zèle et de ferveur.

Croyez, Monsieur le Curé, à ma reconnaissante, paternelle et respectueuse amitié en N. S.

☨ Fr. M. A. de Cabrières,
Evêque de Montpellier.

ERRATA

Pages.

10	Hubner	au lieu de	Hububner.
11	dispositœ	—	ripositœ.
15	Anadyomede	—	Anadyomene.
37	observé	—	observée.
38	mais celui que les Frères.		
63	fils	au lieu de	fil.
71	Frichoux	—	Freichoux.
98	1267	—	1167.
107	habitent Cruzy	—	habi est de Cruzy.
119	Magalonensis	—	Magalinensis.
128	Innocent VI	—	IV.
133	montrent	—	montre.
139	accoste	—	accorté.
158	canoungès	—	caoungès.
160	Mansé	—	masse.
165	Charbonneau	—	Chabonneau.
169	hebdomadier	—	herdomadier.
173	patus	—	patur.
188	leur entier acte	—	(sans le point).
205	ainsi que les chanoines	—	prieur que les chanoines:
209	sous la promesse	—	sans la promesse.
217	official	—	officiel.
218	quart de	—	quart ne.
227	gros	—	gos.
242	hants	—	hauts
254	Erœside	—	Preside
286	À la 28e ligne, le mot Dépenses est oublié.		
302	compte	au lieu de	comporte.
308	À la semence	—	à semence.
311	monastère	—	monaste.

PRÉFACE

Tout visiteur est heureux de saluer d'un regard le splendide édifice qui est l'orgueil de notre paroisse. Alors les interrogations se succèdent dans l'esprit. Qui a construit ce monument ? Qui a élevé ces voûtes hardies ? Quels sont les religieux qui ont fait retentir ces voûtes des louanges de Notre-Seigneur Jésus-Christ ? L'œil attendri s'arrête sur ces pierres d'un aspect sévère qui suintent les prières de ceux qui se sont succédé, car dans la solitude et le silence — et cela depuis dix siècles — ces pierres-là chantent leur poème de foi et d'amour à la gloire de Dieu.

Ces églises antiques sont comme ces parchemins effacés où on lit pourtant encore quelques restes des chroniques des temps passés. Villemain les appelait des poèmes épiques, qui, après huit et dix siècles, font encore notre admiration.

Nous avons interrogé cette glorieuse et illustre église qui porte au front sa couronne splendide d'antiquité, remarquable, non par la richesse des sculptures et le fini des détails, mais par la majesté sévère de ses proportions et de sa masse imposante.

Elle est comme l'Incarnation de la foi et de la prière de nos ancêtres. N'éprouve-t-on pas un légitime orgueil à la voir exciter l'admiration des savants et des sociétés archéologiques qui viennent la visiter ? Ne rappelle-t-elle point le glorieux souvenir de cette longue suite de savants et pieux Abbés, et le rôle marqué par chacun d'eux dans l'histoire ?

Livre ouvert apte à redire notre passé, notre grandeur ; il est, en un mot, le plus précieux lot de notre patrimoine local. L'église a été le témoin des joies et des douleurs de nos pères, elle assista aux enthousiasmes que soulevaient dans la foule les événements heureux et aux tristesses que lui imposaient nos revers. A ce titre, elle est bien de tous les temps, l'âme de la cité.

Parcourez ces quelques lignes et vous en serez convaincus. Presque toutes les paroisses voisines, les anciennes propriétés y verront leur origine, y suivront leur destinée.

Nous ne prétendons pas au titre d'historien ; nous n'invoquerons point cette lutte entre savants de l'univers pour savoir quel est le meilleur historien, de celui qui se contente de réunir les documents, ou de celui qui cherche à plaire au lecteur par une disposition recherchée. Est-ce dans le talent du narrateur que les traits édifiants puisent leur vertu ? Un acte de bravoure est-il amoindri par une plume moins habile !

Le titre de chroniqueur, j'allais dire de copiste nous suffit. Nous nous sommes contenté de juxtaposer les unes après les autres dans l'ordre des temps, les témoignages et les documents. Réunir sous le nom des Abbés les actes les plus importants accomplis sous leur administration, sans oublier que l'histoire doit être le miroir fidèle du passé : telle est notre modeste entreprise.

La traduction n'a pas toujours été employée ici, comme dans les ouvrages historiques. Les personnes à qui ces matières sont familières dédaigneraient, avec raison, un travestissement qui ferait perdre à ces documents leur couleur historique sous l'épaisseur du badigeon du langage moderne.

Auteurs consultés.

Histoire du Languedoc, Privat. — Gallia Christiana. — Bulletin des Sociétés archéologiques de Béziers, Narbonne, Albi. — Bibliothèque Nationale. — Archives de Quarante, Narbonne, Béziers. — Préfecture de Montpellier. — Cauvet, d'Aigrefeuille, du Cange. — Minutes des études de Quarante, Bize, Ginestas. — Mairie d'Argelliers, etc.

SAINTE-MARIE DE QUARANTE

Origine du nom de Quarante

PRESQUE toujours les étymologies des noms sont une sorte de bref sommaire qui rappelle l'histoire, le sol, le site, le climat, l'industrie, etc., du lieu, ou la cause occasionnelle de son nom. L'opinion la plus commune est que, dans notre Midi, le vocabulaire géographique est absolument d'origine néo-latine. Pour déterminer ces origines, il n'y a, sans doute, pas de principes fixes, ni des lois générales. Les origines les moins sûres sont celles qui viennent des Celtiques et des Phocéens. Au contraire, les moins exposées à l'erreur sont les noms d'origine romaine.

Trois opinions se disputent l'origine du nom de Quarante. Jusqu'en 902, on disait « Sainte-Marie *de Vico* » surnommé Quarante. A Rome on appelait *vicus* une voie bordée de constructions, une rue ; exemple : la voie sacrée, *vicus Truscus*, etc. Par analogie, lors de la conquête de la Gaule, les Romains appelèrent de ce nom les villages gaulois placés sur une route. Le *vicus*, en Gaule était une agglomération d'hommes libres, régie par *tres vicani* ; tandis que la *villa*, centre d'exploitation, créé par le colon romain, sur sa concession, était peuplée uniquement d'esclaves. Il y avait aussi le *castrum* qui était une réunion de familles protégées par des fortifications.

Conformément à l'histoire, il est permis de dire que Sainte-Marie *de Vico* était en premier lieu une réunion d'habitants libres, qui bientôt laissa la première partie de son nom pour conserver la seconde, Sainte-Marie de Quarante : c'est la dernière partie de ce nom qui a donné lieu à des sentiments opposés.

Première opinion. — Cette opinion serait basée sur la tradition orale, d'après laquelle Charlemagne aurait bâti en ce lieu la quarantième église.

Après avoir parcouru beaucoup d'ouvrages sur les abbayes, nous avons découvert que certains écrivains s'étaient appuyés sur cette même tradition pour donner la même origine. Quelques-unes de ces traditions sont rapportées par l'histoire. Ainsi, à l'abbaye de la Grasse, chaque jour, à la Grand'messe, le pain et le vin destinés à être consacrés étaient offerts pour le repos de l'âme de l'empereur Charlemagne, à titre de fondateur du monastère.

La tradition attribue aussi au même monarque l'érection de l'église d'Urgel, celle de Saint-Volusien à Foix, etc. Andoque et d'autres historiens lui ont attribué Saint-Jacques de Béziers.

Pour nous, l'histoire, en nous fournissant une puissante lumière, nous aidera à réfuter la tradition.

A part l'encadrement noir qui entoure, à l'intérieur et à l'extérieur, la grande porte et les portes latérales de l'église; à part les baies qui accusent une époque carlovingienne, rien ne prouve que l'église de Quarante soit la Quarantième église de l'empereur franc.

Nous avons eu le bonheur de découvrir un document apte à donner plus de valeur à notre opinion : c'est un détail contenu dans un manuscrit des archives de Narbonne, intitulé : « Inventaire des actes de la visite des églises du diocèse de Narbonne, pages 419-420. » Cet in-folio renferme les observations faites par l'Archevêque au sujet de sa visite dans la paroisse de Quarante. « Item au mois de Juillet 1404 est faite la visite du monastère de N.-D. de Quarante et feut dist que ladicte église feut construite par Charlemaigne. »

Dans le chapitre *de Vestimentis*, il est dit par les chanoines de Quarante, au XIII° siècle : «Nos saints Pères, d'accord avec Charlemagne, fondateur de notre monastère, donnent aux chanoines de la première institution le titre de Clercs du monastère du bourg de Quarante. »

Il y a donc six cents ans que la tradition attribuait l'église à ce monarque, sans dire que ce fût sa quarantième.

Dans la plupart des diocèses d'Allemagne, du consentement des Papes, depuis le pontificat d'Alexandre III, la fête de Charlemagne est célébrée par un office particulier. Que dit le bréviaire allemand ? La seconde leçon du deuxième nocturne, résumant les bonnes œuvres du monarque, s'exprime ainsi : « Cœnobia viginti quatuor erexit ; duas metropolitanas sedes ac novem espicopales constituit Templa viginti et septem exœdificatificavit. » La tradition orale n'est donc pas confirmée par l'histoire.

Les chroniqueurs du règne de ce grand homme, tout en louant son zèle à construire des églises et en réparer un nombre très considérable, ne mentionnent nominativement que celles d'Aix-la-Chapelle et de Paderborn. (Collect. Duchesne.)

Par son testament, il légua au clergé, le tiers de sa fortune mobilière, sans aucune affectation spéciale à la construction ou à la réparation d'églises ; le legs est fait simplement aux vingt et une métropoles de l'Empire (*Acta Sanctorum*, t. I, p. 883 et seq.)

Au total, si l'église de Quarante est peut-être d'origine carolingienne, il nous paraît indubitable qu'elle n'est pas la quarantième.

DEUXIÈME OPINION. — M. Carou rappelle l'opinion de Dumège (*Histoire du Languedoc*, notes du livre III), d'après laquelle il s'aventure à dire : « Un embranchement partant de Pigasse, menait à un bourg situé à une distance de XL milles de Carcassonne. »

Peut-on supposer un instant que les Romains aient compté les bornes de Carcassonne à un petit bourg de Quarante, alors qu'ils dirigeaient leur voie vers Narbonne ? qu'ils aient pu regarder comme d'une infime valeur la capitale et faire un embranchement vers un vicus qui aurait mérité les honneurs de diriger le parcours kilométrique ? Tel n'a pas été l'aveuglement des Romains.

Quatre grandes voies romaines s'ouvraient dans la Narbonnaise :

La première passait dans les Alpes Cottiennes, atteignait Valence, suivait le cours du Rhône et traversait le Gard, l'Hérault, l'Aude et les Pyrénées-Orientales : c'était la voie Domitienne qui avait son embranchement vers l'Aquitaine. (Cicéron.)

La deuxième avait son point de départ dans les Alpes Grecques, et reliait Vienne et Valence.

La troisième commençait à Cessero, pour se diriger vers les Cévennes.

La quatrième, construite par Agrippa, durant son séjour à Lyon unissait cette ville à Marseille.

Seule, la première voie aurait pu desservir Quarante.

Nous répondrons d'abord que les cartes géographiques font passer cette voie à huit kilomètres de Quarante. De plus, nous savons que toutes les bornes de la voie romaine, comme on le voit sur celle de Saint-Couat, portaient en chiffres, non seulement leur distance d'une étape à l'autre, mais encore leur distance de Rome. Les deux applications, ainsi que nous allons le voir, sont impossibles dans notre cas.

La longueur de l'étape était généralement de 15 ou 16 et quelquefois de 18 milles. Sur la section de Narbonne à Nîmes, nous trouvons : Narbonna XVI milles ; Beterræ XII ;

Cessero XVIII ; Forum Domitii XV ; Sextantio XV. De Rome à Narbonne on comptait exactement 901 milles. Il est donc impossible de trouver à Quarante, la quarantième borne miliaire, soit en considérant la distance de Quarante à Narbonne soit en la considérant de Quarante à Béziers, encore moins à Rome.

Nous avons donc le droit de dire que cette quarantième borne, encore à trouver, est imaginaire, et plus imaginaire encore l'opinion elle-même.

Désireux de rendre plus sûr notre sentiment et de prévenir toute objection possible dans les temps futurs, nous avancerons nous-même trois arguments que personne n'a osé invoquer.

Le premier argument ne nous permettrait-il pas d'affirmer que Quarante doit son nom à la quarantième légion fixée en ce pays ?

D'après Suétone (livre IV), Thibérius Néron vint en Gaule établir des colonies ; il y avait celles d'Arles, de Narbonne, de Béziers, d'Orange: celle ci était désignée sous le nom de Colonia Julia Arauzio *Secundanorum ;* celle de Fréjus, Forum Julii *Octavanorum* ; celle de Béziers, Julia Beterræ *Septimanorum ;* parce que dans ces colonies se trouvaient la seconde, la huitième et la septième légion. Nulle part dans Suétone, ou dans les autres auteurs, il n'est fait mention ni de la colonie, ni de la quarantième légion.

Pour la conquête des Gaules, César avait porté le nombre des légions à quinze. Nulle part le *De Bello Gallico* ne mentionne une légion supérieure par le nombre.

Le second argument est, à son tour, puisé dans l'histoire. Il y a quelques années seulement, les archéologues, désireux de faire revivre le passé, ont découvert des inscriptions propres à nous permettre de faire un rapprochement.

On voit dans l'église de Téza, commune des Pyrénées-Orientales, située à huit kilomètres de Perpignan, non loin de la voie romaine, une inscription sur marbre avec le sigle suivant : XXXX. Un marbre semblable a été trouvé à la Crau, près des frontières d'Italie ; un troisième à Lyon, et un quatrième à Saint-Bertrand de Comminges. Que désigne ce nombre XL ? Il désigne un impôt de deux et demi pour cent prélevé sur toutes les choses transportées, dit Quintilien, dans sa déclaration 3590 : « Præter instrumenta itineris, omnes res quadragesimam publicano debeant. » Ces bureaux étaient placés à l'entrée et à la sortie des villes et des provinces. Or ici, rien n'est applicable à Sainte-Marie de Quarante, car ce village n'était ni à l'entrée ni à la sortie d'une province, mais bien un vicus placé dans la Septimanie, où l'on ne saurait découvrir ce collecteur d'impôts.

Comme troisième argument, nos contradicteurs pourraient encore nous rappeler ce fait emprunté aux *Gesta Karoli magni,* qui montrent Charlemagne, venu dans la Septimanie pour combattre seize rois exerçant auprès de Narbonne des ravages continuels. Le grand empereur, accompagné de l'archevêque Ricuin, eut à soutenir la gloire de sa couronne. Grâce à sa bravoure et à sa vaillante armée, tous ses ennemis furent anéantis, rien ne résista à son épée, nommée Joyeuse, qui traversa un de ses rois, ainsi que son cheval, et pénétra dans la terre. « Karolus cun Ricuino..., cum ense sua, Jocosa nomine, percussit Fureum in medio galeæ, et scidit eum per medium, et equum totum, itaque ensis venit usque in terram. » Parmi ces rois, celui d'Agde aurait porté le nom de Quarante. Ne pourrait-on pas dire, qu'en souvenir de sa mort, l'endroit arrosé de son sang a été appelé Quarante ?

Les *Gesta Karoli* sont la traduction, par Guilhaume de Padoue, du roman de Philomèle. Cet ouvrage affirme que Charlemagne, à l'occasion de cette même victoire, fit construire l'abbaye de la Grasse et l'église Saint-Croix de Celleneuve, près Montpellier.

D'Aigrefeuille dit, à propos de cet ouvrage, qu'il « contient des récits vrais, mêlés de fabuleux. » Or, comme rien n'y précise l'endroit où Quarante aurait été tué, il serait extraordinaire et abusif de décider que c'est sur l'emplacement du village actuel.

L'existence du roi sarrasin d'Agde, et le nom de Quarante qui lui est donné, restent donc des affirmations purement poétiques.

TROISIÈME OPINION. — Tandis que ces deux opinions et ces trois objections que nous avons soulevées nous-même, sont réfutées par l'histoire, nous n'hésitons pas à faire connaître notre opinion personnelle, appuyée sur les documents historiques, en affirmant que l'origine du nom de Quarante est due à la présence des reliques des Quarante Martyrs.

M. Eugène Thomas, dans un mémoire présenté à la Société archéologique de Montpellier, dit : « Les vocables religieux, les saints, les Notre-Dame, en s'associant aux autres classes, composèrent une série très considérable de noms. » C'est en effet ici l'œuvre des siècles, à laquelle les créations de saint Benoît d'Aniane, le retour des croisades, la guerre des Albigeois prêtèrent un puissant concours. Les villas, les mansus se groupèrent successivement autour du patron, et le nom de ce patron resta un hameau.

Le même fait peut se constater, de nos jours, dans les environs de Lodève. Avant l'Ascension, dans le langage habituel, on dit : « Nous irons à Saint-Fulcrand, jeudi », pour dire : Nous irons à Lodève.

En 853, Castres était appelé *Pagus Albiensis*, renfermant le couvent dit *castrum* ; on y apporta alors les reliques de saint Vincent, en considération du lieu fortifié, et c'est alors que le pagus fut appelé *Villa Sancti Vincentii de Castris*.

Aletha ainsi désignée par les visigoths fut ensuite appelée *vicus electus*, bourg choisi, privilégié, dit Louis Fédié, pour faire allusion au privilège d'une relique précieuse, accordée à cette église par la cour romaine.

Au moyen âge, le changement de nom des villages fut

fréquent, les corporations religieuses, tenaient à effacer, tous les souvenirs du paganisme.

Cessero perdit son nom après que le jeune Martyr Thybéry eut été immolé, dans les bois de Cordat, sur les rives de l'Hérault.

Gellone cessa de s'appeler ainsi, le jour où le souvenir de Guilhen, devenu saint Guilhem, justifia la substitution du nom de Saint-Guilhem du Désert à l'appellation primitive.

Ainsi Sainte-Marie *de Vico, cognomento Quadraginta,* laissa la première partie de son nom pour le surnom, afin d'honorer ses Quarante Martyrs.

Origine du Christianisme à Quarante

CETTE église existait auparavant, dit Dom Vaissette (*Hist. du Languedoc*, édit. Privat, tome IV, p 563, col. 1). Nous trouvons cette déclaration bien juste, car des preuves nombreuses nous montrent que, sous le nom de Sainte-Marie *de Vico*, ce pays était habité avant 902. Il y a dans l'église elle-même des preuves nombreuses, indiscutables de la présence d'une colonie romaine.

Dans un article intitulé *Autels romans* (dans le Bulletin de la Société archéologique de Béziers, tome V, p. 223, année 1870), M. L. Noguier dit que l'autel chrétien, dans l'origine, avait la forme d'une table, en souvenir de l'institution eucharistique. Il devait être en pierre, d'après les prescriptions canoniques, et reposait sur des colonnes ou sur un pédicule. Cette forme traditionnelle se conserva durant les premiers siècles et jusqu'à la fin de l'ère romane. Notre église en possède deux en marbre, dont l'un mesure 1 mètre 24 sur 2 mètres 12, et l'autre 0 m. 76 centim. sur

1 mètre 75. Leur ornementation est très riche. La plus grande de ces tables porte, outre la place carrée pour la pierre sacrée, un trou sur chaque coin; ces trous, d'après Ed. Leblant, marquent la place des tenons où s'attachaient, aux jours de fête, les guirlandes dont parle Fortunat.

M. L. Noguier) Bulletin archéologique, tome XVIV, p. 537) dit : « L'école traditionnelle place l'établissement de la religion du Christ, dans la Gaule méridionale, au 1er siècle, tandis que l'école historique admet que ses progrès furent plus lents. Quoi qu'il en soit, la civilisation romaine fut l'agent le plus actif de la diffusion évangélique: aussi est-ce dans les contrées les plus romanisées, sur les bords de la grande voie du Rhône, que se trouvent les plus anciens vestiges matériels de la foi. M. Edmond Leblant les a marqués sur sa carte. Sur la rive droite, en suivant la voie Domitienne, ce sont : Montbazin, Ensérune, Quarante, Minerve, Narbonne, etc. Aucune d'elles n'est antérieure au IIIe siècle de l'ère moderne. »

« La fondation de l'église de Quarante, consacrée à l'honneur de la Ste Vierge, est si ancienne que j'ose assurer qu'elle fut faite par ces premiers chrétiens qui l'ornèrent des plus rares et précieuses reliques qui soient en chrestienté. C'estait l'asile des persécutez, la retraite des anachorétes et le cimetière de tous les martyrs ; il n'est point permis d'ensevelir personne dans l'enceinte de cette église, pour ne confondre point les ossements des saincts avec ceux des pécheurs. On en voit aussi en ces quartiers plusieurs autres qui représentent par leur antiquité celle de la foy catholique et qui par leur mazures reprochent aux hérétiques les malheureux efforts de leurs rébellions, ou se plaignent encore de la cruauté des Sarrazins.

J'estime que ces vieilles églises, du moins en partie, furent fondées par Saint Afrodise qui gouverna si longuement. » (*Histoire de St Aphrodise*, par J. D. G. Imprimée à Béziers en 1638.)

L'auteur, en parlant d'autres chapelles détruites, peut vouloir rappeler celle de Saint-Pierre renfermée dans le village ; celles de Saint-Martin de Courmançou, de Sérièges, de Sallès, et de Saint-Jean-de-Conques : cette dernière complètement détruite, a son emplacement marqué par une croix.

Pour nous, à mesure que nous poursuivons l'étude de cette paroisse, le doute qui planait sur l'authenticité des reliques de nos saints martyrs fait place à la certitude.

Parmi les preuves se trouve une vieille planche. Cette planche n'est pas un bois ordinaire. A notre avis, elle est le devant d'une châsse ; car elle porte des traces visibles de baguettes d'or, et d'autres ornementations. Tandis que les autres planches ont disparu sous les ravages de la vétusté, celle-ci, c'est-à-dire la principale, a résisté, beaucoup mieux aux épreuves du temps. Elle porte cette inscription:

Hic sunt corpora Sanctorum Martyrum.
Dalmatii, Landulfi, Valencii, Landeberti, Gervasii.

D'après Hbubner et Edmond Leblant, la manière dont se trouve exprimée cette inscription ferait remonter ce contexte du IV° au VIII° siècle. Aussi Mgr de Cabrières, approuvant nos désirs, a bien voulu nous autoriser à réintégrer dans l'église, et à exposer à la vénération des fidèles, les reliques de ces cinq martyrs.

Après avoir enlevé le couvercle du sarcophage en marbre blanc, alors que Mgr Douais procédait à l'ordre de ces restes précieux, M..., docteur en médecine, entrait dans l'église à titre de curieux. Interrogé, il nous déclara que ces ossements étaient les restes de cinq hommes ; de plus il nous affirma que quatre d'entre eux devaient compter de trente-cinq à quarante ans, alors que l'épaisseur de l'os frontal prouvait que le cinquième devait avoir de soixante-cinq à soixante-dix ans. Cette déclaration de la science concorde avec le contexte de l'inscription, qui désigne cinq noms d'hommes.

Voici le texte du procès-verbal inséré dans les annales de la Paroisse, et dont un exemplaire est renfermé dans le sarcophage.

Anno Domini millesimo noningentesimo, die vero decima septima mensis Martii, Reliquiæ sanctorum Martyrum Dalmatii, Landulfi, Valencii, Landeberti et Gervasii, pluribus abhinc sæculis in hâc ecclesiâ servatæ et subtus altare positæ, sed pluribus abhinc annis in alio loco reconditæ, a Reverendissimo Domino Maria Joanne Cœlestino Douais, Episcopo Bellovacensi, prius Archidiacono Biterrensi, a Reverendissimo Patre in Christo Anatolio de Rovérié de Cabrières, Montispessulani Episcopo, delegato, recognitæ fuerunt et etiam elevatæ et in hac caxâ, curâ domini Ludovici Vabre, Parochi, ornatâ, decenter ripositæ ut a Fidelibus omni die venerari possint.

In dictâ caxâ, sunt posita ossa quinque corporum, ita ut quodque corpus sit fere integrum et completum.

Nomina eorum, in chartâ undecimi sæculi scripta, inveniuntur scripta eodem modo et ordine, in antiquo monumento, et sic traditio et possessio harum reliquiarum ab istâ antiquissimâ Ecclesiâ, sub vocabulo Beatæ Mariæ de Quadraginta, constant.

Idcirco Reverendissimus Episcopus signo suo eas recondidit et quadraginta dies indulgentiarum, pro remissione pœnæ omnibus fidelibus eas visitantibus et coram eis preces fundentibus in hoc anniversario concessit et signum opposuit.

† Cœlestinus, *Episcopus Bellovacencis.*

Témoins : Louis Vabre, *curé.*
Cl.-J. Bonthoux, *prédicateur du Carême.*
Vicomte Bernard d'Armagnac.

Le Bulletin de la Société Archéologique de Béziers dit :

« Les colonies romaines imitaient la mère patrie dans la construction et la situation des édifices comme pour les mœurs et l'organisation politique. C'était pour les colons un adoucissement à leur exil volontaire de la Ville éternelle, que d'en avoir une image sous les yeux.

« A Rome, le Capitole, bâti sur un point élevé, dominait

le forum latin ; il renfermait les temples de Jupiter Feretrius, de Jupiter tonnant, de Junon Moneta, et plusieurs autres temples et autels. Aujourd'hui, sur cet emplacement s'élève la basilique de l'Ara Cœli.

« A Béziers, de nombreuses inscriptions ont été trouvées dans le périmètre des églises Saint-Sauveur, Saint-Nazaire, et dans leur voisinage ; d'où l'on peut inférer que sur cet espace de terrain s'élevaient les temples d'Auguste et de Julie. »

Pourquoi ne pas essayer de généraliser cette idée et l'appliquer à Quarante. Ici comme à Béziers, il y a dans l'église, outre l'inscription citée plus haut, des inscriptions romaines, un riche mausolée en marbre blanc représentant les flamines, un chapiteau corinthien.

PREMIÈRE INSCRIPTION

D'après Privat, éditeur à Toulouse de l'*Histoire du Languedoc*, cette inscription a été tirée d'une réparation à l'église de Quarante, en 1700.

Ancharius Mundæ libertus Primus sibi et Anchariæ Q. E. Mundæ soror charo Q. F. Primulo.

Elle doit être ainsi complétée :

Ancharius Mundæ libertus, primus sibi et Anchariæ Mundæ sorori, Quinto Anchario filio Primulo ; Anchariæ Priscæ Quinti filiæ.

« Quintus Ancharius Primus, affranchi de Munda, à lui et à sa sœur Ancharia Munda, fille de Quintus Ancharius Primulus, fils de Quintus. »

DEUXIÈME INSCRIPTION

Pisentiæ, Titi filiæ, Firminæ flaminicæ ; Metellæ Cnei filiæ Rusticillæ flaminicæ ; Cneuis Metellus, Cnei libertus, testamentum poni iussit.

« A Pisentia Firmina fille de Titus, flaminique ; à Metella Rusticilla, fille de Cneus flaminique. Cneus Metellus Amandus, affranchi

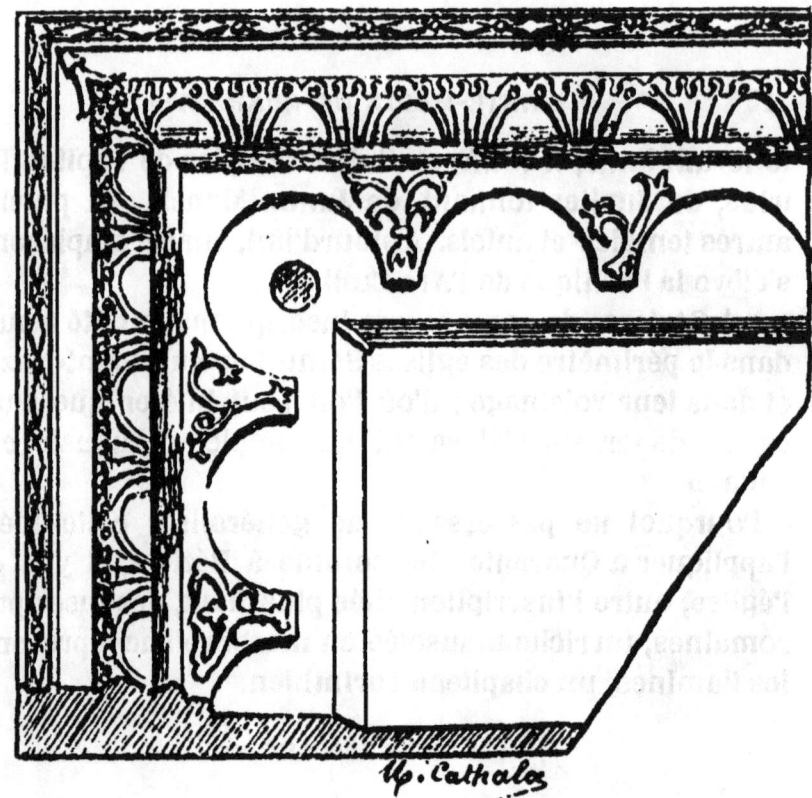

AUTEL ROMAIN (ÉGLISE DE QUARANTE)

TOMBEAU DIT DES FLAMINES (ÉGLISE DE QUARANTE)

de Cneus Metellus; a ordonné par testament de faire ériger ce tombeau. »

Outre ces antiquités romaines, un ouvrier, en creusant au dehors de l'église, entre la chapelle Saint-Jean et la chapelle Saint-Joseph, découvrit des urnes lacrymales, des médailles romaines et des cendres, diverses figurines, tout autant de preuves qui nous permettent de dire que l'église Sainte-Marie de Quarante a été construite sur un temple païen, et qui expliquent la présence de ces trois sarcophages, des inscriptions, etc., ce temple renfermait un autel des flamines.

Ne lisons-nous pas que Charlemagne, dans le but de conserver les monuments de sculpture antique, les mit sous l'égide de la religion en ordonnant de les placer dans les églises ?

Dans le même sens, saint Grégoire le Grand écrivait à l'abbé Mellite, convertissant les Anglais : « Les chrétiens ne doivent pas détruire les temples des idolâtres, mais ils doivent se borner à détruire les idoles qui s'y trouvent, à y faire des aspersions de l'eau bénite, à y construire des autels où seront placés les reliques des saints. »

Les Romains ont encore laissé de nombreuses preuves de leur séjour. Le territoire de Souloumiac et Parazols est rempli de cadavres, dont beaucoup reposaient dans des cercueils en pierre ; à côté d'un olivier, on en a retiré un en zinc.

Nous avons l'avantage d'avoir recueilli quelques dépouilles d'une certaine valeur, au point que M. L. Noguier a cru devoir les reproduire dans le Bulletin de la Société Archéologique de Béziers, année 1901. Ce sont : une statue de Vénus Anadyomène, trouvée debout sur un miroir argenté ; un couteau-poignard ; un poids romain de XX livres en plomb, à la forme d'une carène de navire, surmonté d'une poignée en fer ; une clochette à forme carrée ; des urnes en verre blanc et en verre bleuâtre, avec dessins en relief ; des urnes en argile avec double anse et sans anse ; une fiole fermée avec verre coulé. Cette fiole, coupée au goulot, laissa sortir un parfum délicieux.

Nous possédons une grande multitude de fragments de poterie samosienne avec dessins en relief ; l'un de ces dessins représente un combat de taureaux ; une partie de statue en marbre blanc, représentant une main prenante : à la finesse des doigts, on distingue la main d'une femme ; une statue de Diane.

A son tour, la monnaie romaine est assez abondante dans le territoire. Nous avons dans nos vitrines 220 pièces romaines en bronze ou en argent de divers Empereurs : Antonin le Pieux, Néron, Domitien, surtout de Constantin, de Dioclétien, de Claude, Faustine, Trajan, etc., etc., beaucoup de la co'onie de Nimes, quelques Emporiums, des Ibériennes, des Nédennaises ; des pièces de la République jusqu'à la période byzantine, etc., etc., tout autant de preuves qui nous permettent d'affirmer que le pays était habité par les Romains.

Dirigé par le même principe, nous pouvons en outre assurer que le pays était habité même avant la conquête romaine. En effet, le territoire est rempli de précieux souvenirs.

Notre modeste collection compte plusieurs colliers des temps druidiques : l'un, composé de rondelles plates avec trou de suspension, alternant avec des défenses de rennes ; l'autre composé de perles en calaïs de couleur bleu-vert, et d'autres en os, à forme plate, longue ou ovale. Nous en avons trouvé au cromlech de la campagne de Malviès et surtout au dolmen de Pechménel.

Les générations, qui depuis vingt siècles ont foulé successivement ce coin de terre, ont laissé sur le sol des signes de leur passage. La commune compte cinq habitats préhistoriques dont le plus riche est celui de Fontanche ;

ses objets, avec les riches couleurs de l'arc-en-ciel, rappellent ce vers languedocien dont Virgile serait jaloux :

> Aben dé rocs, bestits dé bélous, qué leuzissoun.

Si l'ami du préhistorique, après avoir étudié la surface, creuse les entrailles de la terre, il croit entendre le poète lui dire :

> En quelque endroit du sol que mon pied se dirige,
> Je marche sur l'histoire, et remue un prodige.

Nous avons eu le bonheur de garnir nos vitrines de vingt-cinq haches de l'âge néolithique ; l'une ressemble à un bijou, tant elle est mignonne ; une autre, d'un noir d'ébène en serpentine, mesure 18 centimètres de long ; plusieurs fléchettes, dont une en silex blanc rosé, avec pédoncule et ailerons bien marqués, peut être considérée comme un objet de luxe ; des flèches en forme de feuille d'olivier ; des grattoirs, des couteaux, des tranchets, etc., etc., un marteau.

Les fréquentes découvertes de ces objets antiques sont d'autant plus intéressantes que, lorsqu'on veut remonter l'échelle des siècles, les études de l'archéologie viennent puissamment en aide au travail de l'histoire, pour lui montrer les étages de la civilisation. Le territoire de Quarante est un exemple attrayant de ce tableau incomparable des générations successives, avec leur développement particulier.

Toutes ces trouvailles nous autorisent à affirmer que le territoire était habité au temps préhistorique.

Le premier document écrit est celui d'un procès, rapporté dans la collection de Doat, vol. LVIII, fol. 106 à 109.

CONCILE D'ATTILIAN

AUTONOMIE DE L'EGLISE DE QUARANTE

NNO 902, Idus Junii, Indicatione 5°, Anno Karoli Regis 4° post transitum Odonis.

Cum in sempiterni Regis nomine pro diversis commoditatibus sanctæ matris Ecclesiæ venerabiles archiepiscopi Rostagnus, videlicet Arelatensis cathedræ, et Arnustus primæ Narbonæ, cum universis Gothiæ, Spaniæque, atque Provinciæ comprœsulibus in territorio et suburbio Narboni in ecclesia sancti protomartyris Stephani, super villam quæ dicitur Altilianus conresideremus, proclamavit se quidam frater et compresbyter nomine Tetbaldus, de quodam levita vocabulo Theodorico, dicens verbo tenus et scriptis firmissimis demonstrans, quod contra leges divinas et sanctos canones per falsos testes quos. Deus impunitos non deserit, ac per importunæ cupiditatis omniumque malorum perjurium inquietare præsumpserat. Decimas, primitias, oblationes et universos reditus sanctæ Mariæ de Vico cognomento Quadraginta, unde idem præfatus Tetbaldus attitulatus erat; et hæc omnia volebat prædictus Theodoricus subdola, ut prælatum est, fraude ad ecclesiam sanctæ Eulaliæ cujus est vocabulum Crucius subjugare : hoc afferens in sua falsitate, quod sancta Maria de Quadraginta subjecta esse debebat ecclesiæ sanctæ Eulaliæ de Crucis. Retulit præterea sæpedictus presbyter quod secundum legum canonicarum atque mundanorum decreta, quibus conceditur ut contra veritatem nullum falsitas obtineat vigorem, et per jussum Domini qui aderat metropolitani Arnusti et per arbitrum canonicorum suorum unum hominem ad examen judicis miserat, per quæ Deus qui sic diligit sacrarium... de rapina pauperis, quasi qui carcere orat, in conspectu hominis demonstraret veritatem sanctæ Mariæ, comprobaret ac convinceret perjurium Theodoricum testibus suis.

Sicque ante cornu altaris in ipsa sede metropolitana S. S. Justi et Pastoris, cum qui ad judicium Dei exierat Deus illæsum monstraverat, ut nullo modo in eo signum dubietatis remanserit. Cumque super hoc, domnum archiepiscopum Arnustum consuluissemus utpote eum in quo pendebat specialiter et propriæ diœcesis dispositio, et generalis totius concilii nostri discretio. Enucleavit nobis ita esse per omnia, prænominatus presbyter referebat. Cujus ergo justissimam petitionem agnoscentes eidem ecclesiæ istam notitiæ firmitotem fieri et firmari mandavimus: sub tali tenore ut ac ab hora et in perpetuum ecclesiæ sanctæ Mariæ de Quadraginta et presbyteris ejus quibus ab archiepiscopo ex ea fuerit potestas largita sine ullo blandimento tam de Crucio quam aliarum vicinarum parrochiarum de his omnibus, inde domnus Arnustus et sui canonici hominem ad Dei probationem exire judicaverunt dominationem obtineat. Cunctis valitura in sæculi temporibus, facta istius cartæ notitia. Anno Verbi incarnati DCCCCII, Indict. V, sub die Idus Junii anno regis Karoli IIII post transitum Odonis feliciter.

† ARNUSTUS, *Episcopus*.
SIRVUS, *Dei Episcopus*.
RICULFUS, *Episcopus*.
VANTIGIUS, *Episcopus*.

(Extrait et collationné sur l'original escrit en parchemin trouvé aux Archives de l'Abbaye de Quarante, de l'Ordre de Saint-Augustin, au diocèse de Narbonne.)

Voici la traduction de ce document :

« Au nom du Roi éternel pour les divers intérêts de notre sainte Mère l'Eglise.

« Les vénérables Archevêques Rostang d'Arles, Arnuste primat de Narb... avec tous les suffrageants de la Gothie, de l'Espagne et de Provence assemblés dans le territoire et la banlieue de N... dans l'église du saint protomartyr Etienne dans le hameau d'Attilian, le Frère et Prêtre nommé Théodebal, accusa et prouva, par des paroles et par des écrits d'une valeur très certaine, qu'un lévite nommé Théodoric, malgré les lois divines et les saints canons, au moyen de faux témoins dignes des châtiments divins et guidé par une cupidité aveugle, cause de tous les maux et origine des parjures, avait la prétention de s'attribuer les décimes, les prémices, oblations et revenus de l'église Sainte-Marie du bourg surnommé Quarante, dont ledit Théodebal était curé titulaire ; et le même Théodoric voulait, comme il a été dit plus haut, par ruse et par fraude, soumettre tous ces droits à l'église Sainte-Eulalie, du hameau de Cruzy, objectant faussement que Sainte-Marie de Quarante devait être soumise à la juridiction de Sainte-Eulalie de Cruzy.

« En outre, le Prêtre précité ajoute que, d'après les lois canoniques et les décrets séculiers, qui s'opposent à ce que la mauvaise foi puisse prévaloir contre la vérité, par l'ordre du seigneur Arnuste métropolitain, et d'après l'avis de ses chanoines, il avait envoyé un homme pour subir le jugement de Dieu, par lequel Dieu se plaît à venger le vol commis sur le pauvre comme il exauce la prière de celui qui prie dans la prison (1), démontrerait, en présence de cet homme, combien la vérité se trouve du côté de Sainte-Marie, et convaincrait de parjure Théodoric avec ses propres témoins.

« Ainsi, au coin de l'autel, dans l'église métropolitaine des Saints Just et Pasteur, Dieu fit sortir sain et sauf, de manière à ne laisser aucun signe de doute, celui qui était venu pour subir l'épreuve,

« Après avoir consulté le seigneur Arnuste archevêque, puisque le cas était du ressort de son diocèse, et tout le concile général, il fut clair pour nous que tout ce que le dit Prêtre rapportait était la vérité. Reconnaissant sa demande comme très juste, nous avons ordonné et nous confirmons

---

(1) Dom Vaissette dit : « qui cerebraret canem », alors que deux copistes ont lu : « qui oraret in carcere ».

que notre décision soit notifiée à cette église, en ces termes, à partir de ce moment et pour toujours: à savoir que
« L'église Sainte-Marie de Quarante et ses curés qui auront reçu la juridiction de l'Archevêque seront à l'abri de toute attaque, soit de la part de Cruzy soit des autres paroisses voisines, au sujet de toutes ces questions. Le seigneur Arnuste et ses chanoines ont jugé que l'homme était sorti sain et sauf de l'épreuve de Dieu et avait obtenu la victoire. »

« Cette charte dont la valeur sera durable pendant tous les siècles a été dressée l'an du Verbe incarné neuf cent deux, in diction cinquième des ides de Juin, sous le règne de Charles IV, après le décès d'Eudes d'heureuse mémoire.

     † ARNUSTUS, *archevêque de Narbonne.*
     † SERVUS DEI, *évêque de Girone.*
     † RICULFUS, *évêque d'Elne.*
     † NANTIGIRIUS, *évêque d'Urgel.* »

Le lieu d'Attilian n'est autre que Azille, situé dans le canton de Peyriac-Minervois, paroisse dont saint Etienne était alors le titulaire.

L'abbé Sabarthès vient de soutenir, dans le *Bulletin de la Société Archéologique de Narbonne*, qu'Attilian n'est pas Azille, qui n'était point situé *in territorio Narbonensi*, mais bien Adillan, commune de Moussan, dont l'église détruite était dédiée aussi à saint Etienne.

Au moyen âge, quand on n'avait pas de preuves suffisantes pour établir la culpabilité d'un accusé, on le soumettait à certaines épreuves barbares qu'on appelait « jugement de Dieu », parce qu'on était persuadé que Dieu opèrerait un miracle pour faire connaître la vérité. Le moyen employé fut celui de l'eau. Cette épreuve consistait à jeter l'accusé dans une cuve d'eau bénite, après lui avoir lié la main droite au pied gauche et la main gauche au pied droit ; il était innocent s'il surnageait et coupable s'il enfonçait.

Un ancien rituel d'Albi a conservé la prière que prononçait le prêtre pour cette bénédiction:

Cette coutume est un reste des vieilles lois tiré du Code visigothique:

Nos lecteurs ont remarqué dans ce même texte les noms de *vicus* et de *villa*.

Vicus est appliqué à Quarante. *Villa* désigne Azille et Cruzy.

Voici la différence des diverses désignations, d'après l'administration romaine dans les Gaules :

Au premier degré se trouvait la cité, *civitas*, gouvernée par ses magistrats municipaux et jouissant d'une indépendance presque complète. La cité n'était pas seulement une ville limitée par son enceinte, mais une étendue de terrain aussi grande qu'un département.

Le *pagus* se trouvait dans ce territoire et avait une personnalité civile et religieuse, c'était un des arrondissements de *civitas*.

Vicus était une subdivision du *pagus*, jouissant aussi d'une personnalité civile et religieuse ; il était habité presque entièrement par des colons. Le *pagus* était l'unité supérieure, appliqué seulement à la campagne, tandis que le *vicus* était appliqué *urbi et ruri*.

Villa était une ferme : l'agglomération d'habitations rurales ou *villæ*, formaient un *vicus*.

Telle est l'énumération d'après l'importance : Civitas, Pagus, Vicus, Villa.

Il y a donc plus de mille ans que Quarante est plus important que Cruzy.

A partir de ce jugement, l'église de Quarante, par l'intermédiaire de ses abbés, prit part aux faits importants qui ont marqué les étapes de l'Église.

961. — Raymond I", comte de Rouergue et marquis de Gothie, faisait ainsi son testament :

In nomine Domini.

Breve codicillo quod fecit Raymundus comes, pro remedio animæ suæ, et progenitore suo, et pro genitore sua et pro omnibus fidelibus suis. Dono.. illo allodo de Caucos remaneat Raymundo et Bertanæ dum modo vivunt ; post illum discessum remaneat tertia pars Sancti Aignani, altera tertia pars Sancti Petri de Joncellos, altera tertia pars, Sanctæ Mariæ de Quadraginta. (Dom Vaissette).

Par ce testament, Raymond constituait le patrimoine de l'église de Quarante en lui donnant le tiers de l'alleu de Caux. A son tour Gauty Abba, dit le Belhomme, sous le bon plaisir du sieur Aymeric, archevêque de Narbonne, et des chanoines de l'église de Quarante, donna à femme nommée Trezagonce, en la province de Narbonne, dans le dit diocèse, au lieu d'Azilhan, un mas assis dans le terroir de Brestancavière, au lieu dit Taizonis, avec la terre dépendante dudit mas, sous l'usage annuel d'une oie, d'un cestier avoine, et d'un cestier de vin, sous cette condition qu'à la mort de Trezagonce, le mas, ensemble et ladite terre retourneront à l'église de Quarante.

Cette donation, datée de 975. est contenue dans le manuscrit des Actes et Documents de l'Archevêché de Narbonne, dressé en 1639 par Anthoine Roque.

Voici un premier testament d'Adélaïde, vicomtesse de Narbonne, accordant des legs aux abbayes de Quarante, Vabre et Saint-Thibéry, et à l'église Saint-Etienne de Florensac, passé en 977. (Dom Vaissette, édit. Privat, vol. III, p. 191.)

In nomine sanctæ et individuæ Trinitatis.

Unusquisque homo, dum conversatur in hâc mortali peregrinatione, sursum oculos debet erigere ad contemplationem divinæ majestatis, ut, cum in judicio venerit, inveniat justificatus. Quapropter ego in Dei nomine, Adalais, dum diem hunc valde pertimesco, fieri præcipio testamentum in quo eligo eleemosynarios meos ut, quemad modum cognoverint meam voluntatem, ita perficiant. D.. Ipsum alodum quem habeo in villa Germiniano, quod fuit Personæ et Danielis, et ipsas vineas quæ fuerunt Godrandi, teneat Deusde dum vixerit ; postea vero remaneat ad ecclesiam Sanctæ Mariæ quam vocant Quadraginta... Ipse mansus de Florenciaco quod fecit Sancti Stephani, ad ipsum ecclesiam remaneat. (Dom Vaissette.)

Cet alleu était situé à Cuxac, qui a porté le nom de Géminian jusqu'au x° siècle. M. Mouynès, à la page 435 des *Archives de Narbonne* AA, dit que les chanoines de l'abbaye de Quarante qui devaient jouir en communauté de la donation de la vicomtesse Adélaïde, conformément à sa volonté formellement exprimée, n'aliénèrent jamais ces biens légués.

DEDICACE DE L'EGLISE

En 982, Ermengaud, archevêque de Narbonne, fils de Matfred, vicomte de Narbonne, fit la dédicace de l'église de Quarante.

En 990, dans un second testament, Adélaïde donna un autre alleu qu'elle avait acquis à Ouveillan, de l'évêque Arnaud et des chanoines de Saint-Félix de Girone, à l'église Sainte-Marie de Quarante à condition que les chanoines qui la desservaient en jouiraient en commun sous l'administration d'un prêtre nommé Algulphe.

« Quantum intellectus humanæ mentis sensusque capere potest, etc. Igitur ego in Dei nomine, Adalaïdis vicecomitissa, ne mihi mors inopinata subripiat. Ideo propter amorem Dei... dono ipsum alodem qui fuit Sancti Felicis Jerundensis, quem empsi de Arnulfo episcopo et canonicis Sancti Felicis, ad Sanctam Mariam de Quadraginta, in villa Oviliano, cum vinculo suprascripto, ut Canonici eum habeant in alimoniam, et Aigulfus presbyter sit inde minister. »

ORIGINE DU MONASTÈRE DE QUARANTE

IL y avait donc alors des chanoines à Quarante, dit dom Vaissette (*Histoire du Languedoc*, éd. Privat, vol. III, p. 209), et même, à ce qu'il paraît, longtemps auparavant, car il est fait mention de cette église dans le testament de Raimond Ier, comte de Rouergue, en l'an 961, et en d'autres actes, cités plus haut, du xe siècle. Ces chanoines embrassèrent la règle de saint Augustin au xie siècle; ils furent gouvernés par un abbé en 1037, suivant un testament copié par M. de Doat aux archives de cette abbaye et cité plus loin.

Ces chanoines, comme nous le verrons plus loin, portaient le nom de Clercs du monastère du bourg de Quarante et considéraient Charlemagne comme leur fondateur.

En 1005, Ermengaud, archevêque de Narbonne, dans son testament, lègue l'alleu de Puteo Valeria et l'alleu de Mont Couquette, aux chanoines de Sainte-Marie de Quarante, auxquels il laisse, de plus, deux coupes en argent

In nomine sanctæ et individuæ Trinitatis.

Ego Ermengaudus, Archipræsul bene memoratus, pertimescens casum mortis, jubeo fieri testamentum meum et eligo aleemosynarios... quibus trado omnem substantiam meam distribuendi secundum voluntatem meam... in canonica Sanctæ Mariæ Quadraginta ipsum alodem de Puteovaleria quem acquisivi de Stephano, et ipsum alodem de Monte Cuculio et cupas argenteas duas ad ipsam ecclesiam dono, (*Histoire du Languedoc,* éd. Privat, vol. III, p. 235.)

En 1016, Urbain, évêque de Béziers, par ordre d'Ermengaud, archevêque de Narbonne, consacra la chapelle de Saint-Martin dans l'église de Quarante. (*Hist. Lang.*, édit. Privat, vol. III, p. 247)

Il est bien regrettable que l'on ait oublié les prescriptions liturgiques, d'après lesquelles le vocable d'une chapelle ne peut être changé, qu'avec une autorisation spéciale du Souverain Pontife.

Lorsque les chanoines de Quarante eurent embrassé la règle de sainte Geneviève, dans son V° vol., p. 193, la *Gallia Christiana,* en parlant de cette abbaye, dit : « Hæc abbatia ad reformatam Sanctæ Genovefæ congregationem, sub qua felicibus auspiciis tam interius quam interius reflorescit. »

ORIGINE & BUT DES RELIGIEUX GÉNOVEFAINS

Nous croyons utile d'éclairer l'esprit des lecteurs, en leur faisant connaître l'origine et le but des Chanoines de Sainte-Geneviève.

Clovis, vers l'an 511, à la prière de la reine Clotilde, fonda une abbaye en l'honneur des saints Pierre et Paul, laquelle reçut le nom de Sainte-Geneviève, lorsque celle-ci y fut ensevelie. Au XII° siècle, cette église reçut des chanoines réguliers et fut érigée en abbaye en 1148 par le pape Eugène III. Douze chanoines de Saint-Victor furent conduits à Sainte-Geneviève et l'un d'eux, nommé Odon, fut élu premier abbé.

En 1624, le P. Faure, conduit par le cardinal de la Rochefoucauld, opéra la réforme de Saint-Augustin. Le P. Faure a été la plus grande illustration des Génovéfains.

A sa mort, l'ordre des Chanoines Réguliers comptait cent monastères. Les religieux étaient employés à l'administration des paroisses et des hôpitaux, à la célébration des offices divins, à l'instruction des ecclésiastiques et de la jeunesse dans les séminaires.

Ces chanoines disent les matines le soir à huit heures, après l'examen de conscience et les litanies de la Sainte Vierge; ils se lèvent le matin à cinq heures; ils jeûnent tous les vendredis, pourvu qu'en ces jours-là il ne se rencontre point de fête solennelle, ou qu'il n'y ait point de jeûne le vendredi ou le samedi; ils jeûnent encore toutes les veilles des fêtes de la Sainte Vierge et de celles de Saint Augustin, pendant l'Avent et les deux jours qui précèdent le Carême universel.

Le costume des Chanoines consiste en une soutane de serge blanche avec un collet fort large et un rochet de toile. En été, ils ont un bonnet carré et un camail noir, dans la maison; hors le monastère, ils ont un manteau noir. Pour habit de chœur, en été, un surplis et une aumusse noire sur le bras; l'hiver, un grand camail et une chape noire. Ils ont la tonsure monacale.

Les armes sont: *d'azur à une main tenant un cœur enflammé*, avec cette devise: *Superemineat charitas*.

(Hélyot. *Dictionnaire des Ordres religieux.*)

BÉRENGER Ier

1027. — Son premier abbé fut Bérenger Ier, élu en 1027.

RIQUIN ou RICUIN

1037. — Ricuin était abbé de Quarante lorsque Guilhaume Aribert se fit religieux et se donna comme chanoine à cette abbaye, dans les termes suivants :

14 kalendas décembris an 1037, regnante Einrico Rege in Francia. In Nomine D. N. J. C.
Ego Guillelmus Oriberte, detentus infirmitate, timens pænas inferni cupiens que pervenire ad gaudia paradisi, plenus memoria, ac bona voluntate dispono facere testamentum per hanc scripturam in præsentia bonorum virorum declarare volo. In primis dimitto Domino Deo et beatæ Mariæ et gloriosæ Matri et Suæ Ecclesiæ de Quadraginta, meum corpus per caninocum in vita et in morte et..... in potestatem Riquini Abbatis iam dicti loci sicut cænonicus debet favere abbati; post ea dimitto pro salute animæ meæ de meo habere communiter tribus filiolis meis unum modium et dimidium de annona in etc... fetas, deinde dimitto pro anima mea duo cestaria de blado cavaleriæ de Hyerusalem ; et hospitali similiter de Hyerusalem duo cestaria de blado, et sancto Petro de Quadraginta unum cestarium de blado et alterum de vino et sancto Michaeli .....de vino et unum cestarium de blado, operi sanctæ Mariæ de Quadraginta ; præterea dimitto unum modium de blado medeteng... et unum modium de vino infantibus quos habeo de Perenella ; post dimitto in procuratione canonicatus. ... meorum, unum porcum, pretii decem solidorum et unum cestarium de frumento et duo cestaria de vino puro ; quæ omnia supra scripta quæ dimitto pro anima mea precor et pœcipio Petro meo filio et Deusdet de Cœmeraco, et Sicardo parentibus meis ut accipiant de meo habere ut supradictum est et dividant et donent sicut manumitto ; cætera vero omnia mea mobilia quæ remanent, divido in tres partes unam dimitto pro anima mea, santæ Mariæ de Quadraginta, et dono Richino Abbati et clericis eiusdem supradicti loci ; aliam vero unam partim

dimitto domino meo carnali, tertiam autem partem unam dimitto Petro Ariberti filio meo, et præcipio illi dare e sua tertia parte decem solidos bitterenses Mariæ filiolæ meæ. Preterea dimitto pignoram quam habeo de Guillelmo Teissere sicut ego habeo prædictis infantibus quos habeo de Perenella et duas .... ra ; quam habeo de Petro Guadelli similiter dimitto illis. Tertiam vero partem dimitto pro anima mea ipsi Petro Guadelli supranominato de aliis autem pignoribus quæ habeo dimitto tertiam partem..... illa pignora, duas vero partes dimitto filio meo videlicet Petro supranominato cum omni honore meo alio, quem habeo et habere debeo in quocum que loco. Factum est Rege in signum Guillelmi Ariberti qui hoc testamentum fieri mandavi et manu propria firmavi testibus que firmari rogavi signum Deusdet signum Sicardi Poncii, signum Ramundi Capellani, signum Petri de Sancto Romano, signum Adalberti de Crudi, signum Poncici abatar. signum Guillelmi Arnalli, Arnulfus gramaticus rogatus hoc scripsit litteris scriptis intra decima et un decima linea et litteris rasis et emendatis in duo decima linea. (De Doat.)

« Le 14 des Calendes de Décembre. Au nom de J.-C.

« Moi, Guillaume Aribert, malade, craignant les châtiments de l'Enfer, désireux d'arriver aux joies du Paradis... Je fais ainsi mon testament. Après ma mort je laisse mon corps au pouvoir de Ricuin, Abbé de Quarante...

« Ensuite je laisse pour le salut de mon âme deux setiers de blé aux Chevaliers de Saint-Jean de Jérusalem, deux à l'hôpital de Jérusalem, deux à Saint-Pierre de Quarante, un à l'œuvre de Sainte-Marie de Quarante. J'ordonne à mon fils Pierre, à Dieudonné de Cœmerac, à Sicard, mes parents, de recevoir mes biens et de les distribuer de la main à la main...

« Tous les autres biens meubles seront divisés en trois parties : une partie sera laissée, pour le salut de mon âme, à Sainte-Marie de Quarante, à Ricuin, abbé, et aux clercs du dit lieu ; la seconde à mon seigneur temporel, et la troisième à mes parents, etc.

« Aribert a apposé sa signature, ainsi que les témoins, et Arnulfe, grammairien, qui prie a écrit cet acte en 12 lignes raturées et corrigées. »

1048. — C'est en 1048 que Guifred, archevêque de Narbonne, fit la donation, à sa cathédrale, du dixième de ceux qu'il nommait à Quarante. « Dono... similiter de abbatia Sainteæ-Mariæ de Quadraginta decimam partem quod ad meum opus exierit. »

1050. — Ricuin assista au concile tenu à Saint-Thibéry, au diocèse d'Agde, réuni le 15 juillet 1050 par Guifred, archevêque de Narbonne. Il ne nous reste de ce concile que l'anathême prononcé par les Pères, sur les plaintes des religieux de l'Abbaye d'Arles en Roussillon, contre les usurpateurs des biens ecclésiastiques.

CONSECRATION DE L'EGLISE (1053)

14º Kalendas Novembris 1053.

Hæc sunt præcepta legis, etc.

Petrus presbyter cum omni propinquitate, corum, Stephanus cum omni propinquitate, Deusdedit cum omni propinquitate, Engelbertus cum omni, etc., Bernardus Guiraudus cum omni, etc., Mirasodo cum propinquis suis, Ermenaldus Bonifacii cum omni, etc., Guifredus archiepiscopus, Aribertus Bernardus, Arnaldus, Nantigisus Segarius Gairo cum omnibus eorum, parentibus tam vivis quam defunctis, Amalsendis Megrais, Raymundus cum omni propinquitate.

Initium Ste Evangelii secundum Matheum, etc., Marcum, etc., Lucam, etc.

Guillelmus Ermetructis, Pontius Ricardi, Guillelmus Guitardus cum omni propinquitate eorum ; Fredul et frerii Miro Guarino, et Constantia cum omni, propinquitate eorum, Pontius cum omni propinquitate sua, Udalgerius Ladricus Miro cum eorum propinquis, Adalbertus Guillelmus præsbiter eorum cum omni propinquitate sua.

Anno ab incarnatione D. N. J. C. millesimo quinquagèsimo tertio, decimo quarto Kalendas Novembris, conventus factus est in comitatu Narbonensis vico qui vocatur Quadraginta, in quo adfuit domnus Guifredus Archipræsul cum Berengario Bitterensi Episcopo et Gunterio Agatensi Episcopo dedicaverunt Ecclesiam in honore sanctæ Dei Genitricis Mariæ cum altaribus sancti Dalmatii Martiris et sancti Landeberti et santi Johannis Baptistæ et sanctæ Crucis, Amelius sacerdos Arnaldus. (Doat)

« Voici les préceptes de la loi du Seigneur... »
Les lois du Décalogue sont citées avec le texte conforme à la Bible.

« Pierre, prêtre, Dieudonné prêtre, Engelbert, Bernard Guiraud, avec toute leur parenté, Mirasaudo avec ses parents, Ermenaldus Boniface avec toute sa parenté.

« Guifred, archevêque, Aribert, Bernard, Arnal, Nantigise, Segarius Gairo, avec tous les parents vivants et morts... »
Suit le texte du commencement des quatre Evangiles.

« Guilhen Ermetructis, Pons Ricard, Guillaume Guitard avec toute sa parenté. Fredul et Freril, Miro Guarin et Constance avec toute leur parenté, Pons, Udalger, Ladricus avec leurs parents, Adalbert Guilhaume, prêtre avec toute sa parenté.

« L'an de l'incarnation de N.-S.-Jésus-Christ 1053 le quatorzième jour des calendes de Novembre, il y eut une asassemblée dans le comté de Narbonne dans un village appelé Quarante, dans lequel se trouva le seigneur Guifred, archevêque, avec Bérenger évêque de Béziers, Gontier évêque d'Agde ; ils firent la dédicace de l'Eglise en l'honneur de la Sainte Mère de Dieu, Marie, avec les autels de Saint Dalmace martyr, de Saint Laudebert et Saint Jean-Baptiste et Sainte-Croix, Ameluis Arnal, prêtre curé. »

L'honneur de la consécration n'est pas accordée indistinctement à toutes les églises, c'est un privilège qui doit, en quelque sorte être mérité par l'importance ou par la destination de l'édifice.

La cérémonie de 982 fut une simple bénédiction pour mettre cet édifice sous le vocable de la Très Sainte Vierge, tandis que la cérémonie citée plus haut nous prouve que ce fut la véritable consécration.

DONATION D'ODON

2º Nonas Decembris tempore Ainrice Regis 1054.

In nomine Domini Ego Oddo abbas consentiente Guifrido archiepiscopo evacuo atque guirpisco ipsum alodem qui est in comitatu narbonensi in Terminio de Villa Sericata, vel in eius terminio cum ipsos mænsos qui in ipsum alodent sunt. Manifestum est enim quia ipsi canonici sanctæ Mariæ interpellebant ipsum alodem ad me Oddone propter donum quæ fecit vice comitissa de Narbona ad altario sanctæ Mariæ Quadraginta et ad clericis ibidem Deo servientibus et Ego Oddo Abbas non possum retinere in opus meum ipsum alodem præscriptum per nullum directam, neque per nullam authoritatem Et propter hoc Ego Oddo Abbas consentiente Guifredo archiepiscopo evacuo atque guerpisco Domino Deo et Sanctæ Mariæ et clericis ibidem Deo servientibus in canonicha totum ipsum alodem quæ habet sancta Maria in Sericata et in eius terminio et habere debet de repetitione vero quod si Ego Oddo Abbas, aut ullus homo, aut ulla fæmina aut ulla amissa persona subrogata quæ contra hanc guipercionem seu evacuationem pro iuriumpendum venerit non hoc valeat vindicare quod requirit, sed componat in ipsa canonica sanctæ Mariæ ipsum alodem supra scriptum du plum et melioratum et in antea ipsa guirpicio firma permaneat omnique tempore facta carta guirpicione ista secundo nonas decembris tempore Ainrici Regis Anni Domini millesimi quinquagesimi quarti Signum Oddoni Abbati qui istam cartam guirpicionem fieri fecit firmavit, et testes firmare rogavit signum Raymundi sacriscinii, signum Arnaldi Iscerni signum Oddo Nerii Petrus sac rogotus Oddo Abbas scripsit Guifredus Archiepiscopus.

« Le deux des Nones de Décembre ; du temps du roi Henri, 1054.

« Au nom du Seigneur, moi, Odon, abbé, du consentement de Guidfred archevêque, je laisse et j'abandonne l'alleu, situé dans la comté Narbonnaise, dans le territoire du hameau de Sericate, avec les demeures qui se trouvent dans cet alleu.

« Il est évident que les chanoines de Sainte-Marie de Quarante réclamaient cet alleu à moi Odon à cause d'un don que fit la Vicomtesse de Narbonne à l'autel de Sainte-Marie de Quarante et aux clercs consacrés à Dieu en ce même endroit, et moi Odon je ne puis retenir cet alleu à mon profit par aucun droit, ni par aucune autorité.

« C'est pourquoi moi Odon abbé, du consentement de Guidfred je laisse et abandonne au Seigneur Dieu et à Sainte-Marie de Quarante et aux clercs qui y servent Dieu en chanoinie, tout cet alleu que Sainte-Marie a ou doit avoir à Sericate et dans son territoire.

« Si moi Odon abbé, si quelqu'homme ou une femme, ou tout autre personne subrogée venait à enfreindre ce déguerpissement ou délaissement, que la revendication de ce qu'elle requiert n'ait aucune valeur mais qu'elle restitue à la chanoinie de sainte-Marie, cet alleu sus énoncé, doublé et amélioré.

« Pour que ce déguerpissement demeure stable à l'avenir et en tout le temps,... Moi Odon qui ai fait faire cette charte de déguerpissement, je l'ai confirmée et faite confirmer par des témoins soussignés. »

Il reste encore quelques ruines de Sericate, sur la commune de Montels. Le même manuscrit de Narbonne cite cet acte à la même date.

MATFRED

III — Matfred paraît avoir été abbé en 1063 et 1067

RAIMOND UDALGER

IV. — Raymond I Udalger gouvernait l'abbaye en 1089 et 1090. *L'histoire du Lang.* cite un Raimond Udalger vicomte de Tazo en Roussillon. Ne serait-il pas permis de croire que notre abbé était originaire de ce même pays ?

1090. — Il assista au 11° concile de Béziers et signa l'acte d'accord entre l'Archevêque de Narbonne et l'abbé de la Grasse.

1096 — Le 16 des calendes de février, Raimond honora de sa présence les obsèques de Dalmace, archevêque de Narbonne. C'est peut-être le même Raimond dont il est fait mention dans les années 1126 et 1131 Le nécrologe de Carcassonne porte : « XII Cal... Sept... obiit memorandæ memoræ Raimundus Udalguerii, clericus nostræ congregationis et abbas de Quadragente »

RICHIN ou RICHER

V. — Richin ou Richer reçut les deux bulles suivantes :

1ʳᵉ BULLE DU PAPE INNOCENT II

6° Kalendos Aprilis, Pontificatus Anno 6°.

Innocentius Episcopus servus servorum Dei dilectis filiis abbate, et Capitulo Ecclesiæ sanctæ Mariæ de Quadraginta ordinis sancti Augustini Narbonensis diocesis salutem et apostolicam benedictionnem. Licet his de cuius munere venit, ut sibi a fidelibus suis digne ac laudabiliter serviatur de abundantiia pietatis suæ quæ merita supplicum excedit, et vota bene servientibus multo majore retribuat quam valeant, promereri nihilominus tamen desiderantes domino reddere populu acceptabilem, fideles Christi ad complacendum, et quasi quibusdami llectuaris, muneribus, indulgentiis scilicet, et remissionibus invitamus. Ut ex in de reddantur divinæ gratiæ aptiores. Cupientes igitur ut Ecclesiæ vestra quæ est in honore beate Mariæ virginis dedicata congruis honoribus frequentetur, omnibus vere pænitentibus et confessis, qui Ecclesiam ipsam annuatim in die dedicationis eiusdem venerabiliter visitaverint de omnipotentis Dei misericordia et beatorum Petri et Pauli apostolorum eius authoritate confisi quadraginta dies de iniuncta sibi pœnitentia misericorditer relaxamus. Datum Lugdini sexto Calendas Aprilis Pontificatus nostri anno sexto. (de Doat).

« Innocent, serviteur des serviteurs de Dieu, à ses chers Fils l'Abbé et le Chapitre de Sainte-Marie de Quarante, de l'ordre de Saint Augustin, du diocèse de Narbonne, salut et bénédiction apostolique.

« Voulant donc que votre église qui est dédiée à la bienheureuse Vierge Marie soit fréquentée avec des honneurs convenables, à tous les vrais pénitents qui après s'être confessés auront visité avec vénération annuellement cette église le jour de la dédicace, confiants en la miséricorde de Dieu et en l'autorité de ses bienheureux apôtre Pierre et Paul, nous accordons miséricordieusement quarante jours d'indulgence, de la peine qui leur a été enjointe.

« Donné à Lyon, etc. »

2° BULLE DU PAPE INNOCENT II

8° Idus Novembris indictione 13a, 1136, Pontificatus Anno 6°.
Innocentius Episcopus servus servorum Dei dilecto in Christo filio Rikuino Abbati eidem de Quadraginta, eius que successoribus regulariter substinendis in perpetuum officii nostri hortatur auctoritas pro Ecclesiarum statu satagere, et carum quiete et utilitati salubri-

ter auxiliante Domino providere dignum namque et honestate conveniens esse cognoscitur, ut qui ad Ecclesiarum regimen assumpti sumus, eas et a apravorum hominum nequitia tueamur et Beati Petri atque Apostolicæ sedis patrocinio munientes ipsis optatæ defensionis suffragium conferamus provide, dilecte in Domini fili Rikine abbas, postulationibus is Clementer annuimus, et Ecclesiam de Quadraginta cui Deo auctore præ esse dinosceris sub Beati Petri et nostra protectione suscipimus præsentis scripti pagina communimus, inprimis, si quidem statuemus ut ordo canonicus iuxta Beati Augustini regulam in eadem Ecclesia futuris temporibus irrefragabiliter observetur, quæcumque præterea bona, quascumque possessiones, in præsentiarum eadem Ecclesia iuste et Canonice possidet, aut infuturarum concessione potificum, largitione principum, oblatione fidelium, seu aliis iustis modis rationabiliter poterit adipisci tibi, tuisque successoribus confirmamus. Porro inmunitatem quæ eidem Ecclesiæ collata esse cognoscitur auctoritate Apostolica approbamus, futuris temporibus illibata manere decernimus, obeunte vero te nunc eiusdem loci Abbate vel tuorum quolibet successorum nullus ibi qualibet surreptionis, astutia seu violentia præponatur, nisi quem fratres communi assensu, aut fratrum pars sanioris concilii secundum Dei timorem et Beati Augustini regulam providerint eligendum. Nulli ergo omnino hominum fas sit vestram Ecclesiam temere, perturbare aut eius possessiones auferre. vel Abbatas retinere, minuere, seu quibuslibet, molestiis, aut exactionibus fatigare ; sed omnia vobis integra et illibata serventur corum, proquorum gubernatione et sustentatione concessa sunt usibus omnimodis profutura, salva Canonica Diocesani Episcopi reverentia. Si qua igitur imposterum Ecclesiastica, secularisve Persona hanc nostræ constitutionis paginam sciens contra eam temere venire temptaverit, secundo tertiove commonita, si non reatum suum congrua satisfactione correxerit potestatis honorisque sui dignitate careat reumque se divino indicio existere de perpetrata iniquitate cognoscat et a sacratissimo corpore, sanguine Dei ac redemptoris nostri Jesu Christi aliena fiat, atque in extremo examine distincte ultioni subiaceat. Cunctis autem eidem Ecclesiæ sua iura servantibus sit pax Domini nostri Jesu Christi. Quatenus et hic fructum bonæ actionis percipiat, et apud districtum iudicem præmia æternæ pacis inveniat. Amen. Amen. Amen.

Ego Innocentius,
Catholicæ Ecclesia Episcopus.

BULLE DU PAPE INNOCENT II

Ego Guillelmus Episcopus.
Ego Gregorius Diaconis Cardinalis sanctorum sergii et Bachi.
Ego Mathaus Albanensis Episcopus.
Ego Bernardus Præsbiter Cardinalis titulis sanctæ Crucis in Jerusalem.
Ego Grisogonus Diaconus Cardinalis sanctæ Maria in porticu.
Ego Lucis Præsbiter Cardinalis tituli sanctorum Johannis et Pauli.
Data Lisis (ou Lugdunis) per manum Aimerici sancta Romanæ Ecclesiæ Diaconi Cardinalis et Concellarii septimo Idus Novembris, indictione decima tertia, incarnationis dominicæ anno millesimo centesimo trigesimo sexto, Pontificatus domini Innocentii Papæ secundi Anno Sexto. (de Doat)

« Innocent, évêque, serviteur des serviteurs de Dieu, à notre cher Fils en Christ, Ricuin, abbé de Quarante et à ses successeurs, devant se succéder régulièrement à perpétuité.

« L'autorité de notre charge nous exhorte à nous préoccuper de l'état des églises, et, avec l'aide de Dieu, à pourvoir salutairement à leur repos et utilité. C'est pourquoi, Cher Fils dans le Seigneur, Riquin, abbé, nous accédons avec clémence à vos demandes, nous prenons sous la protection de saint Pierre, et sous la nôtre, l'Eglise de Quarante à laquelle, Dieu le voulant, vous êtes jugé digne de commander, nous la fortifions par la teneur du présent écrit.

« Et d'abord nous ordonnons que l'ordre canonique, selon la règle du bienheureux Augustin, soit irréfragablement observée dans cette église pour toujours.

« En outre, nous confirmons à vous et à vos successeurs les biens et possessions quelconques, que la même Eglise possède actuellement d'une manière juste et canonique, ou qu'elle pourra acquérir à l'avenir raisonnablement par la concession des Pontifes, les décisions des princes, l'oblation des fidèles, ou de quelqu'autre manière légale ; en conséquence nous approuvons l'immunité qui est reconnue avoir été conférée à cette même Eglise en vertu de l'autorité apostolique. Nous voulons qu'elle demeure intacte dans les temps futurs ; qu'au décès de vous actuellement abbé de ce lieu, ou tout autre de vos successeurs, nul n'y soit placé à la tête par astuce, fraude quelconque ou par violence que les Frères d'un commun accord, ou la partie plus saine d'entr'eux auront eu soin d'élire selon la crainte de Dieu et la règle du bienheureux Augustin.

« Qu'il ne soit donc nullement permis à aucun homme de troubler témérairement votre église, d'enlever ses possessions, de les retenir, d'inquiéter par n'importe quelles vexations ou exactions ; mais que vous conserviez dans une intégrité complète tous les biens, pour le gouvernement et la subsistance de ceux pour lesquels ils vous ont été donnés, pour servir à leurs divers usages, sauf la révérence canonique de l'évêque diocésain.

« Mais si à l'avenir quelque personne ecclésiastique ou séculière connaissant la teneur de notre constitution, osait témérairement y contrevenir, après un second et troisième avertissement, s'il n'amende pas sa faute, par une satisfaction convenable, qu'il soit privé de la dignité de son pouvoir et de son honneur, qu'il soit éloigné du très saint corps et du sang de notre Dieu Rédempteur J.-C., et au dernier moment soumis à une vengeance rigoureuse ; mais à tous ceux qui conserveront les droits de ladite Eglise soit la paix de N.-S.-J.-C., qu'alors ils reçoivent le fruit de leurs bonnes actions et qu'ils trouvent auprès du Juge rigoureux le prix de la paix éternelle. »

RAIMOND II

VI. — 1154. — Raimond II est connu par les lettres confirmatives d'un acte d'échange fait entre Richin son prédécesseur et le chapitre de Narbonne, données le 31 mars 1154 par Hyacinthe, cardinal diacre et légat du Saint-Siège.

BULLE D'ANASTASE IV

Pridie Kalendas Aprilis, indictione 2°, Pontificatus Anastazii Papæ Quarti anno 1° 1154.

1154. — Jacintus Dei Gratia sanctæ Romanæ Ecclesiæ diaconus cardinalis Apostolicæ sedis legatus dilectis filiis Narbonensibus canonicis et Abbati R. de Quadraginta eiusque fratribus tam præsentibus quam futuris æternam in domino salutem. Consideratio Ecclesiasticæ utilitatis hoc postulat, ut contractus qui in'er Ecclesiaticas personas canonice et légitime celebranter irrefragabiliter conserventur et ne eaque inter aliquos contrahuntur propter labentia temporum oblivioni tradentur, et ne iurgia et contentiones imposterum oriantur, litteras annodari præcepimus, Richinus si quidem abbas de Quadraginto et eiusdem Ecclesiæ canonici pari voto, et uno assensu in præsentia et venerabilis fratris nostri Petri Narbonensis Archiepiscopi recognoverunt permutationes, seu concambium duarum Ecclesiarum videlicet sancti Saturnini de Maio (ou Malhuco) et sancti Vincentii quarum alteram vidilicet sancti saturnini præfatus Abbas de Quadraginta, et eius canonici tenebant; alteram vero sancti Vincentii de Argelers iam dicti canonici sancti. Justi possidebant, et ipsam Ecclesiam sancti Saturnini de Maiano præfatus Abbas et ius canonici de Quadraginta tradiderunt Ecclesiæ sanctæ Mariæ de Rivo et canonicis sancti Justi tam præsentibus quam subtituendis in perpetuum cum omni iure suo decimis, videlicet primitiis, terris cultis et incultis, mansibus, hominibus, et cum omnibus ad eam pertinentibus. Nomina vero canonicorum de Quadraginta qui hunc contractum inierunt hae sunt. Pontius de Olonzaco, Pontius de Villaspassans, Petrus de Capite stagni Hugo de Quiliano sacrista aliis omnibus eiusdem Ecclesiæ consentientibus canonici vero sancti Justi consensu fratis nostri Petri Narbonensis Archiepiscopi de derunt Eéclesiam sancti Vincentii de Argelers, Ecclesiæ santæ Mariæ de Quadraginta et Richino Abbati, et canonicis eiusdem Ecclesiæ tam præsentibus quam futuris in perpetuum cum de cimis, primitiis, terris fructiferis et infructeris, et cum omnibus ad eam pertimentibus eo iure salvo Matrici Ecclesiæ et archiepiscopo, qui pro tempore Narbonæ fuerit, ut Capellanus de conventum sanctæ Mariæ de Quadraginta, seu Episcopatu Narbonensi ab Abbat pro voluntate sua in Ecclesia sancti Vincentii de Argelers pro tempore positus, animarum curam ab Archiepiscopo recipiat, ad sinodum veniat, sinodalia Archiepiscopo solvat. et eius interdicta custodiat, et si excesserit quantum ad suam personam scilicet infornicatione, periuro homicidio, horum omnium et similium, Archiepiscopi, seu illius, cui ab Archiepiscopo cura commissa fuerit indicium subeat. Capellanus tamen ab Abbate pro Arbitrio suo in præfata Ecclesia de conventu suo seu Narbonensi Episcopatu positus quo modo et quando et qualiter voluerit absque ullius contradictione ab ipso removendus, nihil ergo ultra quam supra scriptum est, occasione forte summi Pontificis seu legati, si ad partes istas eos venire contigerit ne quo occasione alicuius collectæ in ea petere seu inponere præsumat. Nomina vero canonicorum sancti Justi qui huic contractui consenserunt sunt hæc, Ornaldus Pontius et Rogerius Archidiaconus, Pontius de Vilario prior, Bernardus sacrista, Giraldus de Pepionibus, Vuillelmus precentor, si qua vero partium contra hoc temere venire præsumpserit, secundo, tertioque commonita, sinon resipverint pars que hoc conservaverit. Utramque Ecclesiam iure sibi vindicet libereque possideat.

Ego Jacintus Dei gratia sanctæ romanæ Ecclesiæ diaconus Cardinalis Apostolicæ sedis legatus.

Ego Petrus Dei gratia Narbonensis Ecclesiæ servus.

Data Narbonæ per manum Magistri Viviani Bibliothecarii domini Jacenti diaconi Cardinalis Apostolicæ sedis legatus, pridis Kalendas aprilis, indictione secunda, dominicæ Incarnationis Anno Millesimo centesimo quinquagesimo quarto Pontificatus Domini Anastasii Papa quarti Anno primo... (Doat, 55, f° 220).

1154. — « Jacinte, par la grâce de Dieu Cardinal de la sainte Eglise Romaine, légat du Siège apostolique, à ses chers Fils les chanoines de Narbonne et à l'abbé R... de Quarante et à ses Frères tant présents que futurs, salut éternel dans le Seigneur,

« L'utilité de l'Eglise demande que les contrats passés canoniquement et légitimement entre personnes ecclésiastiques soient conservés intacts. et de peur que les conventions arrêtées entre quelques unes, par la succession des temps ne soient livrées à l'oubli, et qu'il ne résulte dans la suite des querelles et procès, nous ordonnons de les fixer par cet acte.

« Richin, abbé de Quarante et les chanoines de la même église, d'un vœu semblable et d'un consentement unanime en présence aussi de notre vénérable Frère l'archevêque de Narbonne, ont reconnu les permutations ou échanges de deux églises, savoir de Saint-Saturnin de Maïac et Saint-Vincent, desquelles l'une, à savoir celle de Saint-Saturnin, le susdit Abbé de Quarante, et ses chanoines la détenaient, tandis que l'autre, celle de Saint-Vincent d'Argeliers, les susdits chanoines de Saint-Just la possédaient ; le susnommé Abbé et ses chanoines de Quarante avaient donné cette église de Saint-Saturnin de Maïac, à l'église Sainte-Marie de Rives et aux chanoines de Saint-Just tant présents que futurs, avec tous ses droits, avoir, dîmes, prémices, terres cultes et incultes, hommes et avec toutes leurs dépendances,

Or les noms des chanoines de Quarante qui ont formé ce contract sont : Ponce d'Olonzac, Ponce de Villespassants, Pierre de Capestang, Hugues de Quillan, sacristain, tous les autres chanoines de la dite Eglise consentant ; tandis que les chanoines de Saint-Just du consentement de notre frère Pierre, archevêque de Narbonne ont donné l'église de Saint-Vincent d'Argelers à l'église Sainte-Marie de Quarante et à Richin abbé, et aux chanoines de la même église, tant présents que futurs, à perpétuité, avec dîmes, prémices, terres productives et improductives, avec toutes ses dépendances, sauf le droit de l'Eglise-Mère et de l'Archevêque qui pour lors serait à Narbonne, que le Chapelain placé selon la volonté de l'Abbé à cette époque dans l'église Saint-Vincent d'Argelers, soit pour le couvent de Sainte-Marie de Quarante, soit pour l'évêché de Narbonne, reçoive de l'archevêché le soin des âmes, qu'il vienne au Synode, qu'il paie les droits synodaux à l'archevêque et observe ses interdits; et s'il a failli de sa personne, savoir en fornication, parjure, pour toutes ces choses et autres semblables qu'il se soumette au jugement de l'Archevêque ou de celui qui aura été commis à ce soin par l'Archevêque. Cependant, que le chapelain placé par l'abbé à sa volonté dans ladite église soit révocable par lui comme, quand, et autant de fois qu'il le voudra, sans nulle contravention; qu'il ne prétende donc rien y demander ni imposer au-delà de ce qui a été écrit ci-dessus, à l'occasion peut être du Souverain Pontife ou du Légat, s'il leur arrivait d'intervenir en ces parties, ni à l'occasion de quelque collecte.

Or le nom des chanoines de Saint-Just qui ont consenti à ce contract sont ceux-ci : Arnault, etc., etc.

« Si quelqu'une des parties osait témérairement y contrevenir, si après un second et un troisième avertissement elle n'est venue à récipiscence, que la partie qui l'aurait observé revendique de droit l'une et l'autre église et les possède en liberté.

« Jacinthe, etc... Donné à Narbonne... »

1153. — C'est à cette même époque que le roi Louis le Jeune confirma Bérenger, archevêque de Narbonne, dans la possession de la moitié des droits domaniaux sur l'abbaye de Quarante.

DONATION D'ERMENGARDE

Anno 1154.

N nomine Domini, etc., regnante Rege Ludovico, Ego Ermengardis, Narbonensis vice comitissa, dono, et mea bona memoria et voluntate cum hac carta, laudo Domino Deo, et beatæ Mariæ de

Quaranta et tibi Richino Abbati et Pontii de Olonzaco Cellarario et Petro Capitestagni cunctoque conventui prœfati Monasterii præsenti et futuro imperpetuum totum illum honorem integriter quæ Raymundus Gaucelini habuit. Vel habere debuit in castello de Argilers, scilicet medietatem turris et quantum visus est habere et tenere in seniorivo predicti castri, et in villa et in eorum terminis, et etiam in mansibus, et in hominibus, et fœminabus, retento tamen mihi seniorivo, quod Narbonæ vicecomes antea ibi habuit et habere debuit, et hoc donum et laudamentum ideo vobis facio quia supradictus honor placitando in mea curia cum Raymundi Gaucelini vobis fuit adiudicatus propter donum, quod ipse Raymundus antea vobis fecerat et sciendum est, quod hoc donum facio pro remedio animæ meæ, et parentum meorum, et habui inde exvobis mille quingentos solidos Melgorienses exbonis pradictæ Ecclesiæ.

Hoc totum fuit factum in manu Pontii de Olonzac cellarii et in præsentia Bertrandi de Capestagno, et Guillelmi Pontii et Bernardii Pontii et Jaucerandi et Berengarii de Oveliano et Guiraldi de Pepionibus et Raymundi de Castriis, et Petri præcentoris qui hæc scripsit.

1154. — « Au nom du Seigneur, l'an de l'Incarnation... sous le règne du roi Louis, Moi Ermengarde, vicomtesse de Narbonne, de bonne mémoire et par ma volonté, donne au Seigneur Dieu et à la bienheureuse Marie de Quarante et à vous Richin abbé, et à Ponce d'Olonzac cellerier, à Pierre de Capestang et à tout le couvent du susdit monastère présent et futur, pour toujours, tout l'honneur intégral que Raymond Gaucelin a eu, ou a dû avoir dans le château d'Argilers, savoir la moitié de la tour et tout ce qu'il a pu avoir et tenir dans la seigneurie du dit château, dans la métairie, les limites, et aussi dans les demeures, sur les hommes et les femmes, retenant cependant le droit de Seigneurie que la Comté de Narbonne y a eu auparavant et a dû y avoir; et ce don et ce consentement je vous l'accorde, parce que le susdit honneur, en plaidant dans ma cour avec Raymond Gaucelin vous a été adjugé, en raison du don que ce même Raymond vous avait fait auparavant ; et vous devez savoir que je vous fais ce don pour le salut de mon âme et celle de mes Parents, et j'ai reçu de vous mille cinquante sous Melgoriens, des biens de la dite Eglise... »

1º Kalendas Febvrarii 1155.

In Dei nomine Notum sit: Omnibus hominibus quod Ego Guillelmus de Minerva vicecomes quando iacebam in infirmitate Ego et uxor mea Ermengardis recognovimus iniuriam quam nos faciebamus Ecclesiæ sanctæ Mariæ de Quadraginta cum clamore abbatis, et omnium canonicorum. Scilicet Raimundo, quæ de Sincillano fuit, et suos infantes quos nos abstuleramus iniuste prædictæ Ecclesiæ de Quadraginta cum clamore abbatis et manifestum sit omnibus hominibus quod Ego Guillelmus prædictus et uxor mea iam dicta simul in unum cum bona voluntate laxamus, et guirpimus modo, ad omne tempus Raymundam prædictam cum suis infantibus masculis et fœminabus omnibus hæredibus qui exierunt ex illis et omni avere vel sustentia illorum, et sic Ego Guillelmus prædictus et uxor mea Ermengardis laxamus et guirpimus domino Deo, et Ecclesiæ sanctæ Mariæ de Quadraginta, et tibi Riquino Abbati, et omnibus canonicis dictæ Ecclesiæ tam præsentibus quam futuris Raymundam fœminam prædictam, et omnibus infantibus suis sine omni retentu in perpetuum totum sine damno sicut superius scriptum est pro redemptione animarum nostrarem et parentum nostrorum et propter hanc guirpitionem dederunt nobis, abbas sanctæ Mariæ de Quadraginta, et clerici de bonis Ecclesiæ, centum solidos melgorienses bonos. Facta scriptura iustius guirpitionis septimo Kalendas Februarii, anno Domini millesimo centesimo quinquagesimo quinto Regnante Rege Lodovico sig. Ego Guillelmus de Minerva vicecomes et uxor mea Ermengardis qui hanc cartam scribere jussimus et firmavimus, testes firmanque rogavimus, sig. Guillelmus de Olonciaco sig. Guillelmus de Asiliano, sig. Bernardo Berengario, sig. Petrus Mitfre, sig. Poncii suterii et isti prædicti firmatores viderunt hæc, et audierunt, laudaverunt, atque firmaverunt cum Jussione Guillelmi vicecomitis Minervæ et mulieris eius Ermengardis Ugo scripsit rogatus. (Collection Doat).

DONATION D'ERMENGARDE

« Le premier des Calendes de février 1155.

« Au nom du Seigneur. Que tous les hommes sachent que moi, Guillaume de Minerve, durant ma maladie et Ermengarde, mon épouse, nous avions reconnu l'injustice que nous faisions à l'église Sainte-Marie de Quarante, avec la plainte de l'abbé et de tous les chanoines, au sujet de Raimonde qui était de Sincillan que nous avons enlevée injustement avec ses enfants à ladite église de Quarante malgré les réclamations de l'abbé. Qu'il soit évident pour tous les hommes que moi Guillaume et mon épouse nous leur laissons avec entière volonté, et que nous leur déguerpissons, pour toujours, ladite Raimonde avec ses enfants garçons et filles, et tous les héritiers qui en sortiront, avec leur avoir et leur possession.

« Ainsi moi, susdit Guillaume et mon épouse nous abandonnons et relâchons au Seigneur Dieu, à l'église Sainte-Marie de Quarante, à vous Richin, abbé, et à tous les chanoines de ladite église, présents et futurs, ladite femme Raimonde avec tous ses enfants, sans retenue, pour toujours, sans dommage, comme il est écrit plus haut, pour le rachat de nos âmes et celle de nos parents. Pour ce déguerpissement l'abbé de Sainte-Marie de Quarante et les clercs nous ont donné cent sous Melgoriens bons, des biens de l'Eglise.

« L'inscription de ce déguerpissement a été faite le sept des calendes de février, l'an du Seigneur. Guilhame de Minerve, vicomte et mon épouse Ermengarde, qui avons ordonné d'écrire cette charte et l'avons confirmée, et avons prié les témoins de la signer.

      GUILHAUME D'OLONZAC,
      BERNARD BÉRENGER.
      GUILHAUME D'AZILLE,
    PIERRE MAFFRE et PONS SUTERII

et confirmé par l'ordre de Guilhaume, vicomte de Minerve et de sa femme Ermengarde. Ugo qui en a été prié, a écrit cet acte.

1157. — Le manuscrit de Narbonne, années 1157-1165 aux feuillets 47 et 49 porte « L'abbaye de Quarante est sous la juridiction du Seigneur Archevêque de Narbonne, par les actes de confirmation de privilèges royaux du roi Louis VII° et par l'hommage que l'abbé de Quarante a fait à l'Archevêque.

L'abbé a signé en 1156, l'acte de donation faite par Bérenger de Sallèles, au monastère de Cluni.

BULLE DU PAPE ALEXANDRE III

Nonas aprilis 1159.

ALEXANDER Episcopus servus servorum Dei dilectis filiis. P. Abbati et fatribus Monasterii sanctœ Mariœ de Quaranta salutem et apostolicam benedictionem. Cura et sollicitudo universalis Ecclesiœ quam disponente Domino gerimus, nos admonet propensius et hortatur paci et utilitati Ecclesiarum diligenti studio intendere, et earum indemnitati propensiori diligentia providere quia igitur propter gravissimam persecutionem basculorum et brabantionum res Monasterii vestri plurimum dissipatœ sunt, et vehementer attritœ. Nos eius damnis, et œrumnis manu sollicitudinis subvenire volentes auctoritate apostolica sub interminatione anemathematis prohibemus, ne que bona vel possessiones prœdicti monasterii pignori supponere, vel quolibet titulo alienare nisi causa meliorandi prœsumat. Ibi autem qui possessiones ipsius Monasterii in pignore accipere aut emere prœsumpserint eadem pœna plectantur et ipsa emptio vel alienatio si facta fuerit, irrita penitus habeatur. Prœterea salvitatem Monasterii infra certos terminos, et antiquos constitutam, et ab antiquis retro temporibus usque ad hœc ipsa observatam apostolici scripti mumimine roboramus Ecclesias quoque et possessiones quas Monasterium vestrum in prœsentiarum legitime possidet, aut in futurum iustis modis

Deo parante poterit adipisci vobis et eidem Monasterio nihilominus confirmamus statuentes ut nulli omnino hominum liceat hanc paginam nostræ confirmationis infringere, vel ei aliquatenus contraire si quis autem hoc attentare præsumpserit indignationem omnipotentis Dei et beatorum Petri et Pauli Apostolorum meruisse noverit, incursurum. Datum Beneventi nonas Aprilis.

Avec un sceau de plomb pendant à un cordon de soye jaune et rouge. (de Doat).

Alexandre évêque, serviteur des serviteurs de Dieu, aux chers Fils Pierre abbé, et à ses Frères du monastère de Sainte-Marie de Quarante, salut et bénédiction apostolique.

Comme dans la persécution des Gascons et des Routiers, les biens de votre monastère ont été pillés et gravement détruits, voulant nous-même subvenir avec sollicitude à vos pertes et chagrins, nous défendons en vertu de notre autorité apostolique, sous peine d'excommunication de mettre en gage les biens ou les possessions du dit monastère, de les aliéner à quelque titre que ce soit, si ce n'est pour les améliorer.

Que ceux qui ont présumé de mettre en gage, ou d'acheter les biens de ce monastère soient frappés de la même peine ; que leur vente ou leur aliénation soit déclarée tout à fait nulle. En outre nous confirmons l'intégrité de ce monastère avec ses limites anciennes et conservées depuis des temps reculés, en vertu des écrits apostoliques.

Les églises et les possessions que votre monastère possède aujourd'hui légitimement, ou celles que, Dieu aidant, il pourra posséder à l'avenir, dans de justes conditions, nous les déclarons propres à Vous-même et au monastère, ordonnant que nul homme ne se permette de briser cette page de notre autorité, ou y contrevenir de quelque manière que ce soit. Si quelqu'un ose attenter contre, qu'il sache qu'il encourra l'indignation du Dieu Tout-Puissant et des bienheureux Pierre et Paul.

Donné à Bénévent, les nones d'avril.

PIERRE Ier

VII. — Pierre Ier siégait en 1159 et 1161.

TESTAMENT DE GARSENDE (1159)

15 Calendas septembris 1159.

In Dei nomine : hæc est charta testamenti quod Ego Garsendi de Linâno iacio, dum faceo in œgritudine, timeo ne mors mihi subveniat, quod propter hoc volo facere meum testamentum et dividere meam substantiam; in primis, laxo et dimitto corpus meum et animam meam domino Deo et beatæ Mariæ Quadragintæ per canonicam, quod iterum dimitto et laxo Ecclesiæ prædictæ Sanctæ Mariæ Quadraginta pro redemptione animæ meæ Guillelmum Eguenarium et uxorem suam et suos infantes et mansum quem tenet de me Garsinda prædicta cum omnibus perti mentiis, quas tenet similiter de me et dimitto Capellano santi Joannis quinque solidos, et dimitto ad operan Ecclesiæ un decim solidos, et dimitto filiæ meæ Aladaici, et suo viro Raymundo Matfredi, atque suis infantibus de omni honore quem habeo in Ligno, et in suis termimis duas partes, et dimitto tertiam partem quæ remanet nepote meo Raymundo de santo Genesio, sic dimitto istum honorem istis prædictis, excepto hoc quod dimitto sanctæ Mariæ de Quadraginta pro redemptione animæ meæ et dimitto, super istum honorem prædictum, albergum ad omnes Clericos Ecclesiæ Quadragintæ quod faciat Raymundus Matfredi in uno quoque Anno in festo sancti Michaelis duas partes istius Albergi sicuti habet duas partes honoris et Raymundus sancti Genesii faciat tertiam partem Albergi in eodem festo prædicto et si nolebant istum Albergum facere donent decem solidos bitterensium in eodem dicto terminio abbati Quadragintæ et si abbas prædictus habuerat istos de narios supradictos ad festum sancti Michaelis faciat Albergum de istis, quin decim solidis in die sancti Michaelis Clericis Ecclesiæ

Quadragintæ et in crastino die faciant ministerium honorifice. Et si Raymundus Malfredi et Raymundus sancti Genesii nolebant facere istum Albergum vel illi qui istum honorem teneret vel qui decim solidos dare sicut superius dictus est habeant abbas et clerici Ecclesiæ Quadragintæ istum honorem in retorn per istum Albergum et si Raymundus sancti Genesii moreretur sine infante legitimo remaneat suam partem honoris, Aladiaci et viro suo Raymundo et infantibus illorum, et Aladaicis vel sui faciant albergum prædictum et eodem modo si Aladaicis vel infantes sui morerentur sine infantibus legitimis et Raymundus sancti Genesii supervixerit habeat omnem honorem et faciat Albergum prædictum. Actum est hoc decimo quinto Kalendas septembris Anno Domini millesimo centesimo quinquagesimo nono Regnante Rege Lodovico signum Garsandis de Linano quæ hoc testamentum scribere jussi et meis propreis manibus firmavi, testibusque firmari rogavi,

    sig. Petri Abbatis, Quadraginta,
    sig. Bernardi de Olonziaco,
    sig. Durandi prœsbiteri,
    sig. Bernardi de sancto Poncio,
    sig. Guiraldi de Oveliano,
    sig. Petri Algherii,
sig. Guillelmi Othonis Petrus de santo felice hoc scripsit rogatus.

Le quinze des calendes de Septembre 1159

Au nom du Seigneur. Ceci est la charte du testament que moi Garsende de Lignan, je fais dans la maladie, je crains que la mort ne me surprenne, voilà pourquoi je veux faire mon testament, et diviser mon bien.

En premier, lieu je laisse et j'abandonne mon corps et mon âme au Seigneur Dieu et à la bienheureuse Marie de Quarante.

De plus je laisse et j'abandonne à la dite église Sainte-Marie de Quarante pour la rédemption de mon âme, Guilhaume Eguenarium, son épouse, ses enfants et la demeure qu'il a reçu de moi, avec toutes ses dépendances qu'il a reçu également de moi.

Je laisse au chapelain de Saint-Jean cinq sous:

Je laisse pour l'entretien de l'église onze sous.

Je laisse à ma fille Aladaïs, à son mari Raymond Matfred, et à leurs enfants tout l'honneur que j'ai sur Lignan et deux parties de ces confins, je laisse la troisième partie qui reste à mon neveu, Raymond de Saint-Geniès. Ainsi je laisse cet honneur aux sus dits, excepté ce que je laisse à Sainte-Marie de Quarante, pour la rédemption de mon âme, et je laisse en sus de cet honneur, un albergue pour tous les clercs de l'église de Quarante. Raymont Matfred leur donnera chaque année, à la fête de Saint-Michel deux parts de cet albergue, puisqu'il a deux parts de cet honneur, et Raymond de Saint-Geniès leur donnera la troisième partie de cet albergue, le jour de la même fête.

S'ils ne voulaient pas donner cet albergue, ils doivent donner dix sous Biterrois, au même terme, à l'abbé de Quarante et si le dit abbé a reçu les dits deniers à la fête de Saint Michel, il doit en faire l'albergue de quinze sous, le jour de Saint Michel aux clercs de l'église de Quarante et le lendemain ils doivent faire un service religieux avec grande pompe.

Et si Raymond Matfred et Raymond de Saint-Geniès ne voulaient pas donner cet albergue, de l'honneur qu'ils possèdent ou donner quinze sous, comme il est dit plus haut, l'abbé et les clercs de l'église de Quarante possèderont cet honneur, en retour de l'albergue, et si Raymond de Saint-Geniès décède sans enfants légitimes, sa part d'honneur doit revenir à Aladaïs, à Raymond son mari, et à leurs enfants ; et alors Aladaïs ou les siens donneront le sus dit albergue ; également si Aladaïs et ses enfants mouraient sans postérité légitime, Raymond de Saint-Geniès survivant, aura tout l'honneur d'Adalaïs, et fera le dit albergue dû par Adalaïs.

Cet acte a été passé le quinze des calendes de septembre, l'an du seigneur mil cent cinquante neuf, sous le règne de Louis.

Signature : GARSANDIS DE LINAN, qui ai moi-même ordonné d'écrire ce testament, l'ai signé de ma propre main, et l'ai fait confirmer par les témoins.

Signatures : de PIERRE, abbé de Quaranto,
de BERNARD d'Olonzac,
de DURAND, prêtre,
de BERNARD de Saint-Pons,
de GUIRALD, d'Ouveillan. etc.

Pierre de Saint-Félix a écrit cet acte sur ma prière.

CONFIRMATION
DE LA DONATION CÆMERAC (1163)

4° nonas octobris 1163.

IN anno Domini, etc. regnante Lodoyco Rege, scripta fuit hac carta quam domina Ermengardis vicecomitissa Narbonensis fecit Ecclesiæ sanctæ Mariæ de Quadraginta Ego igitur prædicta Ermengardis per me et per omnes meos successores in perpetuum dono, laudo, affirmo prædictæ Ecclesiæ sanctæ Mariæ, et tibi petro Abbati eiusdem Ecclesiæ et successoribus tuis, et omnibus ibidem Deo servientibus totum quidquid vos acquisivistis, aut Ecclesiæ vestræ datum fuit a Poncio de Cocmeraco et marito eius Bernardo de Morellis scilicet medietatem ipsius castri de Cemeraco cum omnibus suis pertinentiis, et omni dominatu ad prædictam medietatem pertinere, et quidquid in territorio eiusdem castri acquirere in futurum poperitis, excepto corpore ipsius castri retento in Ermengardo, et omnibus successoribus meis in prædicta medietate potestativo, et alberga quam albergam dominus Narbonæ habere debet in toto castro scilicet decem militum annis singulis, et retentis similiter Iustitiis, que ad potestatem pertinent, et similiter retenta mihi et successoribus meis expeditione, seu cavalgada in toto castro, et omnium hominum ibidem commorantium et hanc donationem facio in remissione peccatorum meorum et parentum meorum et si aliqua persona hominum vel feminæ vobis prædictis vel vestris successoribus de omni honore prædicto aliquid amparaverit, vel abstulerit. Ego prædicta Ermengardis et omnes mei successores erimus inde vobis vestris que successoribus manutensores et defensores in perpetuum, Hujus rei sunt testes evidentes quorum nomina ipsis viventibus hic sunt scripta Arnaldus de Moniescot Magister milicie, Gaucelimus de Azilano. Magister hospitalis Hyerusalem, Petrus de Minerba vicecomes, Petrus Raymundi de Narbona vicarius, Guillelnus de Durbando, Guillelmus de Picteus, Bremundus de Sigano, Berengarius de Ovelano, a prædicta domina Ermengardi vicecomitissa, et ab omnibus pædictis testibus rogatus, Guilelmus Lezignano succentor Ecclesiæ Capiti stagni scripsit. . (Collection Doat).

Le quatre des nones d'octobre.

L'an de la Nativité du Seigneur, etc., fut écrite cette charte que la seigneuresse Ermengarde vicomtesse de Narbonne fit faire en faveur de l'église de Sainte-Marie de Quarante.

Moi, la dite Ermengarde, par moi-même et par tous mes successeurs, je donne, lègue, j'assure pour toujours, à la dite église Sainte Marie et à vous Pierre, abbé de cette même église, et à vos successeurs et à tous ceux qui en ce lieu même sont consacrés au service de Dieu, tout ce que vous avez acquis, et tout ce qui a été donné à votre église par Ponce de Cœmerac et son mari Bernard de Molères ; savoir la moitié du château même de Cœmerac, avec toutes ses dépendances. et tout le pouvoir appartenant à cette dite moitié, tout ce que vous pourrez acquérir à l'avenir dans le territoire du dit château, sauf le corps du château lui-même, retenu pour moi Ermengarde, et pour tous mes successeurs, dans la possession de la dite moitié, et l'albergue que le Seigneur de Narbonne doit avoir dans tout le château, savoir dix soldats par an, et également la conservation de la justice appartenant au Seigneur et le maintien pour moi et mes successeurs de l'expédition ou cavalgada dans tout le château, et de tous les hommes qui y résident. Je fais cette donation pour la rémission de mes péchés et ceux de mes parents, et si quelqu'homme ou femme prenait ou enlevait à vous ou à vos succeseurs, quelque partie de cet honneur, moi, dite Ermengarde et tous mes successeurs, nous serons toujours vos appuis et défenseurs. Furent témoins de cet acte les vivants dont les noms sont écrits :

    ARNAL DE MONTCESCOT, maître de la milice
    GAUCELIN d'Azille, maître de l'hôpital de Jérusalem,
    PIERRE DE MINERVE, vicomte,
    PIERRE RAYMOND, de Narbonne, vicaire,
    GUILHAUME, de Durban,
    GUILLAUME, de Pouzols,
    BRÉMOND, de Sigean,
    BÉRENGER, d'Ouveillan.

GUILHAUME, de Lézignan, succenteur de l'église de Capestang a écrit cet acte, à la prière de la Seigneuresse Ermengarde, vicomtesse, et de tous les susdits témoins.

BERNARD I

VIII. — Bernard I, est mentionné abbé de Quarante dans un acte de l'abbaye de Fontfroide de 1173 à l'occasion de la dédicace de l'Église de Formiguera où il siégea comme témoin.

L'Inventaire des actes de l'Archevêché de Narbonne, cite un acte de l'an 1174, par lequel un nommé Bonet donna un sien neveu à Notre Dame de Quarante pour chanoine régulier avec son héritage et 1000 sous melgoriens. Cote n° J.

PIERRE II

IX. — Pierre II succéda à Bernard I en 1177.
Quatre chartes rapportées par Doat mentionnent son pouvoir abbatial.

CONFIRMATION DE CE MÊME ACTE (1177)

12 Kalendas Augusti 1177.

In nomine Domi regnante Rege Lodivico ; sit omnibus hac audientibus notum quoniam ego Domina Ermengardis Narbonæ vice comtissa laudo et concedo, quod Gausbertus de Cœmeraco dedit et in suo ultimo testamento reliquit Deo omnipotenti et Monasterio sanctæ Mariæ de Quadraginta quid quid habebat vel habere debebat seu alia nomine ipsius possidebat aliquomodo in castro de Cœmeraco, et in ejus termlis vel etiam quid quid ab eo in præfato castro in ejus terminis tenebatur. Quod totum donum supradictum Laudo et confirmo bona fide, et gratuita voluntate pro Dei amore, et redemptione animæ meæ omniumque parentum meorum per me, et per omnes successores meos dono, et titulo perfatæ donationis cum hac præsenti valitura carta imperpetuum trado Deo omnipotenti et prœlibato Monasterio sanctæ Mariæ de Quadraginta et tibi Petro ejusdem Monasterii Abbati et successoribus tuis, et omnibus canonicis ibi degentibus præsentibus et futuris videlicet, quid quid habeo vel habere debeo in suprodicto castro de Cœmeraco et in suis terminis nunc et in perpetuum, salvo tamen potestativo meo, et etiam mando et præcipio successoribus meis in hoc donum firmiter tenere faciant et ego prædictus Petrus abbas pro Dei amore et pro præscripta eleemosina quam tu Domina Ermengardis Deo et prædicto Monasterio facio, dono tibi pariter in societatem omnium beneficiorum et orationum nostri ordinis tanquam mihi ipsi aut uni ex fratribus meis Carta hæc fuit laudata in curia Narbonæ in præsentia et testimonio Ugonis de

CONFIRMATION DU MÊME ACTE 55

Plan, Arnaldi de Laco, Raymundi Margalionis, Raymundi Ademari, Petri Almarici, Guillelmi Ferrarii, Petri Gaucelini, Martinus scripsit.

(Copié par de Doat sur le texte en parchemin trouvé à l'abbaye de Quarante.)

Le douze des calendes d'août.

Au nom du Seigneur.

Que tous ceux qui entendront cet écrit sachent que moi, Seigneur Ermengarde, vicomtesse de Narbonne, par cette charte dont la valeur sera perpétuelle. Je livre à Dieu tout puissant, au dit Monastère de Sainte-Marie de Quarante et à vous Pierre, abbé de ce monastère, à vos successeurs, à tous les chanoines qui passent leur vie, présents et futurs, tout ce que j'ai, ou dois avoir dans le susdit château de Cémerac, dans ses confins, maintenant et toujours, sauf cependant ma Seigneurie, je mande et j'ordonne à tous mes successeurs de s'acquitter scrupuleusement de ce legs. Et moi dit Pierre Abbé, pour l'amour de Dieu, et pour l'aumône prescrite, que vous Seigneur Ermengarde vous faites à Dieu et au dit monastère, je donne pareillement en participation tous les bénéfices, et les prières de notre ordre, comme pour moi-même, ou l'un de mes frères.

Cette charte a été approuvée dans le palais de Narbonne en présence et témoignage de Ugues de Plano, Arnald du Lac, etc.

DONATION D'ERMENGARDE 1182

Du moys de juin 1182.

In Dei nomine Notum sit omnibus hæc audientes quod Ego Ermengardis vicecomitissa Narbonæ, per me et per omnes successores meos pietatis intuitu, et pro redemptione animæ meæ et patris mei atque matris et in omnium parentum meorum titulo meræ liberalitatis dono Domino deo et beatæ Mariæ et Monasterio de Qudraginta et tibi Petro Abbati eiusdem loci et omnibus successoribus tuis et omni conventui eiusdem monasterii presenti et futuro et de meo iure et dominio in vestrum jus et dominium transfero omnes feodos, et quidquid iure dominii in eis seu per illos habeo quoscumque in omni terra mea et potestativo meo quolibet titulo acquirere poteritis, vel ad vos pervenerint, sive per emptionem sive per donationem sive per legatum vel alio quolibet modo, præterea omnes feodos quos aliquo titulo usque ad prasens tempus acquisivistis cum hac præsenti carta in perpetuum valitura per me et per omnes successores meos iam dicto Monasterio et vobis omnibus prædictis præsentibus et futuris Laudo et confirmo ; ita tamen quod in perpetuum unum præsbiterum singulis diebus cantare faciatis missam, pro redemptione animæ meæ et patris mei, atque matris et omnium parentum meorum. Et Ego Petrus præscripti Monasterii abbas et nos omnes canonici eiusdem Monasterii per Nos et omnes successores nostros convenimus bona fide tibi dominæ Ermengardi vice comitissæ Narbonæ et omnibus successoribus tuis, quod omni tempore unum præsbiterum singulis diebus cantare faciam missam pro redemptione animæ tuæ et patris tui atque Matris et omnium parentum tuorum. Retineo autem Ego domina Ermengardis vice comitissa Narbonæ mihi et meis successoribus in prædictis feodis quos acquisieritis vel ad vos pervenerint sanguinis effusionem et adulteria atque exercitus.

Actum est hoc in anno regnante Philippo Rege signum dominæ Ermengardis vice comitissæ Narbonæ quæ hanc cartam scribere iussit propriis que suis manibus firmavit, et teste firmare rogavit. Signa Guiraldi de Brolio, Ugonis de Plano, Gaucerandi de Fonte iun coso, Flotardi de Villis passantibus, Vuillelmi de Villis passantibus, signum Petri Mira de Crucio, Petri de Crucio, Poncii de Sanctæ Nazario, Rostagni capellani lesiniani, Ermengaudi Villa floirano magistri militia templi prioris, Bernardi Clementis, de Mailhaco, Raymundi de Cucumeracho, Petri de sancto Fœlice, Bernadus de campo rogatus scripsit. (de Doat).

Mois de Juin 1182.

Au nom du Seigneur. Que tous ceux qui entendront ces lettres sachent que Moi, Ermengarde, vicomtesse de Narbonne, par moi et par tous mes successeurs, par pitié, pour la redemption de mon âme, celle de mon père et de ma mère, celle de tous mes parents, à titre de pure libéralité, je donne au Seigneur Dieu, à la bienheureuse Marie, au Monastère de Quarante, à vous Pierre, abbé de ce même lieu, à tous vos successeurs et à tous les chanoines de ce monastère, actuellement et pour toujours, je transfère mon droit et mon domaine, pour être votre droit et votre domaine, avec tous les fiefs et tous les droits de Seigneur que j'ai sur eux, tous ceux que vous avez dans ma vicomté, ou que vous pourrez acquérir, à quelque titre que ce soit, ou qui vous parviendront soit par achat, soit par donation ou par legs, ou de quelqu'autre manière.

En outre tous les fiefs que jusqu'à ce jour vous avez acquis à quelque titre que se soit, par la présente charte dont la valeur sera perpétuelle je les approuve et les confirme, par moi-même et par tous mes successeurs, au dit monastère, et à vous tous, présents et futurs, à cette condition cependant que chaque jour et à perpétuité vous aurez un prêtre pour chanter une messe pour la rédemption de mon âme, celle de mon père et de ma mère, et celle de tous mes parents.

Et moi, Pierre, abbé du dit monastère, et nous tous chanoines du monastère, pour nous et pour nos successeurs nous convenons de bonne foi avec vous Seigneuresse Ermengarde, vicomtesse de Narbonne, et avec tous vos successeurs, qu'en tout temps j'entretiendrai un prêtre pour chanter la messe, chaque jour, pour la rédemption de votre âme, celle de votre père, de votre mère et de tous vos parents.

Je retiens moi, Seigneur Ermengarde, vicomtesse de Narbonne, pour moi et pour mes successeurs, sur les susdits fiefs que vous avez acquis, ou qui vous parviendront, la justice criminelle pour l'effusion de sang, l'adultère, et le droit de lever l'armée.

Cet acte a été passé l'an de l'incarnation... de N. S. Jésus Christ. Signature de la Seigneuresse Ermengarde, vicomtesse de Narbonne, qui a ordonné d'écrire cette charte, l'a signée de sa propre main, et a prié les témoins de la signer.

Signatures de : GUIRALD, du Breuil ; UGON, de Plano ; GAUCERAND, de Fontjoncouse ; FLOTARD, de Villespanssans ; GUILLAUME, de Villespassans ; PIERRE MISO, de Cruzy ; PIERRE, de Cruzy ; FONS, de St-Nazaire ; ROSTANG, chapellain de Lézignan ; ERMENGAUD DE VILLEFLOIRAN, maître de la milice du temple, prieur ; PIERRE, de St-Félix.

BERNARD, de Camps, a écrit cela après en avoir été prié. Écrit et collationné sur l'original en parchemin.

⁂

Quelques-uns de nos législateurs ont osé soutenir en plein Parlement que les dons faits aux églises, n'avaient point pour but l'entretien du clergé, mais bien le secours des pauvres, ou la création des écoles.

Ce document et plusieurs autres formant l'histoire de cette paroisse, nous prouvent clairement la fausseté de leurs affirmations.

ACCORD
ENTRE L'ABBÉ & RAYMOND D'OUVEILHAN

---

6 Kalendas Aprilis 1186.

N momine Domini... hœc est carta concordiæ facta inter Petrum Abbatem sanctæ Mariæ de Quaranta ex una parte et Raymundum Berengarium de Oviliano et infantes eius ex altera parte in manu diminæ Ermengardis vice comitissæ Narbonæ assidentibus et Guillelmo de Casulis, Geraldo de Brolio, Hugone de Plano, et de Stagno de Cumerico quæ cum assessoribus suis taliter inter eos composuit voluntate utriusque partis, quod prædictum stagnum cum suis ripis et pascuis quæ sunt in circuitu, habebant iam dictus Abbas et conventus et Raymundus Berengarius et infantes eius medium per medium et faciant omnes expensas comuniter, quicumque vero illorum ibi pescari voluerit admoneat alium et dividant piscatum per medium, factis expensis comuniter, et si admonitus piscari voluerit ille qui admonuerit piscetur, et quod cumque caperit sit suum libere absque parte alterius usque dum alius ibi piscetur, et postea divident piscatum per medium, factis comuniter expensis. Piscator sive piscatores extranei non piscentur in iam dicto stagno sine voluntate utriusque partis, et si forte ab aliquo, vel ab aliquo quæstio de præfato stagno emergeret uterque vestrum communibus expensis causam deffendatis. Verum tamen siquis vestrum in iam dicto stagno de cœtero aliquid lucraretur sit illud commune inter vos, debitis comunibus expensis et si stagnum dictum volueritis irrigare aut desicare liceat vobis, et id facite comunibus expensis vestris. Reliquum vero honorem totum abeat is icut continetur in aliis duabus cartis partitis per alphabeum quas vobis fieri fecit prædicta domina vicecomitissa hæc omnia superius nominata Ego præfatus abbas per me et per totum conventum laudo et confirmo et omni iuri divino et humano scripto, et non scripto mihi competenti seu competituro. Ad hoc infringenda in præsenti renuncio. Et Ego Raymundus Berengarius per me et per omnes infantes meos prædicta omnia laudo et confirmo, et omni iuri diuino et humano scripto et non scripto mihi competenti seu competituro ad hœc infringenda in præsenti renuncio. Carta hæc fuit laudata in curia dominæ Ermengardis vicecomitissæ in præsentia Arnaldi Delaco, Bernardi de Olonziaco cellœrarii ; Petri Ermengardi, Bernardi Fioteri, Petri Bedocii, Petri Martini ; Geraldi Scriptoris, Rostagni ; Martinus Rogatus scripsit   (Collection Doat).

Au nom du Seigneur.
Ceci est la charte passée entre Pierre abbé, d'une part, et Raymond Bérenger, d'Ouveilhan, et ses enfants, d'autre part, entre les mains de la Seigneuresse Ermengarde vicomtesse de Narbonne, assistants Guillaume de Cazouls, Gérald du Breuil, Hugues de Plano.
Il est établi par la volonté des deux parties que l'étang de Comérac avec ses paturages, est la propriété dudit abbé, et du couvent, et de Raymond Bérenger avec ses enfants, par moitié.
Celui d'entr'eux qui voudra pêcher devra avertir l'autre, et partager le poisson : aucun étranger n'aura le droit d'y pêcher sans la permission des deux parties : s'il s'élève des difficultés au sujet de cet étang, chacun défendra sa cause, si l'un des propriétaires recevait un gain, il doit le partager comme les dépenses. Chacun d'entr'eux pourra arroser ou dessécher l'étang. Chacun doit garder tout entier l'autre honneur conformément aux chartes que fit rédiger la seigneuresse Ermengarde. L'abbé pour lui-même et pour le couvent, Bérenger pour lui-même et ses enfants promettent de ne violer jamais ce pacte approuvé par la Seigneuresse, en présence des témoins d'Arnal du Lac, etc.

SERMENT DE CALVA
EN L'HONNEUR DE L'ABBÉ DE QUARANTE
(1192)

4 Kalendas Martii 1192.

IN nomine Donimi... Rege regnante Philippo Quarto Kalendas Martii Notum sit omnibus hoc audientibus quam ego Calva filia Aladaicis fœminæ mandato eiusdem dominæ Matris meæ et ego Rogerius de Podio Maritus eius, uterque nostrum super sancta quatuor Evangelia iuramus Ecclesiæ sanctæ Mariæ de Quaranta et tibi Petro eiusdem Ecclesiæ Abbati, et successionibus tuis et Guillelmo de Lacu Cellariario, omnique conventui præsenti et futuro, videlicet totum quidquid habetis in Castro de Argileriis, et in omnibus forciis, quæ ibi sunt, et in antea erunt, quod aliquid inde vel totum vobis, vel vestris non auferemus, nec auferre faciamus nec homo, vel fœmina neque homines vel fœminæ nostro Consilio vel Ingenio, et si quis homo aut fœmina, homines vel fœminæ aliqui inde vel totum vobis, vel vestris auferret cum illo vel cum illa sive cum illis societatem vel amorem ad dampnum vestrum non habebimus, neque tenebimus; sed fideles adjutores inde vobis erimus, donec totum quod in iam dicto Castro habetis, sirie in fortaliciis ipsius recuperatum habeatis, et si nos illud recuperare poterimus et sine omni pecunia vestra, et emenda Lucri et honoris vobis reddemus, et in vestram potestatem trademus et insuper committimus et mandamus, quod omnes successores nostri faciant, ita semper vestris omnibus et successoribus et ego Guillermus de Lacu Cellararius de Quaranta filius Agnetis fœmina, mandato præfati Abbatis, et totius eius Conventus iuro tibi dictæ Calvæ et marito tuo Rogerio de Podio et successoribus vestris, videlicet totum quicquid habetis in Castro de Argilerliis, et in omnibus eius fortaliciis, quæ ibi sunt et in antea erunt, super sancta quatuor Evangelia, quod aliquid inde vel totum vobis vel vestris non auferamus, me auferre faciamus, nec homo vel fœmina nec homines vel fœminæ nostro concilio, vel ingenio et siquis homo, vel fœmina homines vel fœminæ aliquid inde vel totum vobis vel vestris auferret, vel auferrent cum illo, vel cum illo sive cum illis societatem vel amorem ad dampnum vestrum non habebimus, sed fideles adiutores inde vobis erimus, donec totum quod in iam dicto Castro habeatis, et si nos illud recuperare poterimus sine omni vestra pecunia et emenda lucri et honoris vobis illud reddemus, et in vestram potestatem trademus et in super constituimus et mandamus, quod omnes successores nostri ita faciunt semper vestris omnibus successoribus et est verum quod prædictum sacramentale fit solummodo ex utraque parte de Castro de Argileriis et de omnibus fortaliciis, quæ hodie ibi sunt et in antea erunt, Totum hoc ut suprascriptum et terminatum est, sic ego Petrus Comes vicecomes Narbonæ, cuius consilia hac omnia facta, sunt laudo, et omni tempore valiturum confirmo, et proprio sigillo meo firmiter corroboro hoc totum fuit factum et iuratum infra muros civitatis Narbonæ in domo Petri de Lacu, in præsentia Petri Raimundi, Margat. Berengarii de Porta Regia, Petri Raimundi de Capitulio, et Berengarii filii eius, Berengarii Palerii, Raimundi de Lacu, et Arnaldi de Lacu fratris eius, Martinus ex-utraque parte mandatus scripsit. (de Doat).

4 Calende de Mars.

Au nom du Seigneur...

Que tout le monde sache que moi, Calva, fille d'Aladaïs et par l'ordre de la même Seigneuresse ma mère, et de Roger du Puy mon mari, chacun de nous, les mains placées sur les Saints Evangiles nous jurons à l'Eglise Sainte Marie de Quarante, et à vous, Pierre, abbé de la dite église et à vos successeurs, à Guilhaume du Lac, cellerier, et à toute la communauté présente et future à savoir, que tout ce que vous possédez dans le château d'Argeliers et dans tous ses forts, tout ce qui s'y trouve à présent et qui en fera partie à l'avenir, nous ne vous l'enlèverons, ni ne ferons enlever en tout, ou en partie, par notre conseil ou par ruse.

Et si un homme ou une femme, des hommes ou des femmes enlevaient à vous et à vos successeurs, une partie ou le tout, nous n'aurons avec eux ni alliance, ni amitié, à votre détriment ; nous serons vos aides fidèles, jusqu'à ce que vous ayez recouvré tout ce que vous avez dans le dit château et ses forts ; et si nous pouvons le recouvrer, nous vous le rendrons, sans aucun argent de votre part, ni dédommagement de gain ou d'honneur et nous le mettrons en votre possession ; de plus nous commandons et ordonnons à nos successeurs de faire de même envers vous et vos successeurs.

Et moi Guilhaume du Lac, cellerier de Quarante, fil d'Agnès, par l'ordre du dit abbé et de tout le couvent, je jure à vous susdite Calva et à Roger du Puy votre mari et à vos successeurs sur les quatre Saints Evangiles que tout ce que vous avez dans le château d'Argeliers et dans tous ses forts, ce qui s'y trouve et s'y trouvera à l'avenir, nous ne vous l'enlèverons, ni ne ferons enlever, en tout ou en partie, ni hommes, ni femmes par notre conseil ou artifice.

Et si quelqu'homme ou femme, hommes ou femmes vous l'enlevaient, à vous et aux vôtres, nous ne ferons jamais alliance, ni amitié avec eux, à votre détriment ; mais nous serons vos aides fidèles, jusqu'à ce que vous ayez repris possession de tout ce que vous avez dans le château ou dans les forts, et si nous pouvons le recouvrer nous-mêmes, nous vous le rendrons sans indemnité pécuniaire, ni dédommagement de gain et d'honneur et la mettrons en votre pouvoir.

Et de plus nous ordonnons et commandons à nos successeurs d'agir ainsi avec tous vos successeurs.

Il est vrai que ce serment se fait par chaque partie, par rapport au seul château d'Argeliers et toutes les forteresses qui en font partie ou qui en feront partie plus tard, comme il est écrit et accepté définitivement.

Moi, Pierre Comte, Vicomte de Narbonne par le conseil duquel tous ces actes ont été passés, je les approuve et je les déclare valables pour toujours, je les corrobore fermement de mon propre sceau.

Cet acte a été passé et juré dans les remparts de la cité de Narbonne, dans la maison de Pierre du Lac, en présence de Pierre Raymond Margat, de Bérenger de Porte royale, Raymond de Capitouls, et Bérenger son fils, de Bérenger Palerii, de Raymond du Lac et Arnault du Lac son frère. Martin à la requête des deux parties l'a écrit.

GUILHAUME I

X. — Guilhaume I était prieur de Notre Dame de Saragosse lorsqu'il fut élu abbé de Quarante. Il fit contracter en 1197 une association de prières et de bonnes œuvres entre les deux abbayes. En cette même année, il dut se démettre ou mourir car il eut pour successeur :

BENOIT

XI. — Benoit fut élu abbé la même année 1197 comme il est écrit dans les archives du chapitre de Narbonne et dans les notes de Baluze dans la vieille Gaule chrétienne.

Néanmoins le chapitre de la métropole, n'ayant pas voulu confirmer son élection pendant l'absence de l'archevêque, il se pourvut devant ce prélat qui ordonna une nouvelle assemblée capitulaire en présence des chanoines. Après cette soumission Bérenger de Motien, archidiacre confirma l'élection au nom du Primat.

Le 11 mars 1199, acte fut passé dans le monastère de Quarante par lequel Pons abbé de Sainte Foy, donne à Foy d'Aigues-Mortes, un fief et ses revenus, situé dans le terroir du Narbonnais.

BÉRENGER

XII. — Bérenger II de Motien, grand archidiacre de Narbonne devint abbé de Quarante en 1204.

PIERRE III LE BLANC

XIII. — Pierre III, était abbé en 1207 ; il en aurait gardé le titre en 1215, selon dom Estiennot, mais il en aurait résigné les fonctions.

BÉRENGER III DE SEILLAN

XIV. — Bérenger était abbé en 1213. Le vicomte Aymeric lui confirme une première fois en 1214 et une seconde fois en 1215 la donation faite dans les mêmes termes.

LE VICOMTE AYMERIC CONFIRME LA DONATION FAITE PAR ERMENGARDE

Idus Octobris 1214.

In nomine Domini..., Ego Aimericus Dei gratia, Vicomes Narbonæ, per me, et meos, bona fide, cum hac publica, et semper valitura carta, fateor et in veritate recognosco et utique verum est et certum est Dominam amicam, quondam Ermengardin vice comitissam Narbonæ dedisse et concessisse amore Dei intuitu pietatis et misericordiæ et pro redemptione animæ suæ et patris sui et Matris suæ ac suorum peccatorum remissione domino Deo et sanctæ Mariæ et Monasterio sanctæ Mariæ de Quadraginta Petro Abbati quodam eiusdem Monasterii omnique conventui ipsius loci præsenti atque futuro, ad faciendas omnes suas voluntates, omnes feudos, honores et possessiones, quos sibi iam et Monasterio suo adquisivissent et de cætero acquierere, vindicare, et appropriare qualicumque modo sive per emptionem, sive per donationem, sive per legatum, vel ullum alium aliquem modum sibi possent in omni terra sua et protestativo suo, rettentis sibi et suis semper in hoc, homicidiis Cavalgardis et sanguinis effusione, et per hoc Monasterium et canonici debent semper tenere et procurare in ipso Monasterio unum sacerdotem, qui semper omni tempore diebus quibus licet missas, pro ipsis celebrare non desinat sicut hoc totum plenius continetur in publico inde facto instrumento testibus honorabilibus personis, et sigillo suo corroborato, quod donum firmum et stabile semper confirmo Itaque Ego Aimericus prædictus vicecomes Narbonæ non indutus vi, vel dolo aut suggestione alicuius personæ, nec in aliquo seductus, sed spontanea et propria mea voluntate et mea mœra liberalitate per me omnesque successores meos dono de præsenti, et justa inter vivos donatione cum hac publica valitura carta irrevocabiliter trado pro amore Dei, et salute animæ ac peccatorum meorum remissione. Domino deo et sanctæ Mariæ, et dicto Monasterio sanctæ Mariæ de Quadraginta et tibi domino Berengario de Celiano eiusdem Monasterii abbati, successoribus tuis et canonicis, totique conventui eiusdem loci præsenti et futuro ad omnes voluntates, et utilitates vestras, et Monasterii libere faciendos, omnem illam emptionem sive donationem sive laixam, quæ facturi et recepturi estis quandocumque receperitis a domina Calva in toto castro, et villa de Argileriis, et omnibus eius ubique terminis longe et prope de omni scilicet honore quem ibi habet et habere debet qualicumque modo vel voce quem honorem jure protestativo sive certo usatico et servicio et foriscapio a me tenebat. Hoc autem donum firmum, et stabile per me et omnes, omni tempore laudo et concedo. Laudo etiam tunc hoc publico scripto, Monasterio dicto, totique conventui præsenti et futuro, omnes donationes, honoris, et avere, venditiones et laixas quæ vobis fient ab aliquibus personis, quæ a nobis teneantur ad feudum, jure potestativo, sive certo usatico, et foriscapio et sic me et meos semper tenere et observare, et nullatenus contravenire mea bona fide, et solemni stipulatione vobis promitto, renuncians omni juri quo nobis contravenire liceret, in super ad maiorem fimitatem et per omnem rei memoratam hoc præsens publicum scriptum sigilli mei authoritate corroborari præcipio, et Ego Berengarius de Celiano dictus Dei providentia Monasterii sanctæ Mariæ abbas per me et successores meos consilio et voluntate Conventus nostra bona fide promittimus et tenemur vobis Domino Aimerico vicecomite Narbonæ et vestris pro hoc beneficio, et laudamento, et dono et concessione quod nobis facitis tenere et procurare unum sacerdotem specialiter in nostro Monasterio qui pro vobis et antecessoribus et successoribus vestris ad Deum intercedere et missas celebrare omni tempore diebus quibus licet nunquam desinat Fuerunt ad hoc testes Ermengardus de Adilano, Berengarius de Boutenaco, Berengarius Pelagos milites, et familiares domini Aimerici, Bernardus de Rocacorba, Guillelmus Alfaria, Ugo de Rivo, Bernardus de Salas, Guillelmus Bertrandi vicarius, et Petrus de Avias sacrista de Quadraginta.....

Petrus Martini sreiptor publicus Narbonæ et domini Aimerici vicecomitis Narbonæ hæc scripsit, et sigillavit hoc est translatum quod Jacobus Paschalis vice Guillelmi de Pauliniano scriptoris publici Narbonæ pro domino Amalrico Dei gratia Narbonæ vicecomite, et domino transtulit verbum ad verbum, nil addens, vel minuens de originali instrumento, quod dictus Petrus Martini scripserat, quod instrumentum originale, et hoc præsens translatum duo publici tabelliones infrascripti, et alii quatuor viri litterati alii, scrilicet Raymundus Poti, Bernardus Faber, Poncius Isarni et Geraldus de sancto spumi videndo, legendo invenerunt bene per omnia convenire. Anno Domini millesimo ducentissimo quinquagesimo primo, secundo nonas Martii et Ego Guillelmus de Pauliniano subscribo, et Ego Raymundus Catalani publicus Narbonæ pro domino Amalrico dei gratia vicecomite et domino Narbonæ Notarius cognoscens per formam litteræ dictum Petrum Martini scripsisse Originale præfatum, subscribo, et Ego Guillelmus Girberti notarius Narbonæ publicus, pro Domino Amalrico, Dei gratia vicecomite et Domino Narbonæ cognoscens per formam litteræ, dictum Petrum Martini scripsisse originale subscribo.

Que tout le monde sache que moi, Aymeric, par la grâce de Dieu vicomte de Narbonne, pour moi et les miens déclare de bonne foi par la présente lettre publique, a toujours valable et reconnais en vérité, comme il est également vrai et certain que ma tante Seigneuresse Ermengarde Vicomtesse de Narbonne a donné pour l'amour de Dieu, par piété et miséricorde, et pour la rédemption de son âme, celle de son père et de sa mère, et pour la rémission de ses péchés, au Seigneur Dieu et au monastère Sainte Marie de Quarante, et à Pierre, ancien abbé, et au monastère et à toute la communauté de ce lieu, présent et futur, pour en faire toutes leurs volontés, tous les fiefs honneurs et possessions qu'ils avaient déjà acquis pour eux et leur monastère, et ce qu'ils pourraient acquérir, revendiquer et s'approprier de quelque manière que ce soit, ou par achat, ou par possession, ou legs ou toute autre manière quelconque dans toute sa terre et sa seigneurie, se réservant le droit pour elle et les siens, à toujours, en ce lieu sûr, les homicides, les cavalcates et l'effusion de sang.

Et pour ce, le Monastère et les chanoines doivent toujours tenir et procurer dans ce monastère, un prêtre, qui toujours et en tout temps, et quelque jour que ce soit, ne cesse de célébrer la messe pour les susdits, comme le tout est contenu plus haut, en entier, dans l'instrument public qui en a été dressé, ayant pris comme témoin, d'honorables personnes et confirmé par son sceau.

C'est pourquoi Moi Aymeric Vicomte de Narbonne sans violence, ni ruse, ni sugestion de personne, ni séduit en rien, mais de ma propre et spontanée volonté et pure libéralité, pour moi et tous mes héritiers et successeurs, je donne par la présente et juste donation entre vifs, irrévocablement, au moyen de cette charte publique et pour toujours valable, pour l'amour de Dieu, à Sainte Marie et au dit monastère Sainte Marie de Quarante et à vous Seigneur Bérenger de Célian, abbé dud monastère et à vos successeurs, aux chanoines et à tout le couvent dud lieu, présent et futur, pour en faire librement toutes vos volontés et profits personnels, et ceux du monastère, toute cette acquisition ou donation, ou legs que vous ferez ou recevrez, ou aurez reçu, en quelque temps que ce soit, de Dame Calva, dans tout le château ou hameau d'Argilers et dans tous ses confins éloignés ou rapprochés, à savoir de tout honneur qu'elle y a et doit avoir de quelque manière et sous quelque nom que ce soit, lequel honneur elle tenait de moi par droit seigneurial, sans l'usage certain, ni service, ni foriscape.

Je loue et cède ce don, fermement et d'une manière stable, pour moi et les miens en tout temps. Je cède aussi par cet écrit public aud monastère et à tout le couvent présent et futur, toutes les donations d'honneur et d'avoir, toutes les ventes et délaissements qui vous seront faits par toutes personnes qui les tiennent en fief de nous, par droit seigneurial, sans l'usage certain, ni foriscape. Et ainsi je vous promets en bonne foi par solennelle stipulation pour moi et les miens de le tenir et observer toujours, sans y contrevenir nullement renonçant à tout droit qui nous permettrait d'y contrevenir, en sus, pour plus grande fermeté et mémoire éternelle de cet acte, j'ordonne de corroborer le présent écrit de mon sceau.

Et je, Bérenger de Céllan, par la providence divine abbé de Quarante, pour moi et mes successeurs, de l'avis et volonté de notre couvent, de bonne foi, nous promettons, avec engagement, à Vous, Seigneur Aimeric Vicomte de Narbonne, et aux vôtres, pour ce bienfait, donation, don et concession que vous nous faites de tenir et procurer un prêtre spécial dans ce monastère qui pour vous, vos prédécesseurs et vos successeurs ne cessera jamais d'intercéder auprès du Seigneur et de célébrer des messes en tout temps, quelque jour que ce soit.

Suivent les signatures des témoins.

1224. — Cette année il y eut un concile à Montpellier ordonné par Honorius III vers la fin de la croisade contre les Albigeois. Le Pape enjoignit à Arnaud, archevêque de Narbonne, d'écouter la proposition de paix de Raymond VII comte de Toulouse, et des autres chefs du parti hérétique, le comte de Foix, Roger Bernard, et le vicomte de Béziers, Raymond Trencavel : ce fut pendant l'octave de l'Assomption que les Evêques, l'abbé Bérenger de Seillan et autres abbés de la province se réunirent. Durant ce même mois, Raymond duc de Narbonne fit rendre Comérac à l'abbé de Quarante.   (*Concilia Galliæ Narbonensis*, page 59).

1227. — Bérenger assista au concile provincial réuni à Narbonne en 1227 durant le Carême et présidé par Pierre, archevêque de Narbonne. L'un de ses canons ordonna aux juifs, pour se distinguer des chrétiens de porter sur leurs habits une figure de roue d'un demi pied de circonférence, etc.

11 Kalendes de mai 1230

Raymond de Terral, cellerier du monastère, achète une vigne au nom de l'abbé, à Raymond Porcaucises, de Coursan.

Le 6 des nones de mai, il donne par bail à Pierre de Bolonac, trois vignes, pour deux setiers de blé, qui pourront être payés à quatre sous melgoriens le setier, à la fête de Saint Just.

SAINT MARTIN ET SAINT FREICHOUX 1230

Manuscrit II, inventaire des actes du monastère de Quarante « Item un acte de l'an 1230 contenant un accord d'entre le sieur Pierre, archevêque de Narbonne et le sieur Bérenger abbé de Quarante, sur le différend qu'il aurait de l'église et prieuré de Sainte Marie Magdeleine de Lastours, dixmes, etc., et l'église Saint Martin de Courmansou et Saint Frichoux, demandant led archevêque, l'église et tout le prieuré de Lastours disant lui appartenir de droit, n'ayant l'église de Quarante aucun juste titre pour raison duquel il aurait droit de pouvoir retenir à elle le prieuré.

Item demandait tous les dixmes de Saint Frichoux pour cette raison que les chevaliers l'avait eu et teuneu jusques à l'arrivée des croisés et du depuis disant à cause de celuy appartenir de droit, les dixmes acquis par lesd chevaliers, ci demandait aussi led archevêque aud abbé et couvent de Quarante le dixme de l'église Saint Martin de Courmansou. Et au contraire led abbé disait que led prieuré de Lastours avait été acquis à l'église de Quarante par juste titre du sieur Dalmas, jadis archevêque de Narbonne du consentement des archidiacres et du chapitre de Narbonne, l'ayant joui durant cent ans ou davantage paisiblement ; et par raison du dixme de Saint Frichoux disait led abbé que

Raymond Berenguier d'Ouveillan chevalier l'avait teneu jadis longtemps de l'église de Quarante et pour cette cause il lui appartenait mieux qu'à tout autre ; et pour raison du dixme de Courmansou disait led abbé que lui et ses prédécesseurs l'avait joui paisiblement par l'espace de soixante ans ou davantage. Lequel différent fut compromis au sieur Guilhaume Ugolin chanoine et archiprêtre de Narbonne et au sieur Bérard sacriste du manastère de Quarante pour le juger comme arbitres, lesquels arbitres auraient ordonné Président que led archevêque aurait lad église et le prieuré de Lastours avec ses droits, ensemble le mas qui était au château de la Redorte et les jardins qui étaient au terroir de la Redorte avec toutes leurs appartenances et qu'en lieu qu'elles fussent.

E que led Abbé et le couvent auraient l'église Sainte-Magdeleine du Siège Royal avec les dixmes prémisses et toutes ses autres appartenances. Davantage auraient led Abbé et couvent de Quarante l'église de Saint Martin de Courmansou avec ses droits dixmes prémices et appartenances ; retenue toutefois aud sieur Arch. la 3me partie des dixmes et de tous les revenus ecclésiastiques de Saint Frichoux et Saint Martin de Courmansou et ensemble toute révérence archiépiscopale, censives, vizites et services à ses Archidiacres, Archiprêtres auxdites églises qu'on aurait accoutumé donner comme autres églises. (Cotte n° 2).

En 1234, Bérenger assista au concile de Bez, où l'on confirma les canons qui avaient été dressés à Narbonne et à Toulouse, l'an 1227.

Il ne reste de l'église Saint-Martin que le vaisseau avec sa voûte et ses fenêtres, pour nous montrer que cette église, aujourd'hui abri des bergers, était du style roman pur. Le cimetière était attenant à l'église. Le tout appartient à M. Paul Ambert Saint-Frichoux, était probablement le territoire ainsi désigné de nos jours situé près de la rivière de

Quarante et du canal Paul-Riquet. De cet endroit marqué par une croix en pierre, on a retiré une grande quantité de pierres tumulaires, pour construire la façade d'une très grande maison.

Nous possédons un gros fragment de belle mosaïque trouvée en ce même lieu, dans la propriété des Pradels, limitrophe du terroir Saint-Frichoux.

ACTE DE FRATERNITÉ
ENTRE SARAGOSSE ET QUARANTE (1234)

8 Kalendas Febvrarii sub era 1234.

IRMATUR scripto bene quod geritur manifesto ne possit veri non nunquam res abboleri notum sit cunctis prœsentibus atque futuris quod Guillermus divinos nutu Ecclesiæ Sanciæ Mariæ Cesaraugustæ Maioris, Prior, et abbas electus de Quadraginta constituit fraternitatem Canonicam inter canonicos Ecclesiæ Sanctæ Mariæ Cœsaraugustanæ et canonicos Sanctæ Mariæ de Quadraginta, ut sint semper unum in domino, tali scilicet modo ut si aliquis canonicus de Quadraginta qualibet de causa tamen cum licentia et assensu Abbatis atque Conventus ad partes de Cœsaraugustæ venire voluerit a Priori canonicis Sanctæ Mariæ Cœsaraugustanæ tanquam unus ex ipsis honorifice suscipiatur Simili etiam modo canonici sanctæ Mariæ Cœsaraugustanæ, si ad partes de Quadraginta venerint tam quam unus ex ipsis honorifice suscipiatur. Anniversaria, vero dies utriusque Ecclesiæ fratrum defunctorum in utraque Ecclesia scribatur, et semel in anno fiat elecmosyna tribus pauperibus in unaquaque Ecclesia quando anniversarium pronunciabitur sicut tribus canonicis tribuatur. Factum est hac die chatedræ sancti Petri, Octavo kalendas Febvrarii sub era millesimo ducentisimo trigesimo quarto. (Doat)

Afin que cet acte ne puisse jamais être anéanti et devienne public, nous portons à la connaissance de tous les hommes présents et futurs que Guilhaume, par la volonté de Dieu, prieur de Sainte-Marie Majeure de Saragosse, et abbé élu de Quarante, a établi une fraternité canonique entre les chanoines de l'église Sainte-Marie de Saragosse et les chanoines de Sainte-Marie de Quarante, afin qu'ils soient un dans le Seigneur, de telle manière que si un chanoine de Quarante, avec la permission et le consentement de l'abbé et du couvent, voulait venir pour quelque motif que ce soit dans le couvent de Saragosse, il soit reçu avec honneur comme l'un d'entr'eux, par le prieur et les chanoines de Sainte-Marie de Saragosse ; également, si les chanoines de Sainte-Marie de Saragosse veulent venir au couvent de Quarante ils soient reçus honorablement comme l'un d'entr'eux. Les anniversaires et le jour des décès des religieux défunts de chaque église seront inscrits dans chaque église, et une fois dans l'année, lorsque l'anniversaire sera annoncé, on fera dans chaque église l'aumône à trois pauvres, composée de la portion que l'on donne à trois religieux. Fait le jour de la chaire de Saint-Pierre, le huit des calendes de février 1234.

La mort de Bérenger est indiquée dans le nécrologe de l'abbaye au 19 décembre. Son successeur Guilhaume vint de Saragosse.

GUILHAUME II

XV. — Guilhaume fut présent le 19 Avril 1238 au testament de Pierre, métropolitain de Narbonne.

BERNARD II DU PAS

XVI. — Bernard du Pas était abbé en 1239.

GUILHAUME III DE SAINT-PIERRE

XVII. — Guilhaume assista au concile de Narbonne dans lequel le vicomte de Narbonne se plaignit devant les archevêques de Narbonne, d'Arles, l'évêque de Béziers, etc., et les abbés, contre les Frères-Prêcheurs qui l'avaient accusé injustement d'hérésie. Le vicomte fut absous.

En 1245, le sieur Pierre Amiel archevêque de Narbonne, par son testament au feuillet 528 de l'inventaire des archives de Narbonne, vol. II, légua trente sous melgoriens au monastère de Quarante pour l'anniversaire qui sera fait à perpétuité du jour de son décès.

De concert avec tous les prélats de la province, l'abbé Guilhaume rédigea en 1245, en faveur des Inquisiteurs, une lettre au Pape.

1246. — L'abbé assista au concile réuni à Béziers par Guilhaume de la Broue, arch. de Narbonne.

1248. — Les abbés de Saint-Pons de Thomières, de Saint-Paul de Narbonne, de Quarante, etc. le prieur de Cassan, adressèrent au roi Saint Louis une lettre pour le supplier d'accueillir l'abbé du monastère de Caunes, qui allait au-devant de S. M. lui demander la grâce de ne point faire raser l'enceinte de la ville de Caunes, à raison des progrès de l'hérésie. Grâce à cette demande, le roi revint sur sa décision :

« Excellentissimo D. Ludovico Dei Gratia Regi Francorum Illustri, Sancti Pontii de Thomerii, Sancti Pauli de Narbonensis, de Quadraginta... Abbates provinciœ Narbonensis salutem... Intellecto... o benedicte Rex, a vestra celsitudine emanasse mandatun de diruenda villa Caunensis... Absit hoc, o gloriose Rex... Celsitudini vestrœ humiliter deprecamur, quatenus preces nostras dignemini exaudire, ita quod abbas dicti loci qui in dicta adversitate constans extitit et fidelis, ad vestram accedens præsentiam, gratiam vestram obtineat et favorem, ac villa sua ad honorem omnipotentis Dei et vestrum in suo statu fideliter conservetur. (*Martone thesaurus anecdotum,* tome I, col. 1041.)

BULLE DU PAPE INNOCENT IV

DÉCLARANT TOUS LES BIENS DE QUARANTE EXEMPTS DE TOUTE IMPOSITION SÉCULIÈRE ET LEUR DONNANT LE POUVOIR DE CÉLÉBRER LES OFFICES A VOIX BASSE, DURANT L'INTERDIT GÉNÉRAL ET LES MAINTIENT DANS LES PRIVILÈGES A EUX ACCORDÉS PAR LES PRÉDÉCESSEURS PAPES.

6° Idus Maii Indictione Anno 1249.
Pontificatus anno 6°

INNOCENTIUS Episcopus servus servorum Dei dilectis filiis Abbati de Quadraginta eiusdem fratribus tam præsentibus quam futuris regularem vitam professis in perpetuum Religiosam vitam eligentibus Apostolicum convenit adesse præsidium ne forte cuiuslibet temeretatis incursus aut eos a proposito revocet, aut robur quod absit sacræ Religionis infringat. Ea propter dilecti in domino filii vestris iustis postulationibus Clementer annuimus Ecclesiam sanctæ Mariæ de Quadraginta Narbonensis Diocesis, inqua, Domino estis obsequio mancipati sub Beati Petri et nostra protectione suscipimus, et præsentis scripti privilegio communimus. In primis siquidem statuentes, ut Ordo Canonicus qui secundum Deum, et Beati Augustini regulam in eadem Ecclesia institutus esse dinoscitur, perpetuis ibidem temporibus inviolabiliter observetur Præterea quascumque possessiones, quæcumque bona eadem Ecclesia impræsentiarum juste ac Canonice

possidet, aut infuturum concessione Pontificum, largitione regum vel principum oblatione fidelium, seu aliis iustis modis prœstante domino poterit adipisci firma vobis, vestrique successoribus et illaba.......
....(sic)... in quibus hæc propriis duximus exprimanda vocabulis locum ipsum, in quo præfata Ecclesia sita est cum omnibus pertinentiis suis. Ecclesiam sanctæ Mariæ Magdalenæ de sede Regia cum decimis et omnibus pertinentiis suis, sancti Martini de Curmanso, sancti Vincentii de Argileriis sancti Johannis de Cas, et sancti Michaelis de Castiniano Ecclesias cum omnibus pertinentiis, earundem sancti Dalmatii de Augeriis Sanctæ Sedis et Sancti Baudilii de Roméiano villas cum omnibus pertinentiis earumdem de Quadraginta et de Saugeriis, villas cum omnibus pertinentiis earumdem de Cemeraco, sancti Johannis, et de Argeleriis, Castra cum pertinentiis earumdem redditus, et possessionnes quos habetis in civitate Narbonensi; redditus et possessiones quos habetis in de Cucsiaco, de Ramiano, de Oviliano, de Sericato, de Capitestagno et de Poaleriis, Castris redditus et possessionnes, quos habetis in de Onitiam, de Montadino, de Torrozella, de Tersano, de Bozano, de Vibiano, de Rameiano, de Podio Sereguario, de Cabariis, de Crucio, de sede Regia, de sancto Ipolito, de Agello, de Aquaviva, de Cauma, de Cesseratio Azelano, de Maiaco, de Poziolis, de Granoleriis, de sancta Cruce de Garpazeos, de Serano, de Marcoriniano, de Miraplce, de Genestariis, de Salela et de Sancta Valeria Castris, cum terris, pratis, vineis, nemoribus, usagis et pascuis in bosco et plano la aquis et molendinis in viis et semitis, et omnibus aliis libertatibus et immunitatibus, sane novalium vestrorum que propriis manibus, aut sumptibus colitis de quibus aliquis hactenus non percepit sive de vestrorum animalium nutrimentis. Nullus a vobis decimas exigere, vel extorquere prœsumat, liceat quoque vobis Clericos aut laicos, liberos et absolutos e sœculo fugientes ad conversionem recipere, et eos absque contradictione aliqua retinere. Prohibemus insuper ut nulli fratrum vestrorum post factam in Ecclesia vestra professionem fas sit sine Abbatis licentia nisi artioris Religionis, obtentu de eodem loco discedere, discedentem vero absque communium litterarum vestrarum cautione nullus audeat retinere. Cum autem generale interdictum terræ fuerit, liceat vobis clausis Ianuis, escommunicatis, et interdictis exclusis, non pulsatis Campanis, dummodo causam no dederitis interdicto suppressa vocce divina officia

celebrare. Crisma vero, oleum sanctum, consecrationes altarium, seu basilicarum, ordinationes Clericorum, qui ad ordines fuerint promovendi at Diocesano suscipietis Episcopo, si quidem catholicus fuerit, et gratiam et communionem sacro sanctæ Romanæ sedis habuerit et ea vobis voluerit sine pravitate aliqua exhibere. Prohibemus in super ut infra fines Parrochiæ vestræ nullus sine assensu Diocesani Episcopi et vestro, Capellam seu oratorium de novo construere audeat salvis privilegiis Pontificum Romanorum. Ad has novas et in debitas exactiones ab Archiepiscopis, Episcopis, Archidiaconis, seu decanis aliis que omnibus Ecclesiasticis, secularibus sive Personis a vobis ommino fieri prohibœmus..... Ecclesiam quoque ipsius loci liberam esse decernimus, ut eorum devotioni et extremæ voluntati ; qui se illic sepeliri deliberaverint nisi forte escommunicati, vel interdicti sint aut etiam publice usurarii nullus obsistat salva tamen potestas (sic)..... Ecclesiarum a quibus mortuorum corpora assumuntur decimas..... bona (sic)..... et possessiones ad me Ecclesiarum vestrarum spectantes quœ a laicis detinentur redimendi et legitime liberandi de manibus eorum, et ad Ecclesias ad quas pertinent revocandi libera (sic)..... vobis de nostra auctoritate facultas. Obeunte vero te nunc eiusdem loci Abbate, vel tuorum quolibet successorum nullus ibidem qualibet surreptione, astutia, seu inviolentia prœponatur, nisi quem fratres communi electione (sic)..... vel fratrum Maior pars monasterii (sic). sanioris secundum Deum, et Beati Augustini regulam providere volentes auctoritate Apostolica prohibemus, ut infra clausuras locorum, seu grangiarum vestrarum, nullis rapinam, seu furtum facere, ignem apponere, sanguinem fundere, hominem tenere capere, vel interficere, seu violentiam audeat exercere. Prœterea omnes libertates et immunitates a prœdecessoribus nostris Romanis Pontificibus Ecclesiæ vestræ concessas, nec non libertates, et exemptiones secularium exactionum et regibus et principibus, vel aliis fidelibus rationabiliter vobis indultas. Auctoritate Apostolica sedis (sic) et prœsentis scripturæ privilegio communibus, decernimus. Ergo ut, nulli omnino hominum liceat prœfatam Ecclesiam temere perturbare aut eius possessiones auferre vel Abbates retinere minuere seu quibuslibet vexationibus fatigare sed omnia vobis (sic) integra conservatione eorum pro quorum gubernatione ac substentatione concessa sunt usibus omni modis pro futura, salva sedis Apostolicæ auctoritate et Diocesani Episcopi Canonica iustitia ac in prœdictis decimis moderatione concilii generalis si qua in futurum Ecclesiasticæ secularisve Persona hanc nostræ institutionis paginam sciens contra eam temere venire temptaverit secundo tertiove (sic) commonita nisi reatum suum congrua satisfactione correxerit, potestatis, honorisque sui careat dignitate, eamque se divino judicio existere (sic) de perpetrata iniquitate cognoscat, et a sacratissimo corpore, ac sanguine Dei et Domini redemptoris nostri Jesu Christi aliena sicut atque in extremo examine districte subiaceat ultioni. Cunctis autem eidem loco sua iura servantibus sit pax domini Jesu Christi quatenus et hic fructum bonæ actionis percipiant..... et apud districtum iudicem proemia œternæ pacis inveniant. Amen, Amen, Amen.

   Ego INNOCENTIUS, Catholicæ Ecclesiæ Episcopus.

 Ego PETRUS, tituli Sancti Marcelli Prœsbiter Cardinalis.
 Ego GUILLELMUS, Basilice duodecim Apostolorum Prœsbiter Cardinalis.
 Ego PETRUS ALLAVEN, Episcopus.
 Ego GUILLELMUS SABSIME, Episcopus.
 Ego PETRUS, Sancti Georgii ad velum Aureum diaconus Cardinalis.
 Ego JOHANNES, Sancti Nicolaii in carcere Dulliane Diaconus Cardinalis.
 Ego frater JOHANNES, tituli Sancti Laurentii in Lutin Cardinalis·
 Ego frater HUGO, tituli Sancti Cardinalis.

 Datum Lugduni per manum Magistri (sic)..... Romanæ Ecclesiæ vice cancellarii sexto Idus Maii. Pontificatus venerabilis domini Innocentii Papæ quarto anno sexto.

Innocent Evêque, serviteur des serviteurs de Dieu, à ses chers Fils l'abbé de Quarante et à ses Frères tant présents que futurs professant en religion pour toujours et menant une vie régulière. Il convient de donner l'appui apostolique à ceux qui embrassent la vie religieuse, de peur qu'une invasion téméraire quelconque, ne les détourne de leur projet, ou ne diminue, Dieu nous en préserve, la vigueur de notre sainte Religion.

Pour cela, Chers Fils dans le Seigneur, nous accédons à vos justes demandes et nous prenons sous la protection de Saint Pierre et la nôtre, l'église de Sainte-Marie de Quarante, du diocèse de Narbonne, dans laquelle vous êtes liés à l'obéissance du Seigneur, et nous vous mettons sous la protection de Saint Pierre et sous la nôtre, par les présentes lettres que nous vous communiquons.

Et d'abord nous décrétons que l'ordre canonique, que nous avons établi, selon Dieu et la règle de Saint-Augustin, y soit inviolablement observé en tout temps à perpétuité ; en outre que toutes les possessions ou biens quelconques que ladite Eglise possède à présent justement et canoniquement ou tous ceux qu'à l'avenir avec l'aide de Dieu elle pourra acquérir par la concession des Pontifes, la libéralité des rois et des princes, l'oblation des fidèles ou de toute autre manière. restent, à vous et à vos successeurs, fermes et intacts ; nous avons jugé à propos d'exprimer par leur vocable propre, le lieu même où les dites églises sont situées, avec leurs dépendances.

ÉGLISES SOUMISES A L'ABBÉ

1. Sainte Magdeleine de Siège royal (Sériège), avec toutes ses dépendances et ses dîmes ;
2. Saint-Martin (du chanoine), Courmansou ;
3. Saint-Vincent, d'Argeliers ;
4. Saint-Jean, de Caps ;
5. Les églises de Saint-Michel de Castimiano, avec toutes ses dépendances;
6. Saint-Dalmace d'Augières, du Saint-Siège ;
7. Les hameaux de Saint-Baudile de Ramejan, avec toutes ses dépendances :
8. Les bourgs de Quarante et de Las Uguières, avec toutes leurs dépendances ;
9. Les bourgs de Comérac, avec leurs dépendances;

10. Les bourgs de Saugières, avec leurs dépendances ;
11. Le château de Comérac et ses dépendances ;
12. Les châteaux de Saint-Jean et d'Argelliers, avec leurs dépendances ;
13. Les revenus et possessions que vous avez dans la cité de Narbonne ;
14. Les revenus et possessions que vous avez dans les châteaux : 1° de Cuxac ; 2° de Ramejean ; 3° d'Ouveilhan ; 4° de Séricate ; 5° de Capestang ; 6° de Poilhes ; 7° les châteaux, avec les revenus et possessions dans Nissan ; 8° dans Montady : 9° dans Tourouzelle ; 10° dans Tersan ; 11° de Bazan ou Bassan ; 12° de Vibian ; 13° de Puisserguier ; 14° de Cabarils ; 15° de Cruzy ; 16° de Siège royal ; 17° Ramejean ; 18° de Saint-Hippolyte d'Agel ; 19° d'Aiguesvives ; 20° Caume ; 21° Cesseras ; 22° d'Agel ; 23° Malhac ; 24° Pouzols ; 25° de Granolières ; 26° Saint-Croix de Garpazeas ; 27° Sérame ; 28° Marcorignan ; 29° Mirepeisset ; 30° Ginestas ; 31° Sallèles ; 32° Sainte-Valière avec les terres, prés, vignes, bois, usages et pâturages, les pâturages dans les bois et dans la plaine, cours d'eaux, moulins, routes, sentiers et toutes les autres libertés et immunités, notamment les jachères que vous cultivez de vos propres mains, ou que vous faites cultiver à vos frais, desquelles jusqu'à ce jour, personne n'a retiré le produit, ou des nourritures de vos animaux.

Que nul n'ose exiger ou extorquer de vous des dîmes.

Nous vous permettons de recevoir et de retenir parmi vous, sans crainte de contradiction, les clercs et les laïques désireux de quitter le siècle. Nous défendons à vos Frères, après leur profession faite dans votre église, de s'en éloigner, si ce n'est pour entrer dans un ordre plus rigoureux, et à qui que ce soit d'admettre ces transfuges, sans votre consentement écrit.

Lorsque un interdit général sera fulminé, vous pourrez célébrer l'office divin à voix basse, sans cloches, et les portes closes, après avoir fait sortir les excommuniés et les interdits. Pour le chrême, l'huile sainte, la consécration des autels ou des basiliques, l'ordination des clercs, vous les recevrez de l'évêque diocésain, si toutefois il est catholique, dans la grâce et communion du Saint-Siège, et qu'il consente à vous les donner sans conditions injustes.

Nous défendons, en outre, à qui que ce soit de construire dans les limites de votre paroisse, une chapelle ou oratoire, sans le consentement de l'évêque diocésain et sans le vôtre, sauf les privilèges des Pontifes romains.

Nous défendons que de nouvelles et inusitées redevances soient exigées de vous par les Archevêques, Evêques, Doyens, Ecclésiastiques ou Laïques.

Nous vous accordons la liberté de sépulture dans votre église, ordonnant que nul ne s'oppose à la dévotion et dernière volonté de ceux qui voudront y être ensevelis, à moins qu'ils ne soient interdits ou excommuniés, ou usuriers publics, et sauf le droit des églises auxquelles appartient la levée des corps défunts.

De notre autorité, nous vous octroyons la libre faculté de racheter et de retirer légitimement, des mains des laïques, les dîmes, biens et possessions de vos églises et de les rattacher aux églises auxquelles ils appartiennent.

A votre décès, et à celui de vos successeurs, dans la charge d'abbé que nul ne prétende au gouvernement par la ruse, la surprise ou la violence, mais celui-là seul qui aura été élu du consentement de tous ou de la plus grande et meilleure partie des Frères, selon Dieu et la règle de Saint-Augustin.

Voulant pourvoir, à l'avenir, à votre paix et tranquillité par sollicitude paternelle, de l'autorité apostolique nous défendons, que nul dans les clôtures de vos demeures, et de vos granges ose commettre une rapine ou un vol, mettre le feu, verser le sang, prendre témérairement un homme, ou le tuer, ou exercer quelque violence. En outre nous confirmons par l'autorité apostolique et par le privilège du présent écrit, toutes les libertés et immunités accordées à votre église par nos prédécesseurs les Pontifes Romains, ainsi que les libertés et exemptions des redevances séculières raisonnablement accordées par les rois, princes, ou autres fidèles.

Que nul d'entre les hommes n'ose troubler cette église, enlever et retenir ses biens, les diminuer ou en faire un sujet de vexations; mais qu'ils demeurent intacts pour l'usage et le soutien de ceux à qui ils ont été concédés, sauf l'autorité apostolique et la justice canonique de l'évêque diocésain, et le règlement du concile général.

Si à l'avenir, un ecclésiastique ou un séculier, connaissant cette page de notre institution, essayait témérairement d'y contrevenir, averti une seconde et une troisième fois, s'il ne répare sa faute, par une pénitence convenable, qu'il sache, qu'il s'est rendu coupable, au jugement divin, d'une iniquité, qu'il soit éloigné du Très Saint Sacrement, du corps et du sang de Dieu rédempteur N. S. J. C., a toujours, et de même au dernier moment, qu'il soit soumis à une rigoureuse justice.

Mais à tous ceux qui conserveront audit lieu ses droits, nous souhaitons la paix du Seigneur à jamais, qu'ils reçoivent ici le prix de leur bonne action et qu'ils trouvent auprès du Juge rigoureux le prix de la paix éternelle.

(*Suivent les signatures des cardinaux corroborées par celle du Pape.*)

1251. — Le 7 Juillet, l'abbé de Quarante, sur les demandes du pape Innocent IV et de la reine Blanche alors régente, se rendit à Narbonne à l'occasion des différents qui s'étaient élevés contre l'archevêque et le vicomte relativement aux criées et publications, à la juridiction temporelle, au partage de la leude, au droit de pêche dans la rivière, aux amendes prononcées pour délits commis pendant la tenue des foires, aux taxes exigées des habitants de Cuxac à l'occasion de la croisade, au droit d'institution des notaires et à la formule des souscriptions de leurs actes, au titre de seigneur de Narbonne que prenait le vicomte, etc.

La sentence fut prononcée par Gui Fulcodi, fameux jurisconsulte nommé par la Reine, clerc du Roi, qui devint cardinal du titre de Sainte-Sabine et puis Pape sous le nom de Clément IV. Cette sentence mit fin au différent entre les deux compétiteurs.

« Acta sunt hæc in claustro Sancti Justi Narbonensi hac die ad audienda dictorum domini episcopi Guidonis Bitterensis, mandata partibus assignata, et interfuerunt dominus archiepiscopus Narbonensis et B. Transvila procurator domini Vicecomitis. Testes autem interfuerunt P. Dei gratia episcopus Agathensis, Guillelmus abbas de Quadraginta. » (*Archives de Narbonne, série AA, p. 62, col. 2.*)

AMALRIC, VICOMTE DE NARBONNE

SE DÉMET DE SON POUVOIR SUR LES HOMMES ET FEMMES
DÉPENDANT DE L'ABBÉ DE QUARANTE

7ᵉ Idus Junii 1255.

IN Anno Nativitatis... etc., Rege Lodoyco regnante. Noverint universi quod nos Amalricus Dei gratia vicecomes et dominus Narbonæ sumus, profitemur, et in veritate recognoscimus Monasterio Sanctæ Mariæ de Quadraginta et vobis Guillelmo in de Abbati nomine eiusdem Monasterii stipulante, quod vos non compulsi a nobis vel ab aliqua personna, sed ex vestra liberalitate et bene placito concessistis in presenti nos habere quistam seu servitium ab hominibus vestri et dicti Monasterii licet quistam nec talliam, toltam, seu forciam in hominibus vel fœminabus vestris vel in eorum vobis seu possessionibus non haberemus nec habeamus, nec habere debeamus nunc nec imposterum ratione filiæ vel filiarum maritandarum, aut alio modo. Unde gratis et non circumventi in aliquo vel ab aliquo, nec dolo, nec fraude, aut aliqua machinatione inductis, sed nostra spontanea voluntate, et cum magna animi deliberatione cum hac publica carta semper valitura et firma per nos, et per omnes heredes et successores nostros presentes, atque futuros de prœdictis, quista, tallia, tolta et forcia ipsos vestros homines et fœminas præsentes et futuros et eorum bona in perpetuum absolvimus, et quitios et quitia immunes et immunia facimus et pronuntiamus nunc et semper et pactum de non petendo facimus et quod contra hæc prædicta vel eorum aliquid nos vel nostri nunquam veniemus, nec quistam, talliam, toltam seu forciam a dictis hominibus seu fœminabus vestris et dicte Monasterii præsentibus vel futuris nunquam petamus, seu exigamus per nos, vel per aliquam interpositam personam vel personas sed dictam absolutionem, et omnia supra dicta et singula firma et valitura semper habeamus teneamus et servemus, nec fecerimus nec faciamus aliquid quo minus vobis vel hominibus, seu fœminabus vestris valeant per stipulationem et nostram bonam fidem promittimus. Acta sunt hæc Narbonæ in capella Santi Salvatoris in præsentia et testimonio Guillelmi Fabri filii quondam Petri Raymundi, Fabri Geraldi Ympariis ; Hugonis de Sancto Barcio, Bernardi de Bagis, Johannis Garcia, Joannis Urbaudi, Petri Urbaudi, filii eius et Raymundi Catalani notarii prædicti domini Amalrici qui hæc scripsit. (De Doat).

L'an.... nous, Amalric, par la grâce de Dieu, vicomte et seigneur de Narbonne, déclarons savoir, avouer publiquement, et reconnaître que vous Religieux et vous Guilhaume, abbé du monastère de Quarante, sans contrainte de personne, ni de notre part, ni de la vôtre, mais par votre libéralité et bon vouloir, vous avez reconnu que le droit que nous avions jusqu'à présent sur les hommes dépendant de votre monastère, savoir, le service, la taille, toltam ou force sur les hommes et sur les femmes, leurs biens, leurs possessions, désormais nous ne l'aurions plus et déclarons ne pas vouloir le reprendre jamais à l'occasion du mariage des filles, ou pour quelqu'autre motif.

C'est pourquoi gracieusement, et non circonvenu en aucune manière, ni poussé par personne, ni par ruse, fraude ou quelqu'autre artifice, mais de notre volonté spontanée et avec une grande liberté d'esprit, sur cette charte publique, dont la valeur sera perpétuelle et validée par nous et nos héritiers, nos successeurs présents et futurs, nous vous accordons ce même droit, sur lesquelles tailles, toltes et contraintes sur les hommes et femmes, et sur leurs biens, et nous vous déclarons exempts quittes et quitia, et nous promettons de ne jamais plus redemander ce droit, ou quelques-uns de ces avantages.

Jamais nous ne demanderons ni n'exigerons personnellement ou par d'autres ce dit pouvoir, mais au contraire nous le considérerons toujours comme un pacte ferme et valide. — Témoins, etc.

Le nécrologe fixe la mort de Guilhaume au 3 Avril.

BÉRARD

XVIII. — 1255. — Bérard assista au concile de Béziers pour donner aide secours au sénéchal Pierre d'Auteuil, assiégé dans le château de Queribus, canton de Tuchan.

ECHANGE ENTRE L'ABBE DE QUARANTE ET LES CHEVALIERS DE St-SEAN

12 Kalendas Aprilis 1262.

In Dei nomine regnante Rege Lodovico. Noscant cuncti prœsentes pariter et futuri quod hæc est carta escambii, et permutationis quam gratis facimus inter vos (sic) Berardus Dei gratia Abbas Monasterii Sanctœ Mariœ de Quadraginta et nos canonici eiusdem Monasterii Sicardus Pelagos Prior, et elecmosinarius et Guillelmus de Camon prœcentor Petrus de Soliano camerarius, Raymundus de Oviliano infirmarius, Pontius Columbi sacrista (sic)..... Johannes Sicredi operarius, Arnaldus Boffat, Bertrandus Arelathenis, Berengarius de Coles, Petrus Monachus undet, nos omnes simul in unum nostro proficuo et dicti Monasterii per nos, et per omnes canonicos dicti Monasterii, et per omnes successores nostros et per omnes nostros prœsentes, et futuros bona fide, absque omni dolo, et sine omni retentione nunc et imperpetuum escambiamus, et permutamus et nomine escambii et permutationis tradimus vobis fratri Raymundo Guillelmo Prœceptori domus hospitalis sancti Johannis de Capitestagno, et vobis fratri Petro Imberto subprœceptori dictæ domus et vobis fratri Gillelmo Pontii prœceptori domus hospitalis sancti Johannis de Roairos et omnibus aliis fratribus dictœ domus hospitalis sancti Johannis de Capitestagno prœsentibus et futuris et successoribus vestris et omnibus nostris mandataris et cui vel quibus nos, vel vestri dare, dividere, laxare, vendere et impignorare volueritis et aliis sanctis et militibus videlicet totos honores nostros heremos et condrictos et omnes terras cultas et incultas, boscos, et garrigas, prata, pascua et pastularia, aquas, aquarumque ductus, venationes animalium et avium, dominia seneoriva et foriscapia et omnia alia quæ habemus et habere delemus in terminio de Castiniano et in suis terminis et terminalibus et locis illis terminis adiacentibus et apendentibus vel alius tenet a nobis in dicto terminio retentis nobis et nostris successoribus prœdictis nonobstantibus decimis et primitiis tantum ratione Ecclesiœ sancti Michaelis de Castiniano. Et affrontus totius terminus de Castiniano ex una parte in recco de Arrio, ex altera parte in terminio de Oflinhano ex altera parte in recco (1) de Conquetas qui rectus dividitur cum valle Asineria, et usque ad recum qui dividitur cum manso de Roeira ex altera, usque in podio de Monte accuto et in Podio de Trufas ad hoc etiam escambiamus nobis et nomine escambii et permutationis tradimus omnia usitica tres decim sextariorum ordei annuatim et senioriva et foriscapia, et etiam usatica duarum gallinarum annuatim et seneoriva et foriscapia quœ omnia usatica prœdicta et senioriva et foriscapia nobis dare tenebamini pro quibusdam honoribus vestris quœ a nobis et a nostro Monasterio prœdicto tenebatis, et unde antecessores actenus tenuerunt in terminio de Capitestagno, et in suis terminis et terminalibus, et in terminio de Prexano, vel in aliis terminis et terminalibus ubicumque sint. Et prœdicta omnia singulariter singula et universitaliter universa escambiamus et permutamus et nomine escambii et permutationis tradimus vobis prœdictis et successoribus vestris nunc et imperpetuum. De quibus honoribus usaticis seniorivis, et foriscapiis supradictis, et eorum juribus et actionibus, et eorum proprietate nos et nostros pœnitus divestientes, vos et vestros cum plena possessione juris, et facti investimus et vos veros Dominos ac speciales procuratores, in rem vestram propriam facimus, et constituimus, nulla iuris subtilitate, vel ambiguitalte, in hoc impeditum potestate volentes, et concedentes vobis quod possessionem prœdictorum honorum et rerum aliarum quod totum vobis escambiamus possitis intrare, apprehendere vel quasi nancisci et retinere nobis irrequisitis absque omni pœna quam quo usque intraveritis, seu apprehendentis confitemur nos interim vestro nomine precario possidere, vel quasi propter quam prœcariam possessionem videamus nostro nomine nullatenus possidere vel quasi. Et hoc facimus quid vos, nobis nomine escambii et permutationis traditis omnes quartos et senioriva et foriscapia quœ habetis in terminio de Staciano ad Estremos, quod terminium est sub districtu villœ Capitistagni (sic), alia usatica et senioriva sicut inferius continetur et confrontantur. Si

---

(1) Le nom de ce ruisseau a servi à dénommer Saint-Jean-de-Conques.

vero plus valent prœdicto omnia quæ vobis in præsenti escambiamus modo vel amplius in futuro valuerint illam magis valentiam et melioramentum, et augmentum precii, vobis et vestris successoribus imperpetuum damus donatione intervivos facta et in hoc escambio pro vestris honoribus infrascriptis quos nobis nomine escambii traditis ut inferius continetur vobis concedimus. Et si quid ibi vel inde vobis vel vestris ampararetur, vel afferetur aut jure evinceretur in judicio vel extra, erimus nos et nostri vobis et vestris fideles et legales guirentes et deffensores et ab amparatoribus et ex omni evictione deffendemus propriis nostris sumptibus et expensis. Quod nisi fecerimus damus, laudamus vobis et vestris returnum et ypotecam in omnibus bonis, et juribus dicti nostri Monasterii quæ vobis et vestris successoribus obligamus et ypotecamus ubicumque sint, tamdiu donec dictum escambium et omnia supradicta vobis et vestris bona et firma permaneant et emendatum vobis vel vestris sit quantum inde perdideritis vel miseritis in placitis aut in missionibus deffendendi exquibus vestro simplici verbo credamini sine juramento et testibus et alio genere probationis. Et quod ita totum bona fide nos et nostri successores teneamus et teneri faciamus et contra non veniamus vel veniri faciemus nec fecimus vel faciemus nec fieri, vel dici consentiemus, quo minus hæc prœdicta vel aliquid horum bo. et firma permaneant renunciamus scientes illi legi quæ dicit, quod si alienantes, vel vendentes ultra dimidiam justi pretii, decepti fuerint venditionem, vel alienationem possunt rescindere, vel agere ad justi precii complementum ; et alteri legi quæ dicit quod Religiosi possunt rescindere, contractum causa restitutionis in integrum et omni alio juri scripto, et non scripto, divino et humano, speciali et generali, nunc promulgato vel deinceps promulgando, canonico et civili, et terræ et iuris, consuetudini volentes et concedentes quod hæc generalis renunciatio prosit et valeat, ac si omnes casus speciales legum et decretorum seu decretalium hic essent expressim dicti vel qualibet alia jura nominatim interposita. Et sic omnes et quisque per fides nostras promittimus. Et in super ad maiorem omnium firmitatem ego Raymundus de Oveliano canonicus supradictus de mavindato Domini Abbatis prœdicti, et dictorum canonicorum in eorum animabus per hac sancta quatuor Dei Evangelia corporaliter juro. Et nos frater Raymundus Guillelmi prœceptor domus hospitalis sancti Johannis de Capitestagno et frater Petrus Imberti subprœceptor ipsius domus hospitalis et frater Guillelmus Pontii præceptor domus hospitalis santi Johannis le Roairos supra dicta omnia et singula acceptantes cognito proficuo dictæ domus hospitalis sancti Johannis de Capitestagno et fratrum ipsius hospitalis et successorum nostrorum per nos et per omnes successores nostros et per omnes nostros præsentes et futuros bona fide absque omni dolo et sine omni retentione nunc et imperpetuum escambiamus, et permutamus et nomine escambii, et permutationis tradimus vobis domino Berardo Dei gratia abbati Monasterii beatæ Mariæ de Quadraginta et vobis Dominis Canonicis ipsius Monasterii Sicardo Pelagos Priori et eleemosinario et Guillelmo de Camo præcentori et Petro de Celiano comerario et Raymundo de Oveliano infirmario et Pontio Columbi sacristæ minori, et Johanni Sieredi operario et Arnaldo Bofat et Bertrando Aralathen et Berengario Celes, et Petro Monacho et omnibus aliis canonicis ipsius Monasterii præsentibus, et futuris et successoribus vestris et omnibus vestris mandatariis et cui, vel quibus vos, vel vestri dare, dividere, laxare, vendere, et impignorare volueritis etiam aliis sanctis et militibus videlicet omnes quartos et senioriva et foriscapia et omnia alia quæ habemus et habere debemus in terminio de Maciano Staciano quod est sub distinctu villæ de Capistagni..... (sic)..... in loco qui vocatur Estremas scilicet quartum quod habemus et habere debemus in fructibus et redditibus mallolii quem Guillelma...... (sic),.... tenet a nobis et quartum quod habemus et habere debemus in fructibus et redditibus mallolii quem uxor quondam Bernardi Marsa a nobis tenet et quartum quod habemus et habere debemus in fructibus et redditibus mallolii quem Stephanus Batallia a nobis tenet et quartum quod habemus et habere debemus in fructibus et redditibus olivetæ quam tenet a nobis Aladoicis de Rameiano et quartum quod habemus et habere debemus in fructibus et redditibus olivetæ quam Guillelmus de Solerio a nobis tenet et quartum quod habemus et habere debemus in fructibus et redditibus olivetæ, quam Berengarius de Cuderiis a nobis tenet et totum quartum quod habemus et habere debemus in fructibus et redditibus olivetæ quam filiæ quondam Bernardi Paratoris a nobis tenent et omnia senioriva et foriscapia, et quidquid habemus et habere debemus in malloliis et olivetis supradictis. Qui omnes mallolii et olivetæ sunt in una tenentia in dicto terminio de Staciano. Et affrontant simul de altano in carreriam, de Meridie in aliam carreriam, de

Circio in olivete Arnaldi sextalarerii, de Aquilone, in vineis Bernardi de Rodemol et Guillelmi de Poaleriis, ad huc etiam escambiamus et permutamus vobis prœdictis similiter totum usaticum quatuor sextariorum annuatim et seniorium et foriscapium quod habemus super terram quam Guillelmus Gordon de nobis tenet, et totum usaticum trium sextariorum ordei annuatim et seniorum et foriscapium, quod habemus in terram quam Rixendis Porteria et filii sui a nobis tenent et totum usaticum duorum sextariorum ordei annuatim et seniorivum et foriscapium quod habemus in vineam quam Guillelmo uxor quondam Guillelmi de Rivo de Bolbestre de nobis tenet. Quæ jam dictæ terræ et vinea sunt in terminio sancti Sebastiani de Vivercii in loco qui vocatur Lacuna, terra Guillelmi Gordoni affrontant..... (sic)..... de altano honore Rixendis Cadoscle de Meridie (sic) in honore qui fuit Guillelmi de Aquisvivis. de Circio..... (sic)... in Carreriam, de Aquit in terram Raymundi de Girosenquis ; terra Rixeneis Porterie et filiorum suorum affrontaut de Circio... (sic) terram Bernardi Targueti et Arnaldi fratris sui, de Meridi (sic) in honore Bernardi Geraldi de Alt (sic) in honore Auriolorum, de Aquit in honore Johannis de Mirato ; terra Guillelmæ uxoris quondam Guillelmi de Rivo Affrontant (sic) de Circio in vineam portalis, de Mid..... (sic) in vineam Raymundis textoris, de Alt (sic) in vineam Pontii de Seregia, de Aquit in honore infantum quondam Pontii Baralerii ; terra Portii Baralerii Affrontant (sic) de Circio (sic) in honore Arnaldi Targueti et fratris sui de Alt in honore infantum quondam Petri Praderii de Aquit in honore infantum quondam dicti Pontii Baralerii, de Meridie (sic) in vineam Guillelmæ uxoris quondam Guillelmi de Rivo, quæ omnia supradicta singularites singula et universaliter universæ escambiamus et permutamus et nomine escambii et permutationis tradimus vobis prœdictis et successoribus vestris nunc et imperpetuum de quibus omnibus usaticis, quartis, quintis, seniorivis et foriscapiis supradictis et eorum juribus et actionibus et eorum proprietate quæ omnia vobis et vestris escambiamus, ut dictum est, nos et nostros penitus disvestientes, et vos et vestros investientes in plenam juris, et facti possessionem vos et vestros inducimus et vos veros dominos ac speciales procuratores in rem vestram propriam facimus et constituimus, nulla juris subtilitate vel ambiguitate in hoc inpedimentum prœstare volontes et concedentes vobis quod possessionem predictorum honorum, et rerum aliarum quod totum vo-

bis et vestris escambiamus possitis intrare, apprehendere, nancisci, et
retinere nobis irrequæsitis absque omni pœna quam quousque intraveritis seu apprehenderitis confitemur nos interim vestro nomine
præcario possidere, vel quasi propter quum precariam possessionem
videamur nostro nomine nullatenus possidere vel quasi. Et hoc facimus pro supradictis honoribus, dominiis et seniorivis et usaticis, quod
totum nobis nomine escambii et permutationis tradidistis sicut superius est contentum. Si vero plus valent modo prædicta omnia quæ
vobis in præsenti escambiamus vel amplius in futuro voluerint illam
magisvolentiam et melioramentum et augmentum precii vobis et
vestris successoribus imperpetuum. Damus, donatione inter vivos
facta, et in hoc escambio pro supradictis honoribus, dominiis, seniorivis et usaticis quod totum nobis nomine escambii et permutationis
traditis, ut superius est contentum. Vobis et vestris concedimus. Et
si quid ibi vel inde vobis vel vestris ampararetur, vel auferretur,
aut jure evinceretur in judicio, vel extra erimus nos et nostri vobis
et vestris fideles et legales guirentes et deffensores, et ab amparatoribus, et ex omni evictione deffendemus propriis nostris sumptibus
et expensis. Quod nisi fecerimus damus, laudamus vobis et vestris
returnum et ypotecam in omnibus bonis et juribus dictæ domus
hospitalis sancti Johannis, quæ vobis, et vestris successoribus obligamus et ypotecamus ubicumque sint, tandiu donec dictum escambium, et omnia supradicta vobis et vestris bona et firma permaneant
et emendatum vobis vel vestris sit, quantum inde perdideritis vel
miseritis in placitis aut missionibus deffendendi, ex quibus vestro
simplici verbo credamini sine juramento et testibus et alio genere
probationis. Et quod ita totum bona fide nos et nostri successores
tenemus, et teneri faciamus et contra non veniamus. Vel veniri
faciamus nec fecimus vel taciamus nec fieri vel dici consentiemus
quominus hæc prædicta, vel oliquid horum bona et firma permaneant, renunciamus scienter illi legi quæ dicit quod si alienantes, vel
vendentes ultra dimidium justi pretii decepti fuerint, venditionem
vel alienationem possunt rescindere vel agere ad justi precii complementum ; et alteri legi quæ dicit ; quod Religiosi possunt rescindere contractum, causa restitutionis in integrum et omni alii iuri
scripto et non scripto, divino et humano, speciali et generali, nunc
promulgato vel deinceps promulgando, canonico et civili ; et terræ
et curiæ consuetadini, voleutes et concedentes quod hæc generalis

renunciatio prosit et valeat ac si omnes casus speciales legum et decretorum seu decretalium hic essent expressim dicti vel quœlibet alia jura nominatim interposita. Et sic omnes et quisque per fides nostras promittimus. Et in super ad maiorem omnium firmitatem ego frater Petrus Imberti prædictus, de mandato supradicti domini prœceptoris, et dicti fratris Guillelmi Pontii in eorum animabus per hæc sancta quatuor dei Evangelia corporaliter, juro hac omnia supradicta et singula laudamus et ratificamus vos frater Petrus Montanea prœsbiter, frater Jordanus de Cabrairolas miles, frater Jaufredus de Villanova, frater Pontius de Manso, omnes fratres dictœ domus hospitalis sancti Johannis de Capitestagno, cognoscentes proficuum ipsius domus hospitalis nostrorum successorum. Et promittimus nunquam contra venire et renunciamus omnibus renunciationibus supradictis, et sic bona fide promittimus. Acta fuerunt hac omnia supradicta in Claustro Monasterii beatœ Mariæ de Quadraginta. Anno et die quo supra exepto laudimio fratris Petri Montaneœ et fratris Jordani de Cabrairola, et fratris Jaufredi de Villanova, fratris Pontii de Manso jamdictorum. Fuerant testes Raymundus Pontii, Petrus de Curciaco filius quondam Bernardi de Curciaco Mercatoris, Guillelmus Monachus, omnes de Capitestagno, Petrus de Amoris prœsbiter, Geraldus Guidonis vicarius de Quadraginta, Raymundus Guiraudi prœsbiter, frater Bernardus fabri, Pontius Carreria diaconus. Et quando frater Petrus Montaneœ prœsbiter, et frater Jordanus de Cabrairolas miles, et frater Jaufredus de Villanova et frater Pontius de Manxo, omnes fratres domus hospitalis sancti Johannis de Capitestagno hœc omnia laudaverint. Ut superius est contentum ; anno quo supra decimo septimo kalendas Martii in villa Capitestagno fuerunt testes Berengarius de Podiomissione Raymundus Ugo, Raymundus Sifredi, Berengat de Biterba, Dalmachius Catalanus et Petrus de Podiomissone Notarius publicus Capitestagni qui mandatus hac omnia scripsit.

I n Dei nomine.... quinto regnante Rege Ludevyco, Cunctis sit notum quod nos frater Faraudus de Barracio Prior domorum hospitalis Jerosolimtanus, sancti Johannis in Prioratu sancti Egidii per nos et successores nostros, et per omnes nostros cognito nostro proficio et nostrorum supradictum escambium seu permutationem et omnia prœdicta et singula, laudamus et confirmamus imperpetuum valitura et promittimus nunquam contra prœdicta vel aliquid prœdictorum venire et sic bona fide promittimus et ad maiorem omnium prœdictorum firmitatem prœsens publicum instrumentum ad œternam rei memoriam sigilli nostri munimine duximus sigillandum. Huius rei sunt testes Magister Guillelmus Serrator jurisperitus Bitterris, frater Arnaldus de Berrellis sacerdos, dicti domini Prioris, et frater Johannis de Mesoa, sacerdos dicti hospitalis sancti Johannis. Guillelmus monachus de Capitestagno. Et Petrus de Podiomissione Notarius punlicus Capitestagni qui mandatus hœc scripsit. (De Doat).

Extrait et collationné sur une copie escrite en parchemin trouvée aux Archives de l'abbaye de Quarante.

Par cet acte Bérard abbé et les chanoines de Quarante, Sicard Pelagos aumônier et Prieur, Guillaume de Camon précenteur, Pierre de Selian camérier, Raymond d'Ouveilhan infirmier, Pons Colombi sacristain mineur, Jean Sicre ouvrier, Arnal Boffat, Bertrand d'Arles, Bérenger de Coles, Pierre Monaschusundet d'une part, font échange avec frère Raymond Guilhaume, précepteur de l'hôpital Saint-Jean de Capestang, Pierre Imbert sous-précepteur, Guilhaume Pons, précepteur de l'hôpital Saint-Jean-de-Rouelre, des possessions situées dans le territoire de Capestang, et en échange les moines de Quarante reçoivent ce que les Religieux de Capestang possèdent à Rouelre et à St-Jean-de-Conques. Chaque lot est désigné avec ses confronts dans le texte.

Tous les Religieux de Quarante et de Capestang ont signé cet acte rédigé par Pierre de Puimisson, notaire de Capestang.

A son tour Frère Faraud de Bonacio, Prieur des maisons de l'hôpital de Jérusalem de Saint-Jean, dans le prieuré de Saint-Gilles confirme cet échange.

ÉCHANGE AVEC LES CHEVALIERS DE SAINT-JEAN

Le Roi avait envoyé dans la province de Narbonne des clercs pour restituer aux Religieux de Quarante des biens unis injustement au domaine. Ces biens se trouvaient à Sainte Valière, à Malhac, à Cesseras, à Siran, etc.

« Abbas et conventus monasterii de Quadraginta petunt restitui dicto monasterio quasdam possessiones per curiales eidem monasterio injuste ablatas, valentes in redditibus annuatim, triginta solidos vel triginta quinque aut plus, ex quibus Olivarius de Terminis tenet aliquas apud sanctam Valeriam in loco quod dicitur Montaignacum, pro quibus G de sancta Valeria antequam esset de hœresi condemnatus faciebat dicto monasterio, albergam trium militum annuatim.

Item d. Rex de prœdictis unum hortum apud Malliacum et quasdam possessiones et tasquas et jura et dominia apud Aquamvivam et Cesseracium et Siranum et Montem Fenesium.

Item petit dicto monasterio recognosci stagnum de Fatil, quod tenet Arnaldus de Ramejano et quidem alii a curia.

Petit etiam tasquas duorum camporum tibi reddi qui sunt in terminio de Celiano, quos ballivi d. Regis vendiderunt Arnaldo de Ramejano et Targueto.

Item significat dictus abbas, quod d. Rex tenet tertiam partem castri de Celiano cum suis appenditiis, quam dictus Beterre tenebat in feudum a monasterio de Quadraginta et antecessores sui tenuerunt et certum censum dicto monasterio [prodicto feudo reddebant, quando ab abbate erant requisiti, unde petunt jus suum eis restitui... Rex pro negotio inquisitionis nostre, aperto responso declaraverit, quod bona et jura ecclesiarum alii dare non poterat nec volebat; ideo prœdictum abbatem et conventum secundam forman inquisitionis nostræ ad possessorem duximus remittendos, mandantes eis de possessore naturam justitiam exhiberi... De cœteris vero capitulis in eorum petitione contentis, de quibus specialiter in superius scriptis determinationem non fecimus mentionem, qui prœdictorum abbatis et conventus fundatam intentionem non invenimus. Datum anno MCCLXII mense aprili. *Hist. Lang.* édit. Privat. vol. VII, page 870.

Bérard reçoit en 1260, l'hommage de Raimond Bernard, de Crusi.

VENTE D'UNE MAISON SISE A NARBONNE

3ᵒ Idus Octobris 1267.

In nomine Domini.... Noverint universi quod nos Amalricus Dei gratia vicecomes et dominus Narbonæ non circumventus in aliquo, vel ab aliquo vel deceptus, nec dolo vel fraude aut aliqua machinatione inductus, sed nostra spontanea voluntate, et cum multa animi deliberatione, fide bona, per nos, et per omnes hæredes et successores nostros cum hoc publico instrumento perpetuo valituro vendimus et iusto titulo puræ et perfectæ venditionis irrevocabiliter tradimus. Monasterio sanctæ Mariæ de Quadraginta sito in vicecomitatu nostro et Conventui, seu Capitulo eiusdem Monasterii præsenti pariter et futuro et vobis Berardo Abbati ipsius Monasterii nomine eius et Capituli sui sollempniter stipulanti et recipienti videlicet quandam partem versus arces in qua sunt quinque cannæ in longitudine et canna et dimidia infra parietes, et est sub dominio Monasterii vestri prædicti de quodam manso cum suis parietibus, tectis, et fundamentis, et cum omnibus suis pertinentiis et iuribus quem habemus, et possidemus in civitate Narbonæ in Parrochia sanctæ Mariæ Maioris ante furnum santi Justi. Cuius mansi alteram partem quæ est versus altanum, et erat de alodio, dedimus in præsenti in emphiteotim, seu accapitum Monasterio antedicto. Et affrontat hac pars quæ tenetur a dicto Monasterio ab altano in altera parte in ac capitum data, de meridie in manso boni dici de surgeriis, inde de circio in manso infantum Raimundi frichois, qui tenetur a Monasterio supradicto, de Aquilone in cariera quam si quidem partem mansi cum suis parietibus, tectis et fundamentis, et cum omnibus suis pertinentiis, et iuribus sic affrontatam vendimus et tradimus Monasterio de Quadraginta prædicto et capitulo ipsius, et vobis Berardo inde Abbati nomine ipsorum ut supra dictum est, et de nostro nostrorum que iure proprietate, et dominio in ius proprietatem et dominium prædicti Monasterii, et Conventus eius per vos transponimus, et nos inde penes vos nomine ipsius Monasterii, et conventus penitus et denudantes et exuentes, vos nomine quo supra investimus et in possessionem iuris, et facti mittimus, et inducimus hodie, et deinceps sine fine, cedendo vobis nomine prœdicti Monasterii et Conventus, et in ipsos per vos plene transferendo omnia iura, actiones, petitiones, exeptiones, oppositiones deffensiones, ac possessiones, reales, personales, et mixtas tuteles et directas pro ipsa parte mansi nobis competentes et competituras adversus omnes personas prout melius dici, scribi, sive intelligi potest ad utilitatem Monasterii supradicti, pretio videlicet quingentorum solidorum turonensium bonorum, et percurribilium quos pro hac venditione a vobis habuimus et accepimus de quo pretio et venditione sumus et tenemus nos bene paccatos et contentos renuntiando in eis exceptioni peccuniæ non numerate sive non acceptæ; virum si forte, ista pars mansi ultra hoc pretium amplius valet vel ad huc valuerit illud totum plus valere gratuito animo Monasterio prœdicto Capitulo, eius capitulo et vobis nomine eorum donatione intervivos donamus, solvimus, et imperpetuum deffinimus renuntians in hac parte expresse, scienter et consulte legi illi quæ dicit venditorem ultra dimidiam iusti precii deceptum posse venditionem rescindere, vel iustum pretium rei petere; et alteri legi dicenti donationem ex causa ingratitudinis revocandam, omnique alii iuri scripto et non scripto, Canonico, et civili, nobis competenti et competituro, quo contra prœdicta vel eorum aliquid venire vel veniri possemus, et amodo liceat iam dicto Monasterio, et Capitulo eius, et vobis successoribus vestris inde Abbatibus prœdictam partem mansi quæ a dicto Monasterio tenebatur donare, dimittere, dividere, permutare, vendere, et inpignorare, de modis omnibus alienare cuicumque volueritis, nos vero et nostri faciemus semper prœdictum Monasterium de Quadraginta, et Capitulum inde, et vos et successores vestros nomine eorum sæpedictam (sic) partem mansi cum suis iuribus bonam habere et tenere ac quiete et pacifice possidere ab universis personis. Et boni et legales guirentes, ac deffensores erimus inde vobis ab omnibus amparatoribus, et evictione sine omni vestro dampno et missione, unde propter hac obligamus sepedicto Monasterio et Capitulo eius, et vobis nomine quo supra omnia bona nostra ubique in vita et fine. Et quod contra hac prœdicta vel eorum aliquid nos vel nostri nunquam veniamus sed ea firma et valida perpetuo habeamus, teneamus, et servemus, nec fecerimus nec faciamus aliquin, quo minus vobis vel dicto Monasterio aut Capitulo ipsius valeant per sollempnem ac validam stipulationem et nostram bonam fidem promittimus. Huius rei sunt testes Bernardus Dalfini vicarius dicti domini Amalrici, Berengarius de Celiano Miles, Petrus Arnaldi de Fraxino scriptor publicus, Bernardus de Magaloto, Beringarius Freni textor, Clemens de Fraxino, Sigerius de Neñas, Gasaudi et Raimundus Catalini scriptores Narbonæ publicus qui Rogatus hœc scripsit (de Doat).

….Nous Almaric par la grâce de Dieu Vicomte et Seigneur de Narbonne de notre plein gré… par une vente pure et parfaite, pour toujours, nous livrons à vous Bérard abbé, du monastère de Quarante et au chapitre une partie de la citadelle de Narbonne mesurant…. confrontant…. au prix de cinq cent sous tournois bons et ayant cours, que je déclare avoir reçus de vous….

1167. — Avoir été député le sieur Maurin Arch. de Narbonne, et le sieur Bérard abbé de Notre-Dame de Quarante pour raison du cours de liau de Nazoure, changé par led. abbé vers certains moulins neufs, et l'estang joignant lesd. moulins au terroir de Courmansou, comme aussi pour raison de la paissière de nouveau fabriquée au même lieu et autres choses touchant, le cours de l'eau faites au préjudice dud. Sr Arch. et de son moulin de Montels, sur quoi fut l'accord suivant sçavoir que led Abbé et ses successeurs pourraient a perpétuité conduire liau de Nazoure par un canal limité de nouveau fait par le dit abbé vers lesd moulins au profit d'iceux Moulins, en telle sorte toute fois que lad eau ne pourrait être conduite par aucune industrie dans l'étang, avant de venir aud moulin, et que partant d'iceux elle se rendrait dans le rec mairal par lequel elle aurait son libre cours vers Montels. (Cotté n° 3).

RICARD ou RICHARD

XIX. — Richard termina, le 13 juin 1268, une contestation entre Raimond de Figuière, abbé de Saint-Chinian, et Raimond de Salles seigneur de Villespassans au sujet des limites de leur territoire.

BERNARD III D'ALQUIER

1268. — XX. — Bernard III est cité comme Abbé en 1268. Le manuscrit de Narbonne contient une déclaration d'appel en cour romaine de la part du monastère dud Quarante de l'ordonnance des officiers du Seigneur Arch. de Narbonne touchant certains excès et troubles par ses officiers contre led Monastère..

1269. — Constitution de procuration faite par l'abbé de Quarante pour se présenter au concile de Montpellier, par mandement de Monseigneur l'Archevêque de Narbonne. Bernard signa le 26 juillet un procès-verbal de la tenue d'une assemblée des trois états de la sénéchaussée de Carcassonne.

Dans la même année Bernard promit obéissance à Maurin, archevêque de Narbonne et mourut le 20 août.

La famille d'Alquier était originaire des environs de Trèbes ; elle porte « d'azur à deux lions affrontés d'or soutenant un cœur d'argent et un chef cousu de gueules chargé de 3 étoiles d'or ».

BERNARD IV DE NISSAN

XXI. — Bernard IV fit le traité suivant :

POUVOIRS DE L'ABBÉ

POUR LA NOMINATION DES NOTAIRE, L'ÉRECTION DES FOUR-CHES, LE DROIT SUR LES HOMMES POUR LE SERVICE MILITAIRE, ET TOUTE JUSTICE.

INTER Nobilam virum dominum Amalricum de Narbona filium, bonœ Memoriœ, domini Amalrici quodam vicecomitis et domini Narbonœ ex parte una, ac virum Religiosum dominum Bernardum Dei gratia electum confirmatum Monasterii beatœ Mariæ de Quadraginta, et eiusdem loci conventum ex altera ; super mero ac mixto imperio Juridictione et constitutione tabellionis, seu tabellionum ac etiam datione tutoris et curatoris burgi castrorum seu locorum de Quadraginta de Argileriis et de Cœmeraco, de sancta Magdelene de Seregia, de Lasugueriis et de Cruzio. Quatenus in certis locis et specialibus quondam spectabat seu pertinebat ad Jurisdictionem et dominium domini Guillelmi Alpharici militis ac eorum pertinenciis territorio, districtu et adiacentiis universis nec non super sex denariis Narbonensibus censualibus Jurisdictione et directo dominio cuiusdam molendini, forneliorum, siti in reperia de Cesses inter Mirapiscem et Cabesacum in loco qui dicitur Cazalric. Suscitate materie quœstionis tandem prœdicti, dominus Amalricus per se suosque successores ac dominus Electus et Conventus seu Capitulum de Quadraginta per se, suosque successores et posteros unanimiter et ex certa scientiæ et consulte de quœstione seu quœstionibus supradictis, et aliis universis quœ unus contra reliquum facere posset et quœ vellet proponere coram arbitris infrascriptis compromiserunt in viros honorabiles et discretos dominos Guitardum Ermengaudi jurisperitum et Magistrum Raymundum Crassi canonicum Ecclesiæ sancti Pauli Narbonœ tamquam in arbitros arbitratores, seu amicabiles compositores, sub pœna ducentorum librarum turonensium a parte parti promissa et stipulatum deducta, danda et solvenda, a parte inobediente, parti obedienti, semel et pluries et quoties cumque alteram partem contra statutam definitionem, ordinationem, dictum seu determinationem, compositionem, ve amicabilem venire, continget arbitrorum superius expressorum adiicientes quod pæna prœdicta semel, vel pluries commissa, exacta et soluta, statuta deffinitio, determinatio, ordinatio, seu compositio amicabilis eorumdem robur obtineat perpetuœ et irevocabilis firmitatis. Voluerunt etiam partes prœdictæ et specialiter concenserunt quod arbitri arbitratores seu compositores amicabiles supradicti possint de quœstionibus antedictis citra iurium solemnitatem et absque ablatione libelli sine strepitu judiciario simpliciter et deplano cognoscere ac determinare simul particulariter seu divisim tempore feriato, vel non feriato, partibus prœsentibus vel absentibus, inscriptis, vel sine scriptis, per se vel per alium virum, servato ordine, vel etiam prœtermisso, et quod si dubium aliquid a pronunciatione ipsorum infra annum emerserit illud possint interpretare et declarare prout eis concorditer videbitur; faciendum fuit etiam a partibus in compromissum deductum quod si arbitri seu arbitratores prœdicte, de aliquo vel aliquibus in prœsente compromisso minime comprehensis aliquid inter partes ordinarent statuerent vel etiam diffinirent per inde habentur ac si in eosdem esset de hiis specialiter commissum promittentes sub pœna superius annotata quod quidquid per sepedictos arbitros arbitratores seu amicabiles compositores in prœmissis vel aliquo prœmissorum servatum idem prœceptum, mandatum, ordinatum, compositum, ve fuit per se, ac suos ratum, gratum, habebunt perpetuo observabunt, et hœc omnia supradicta et singula prœdictœ partes, temere, servare, et non contravenire promiserunt videlicet dictus dominus Amalricus sub obligatione et ypotheca omnium bonorum suorum et dictus dominus Electus sub ypotheca et obligatione omnium bonorum et iurium Monasterii, Abbati et per suam bonam fidem solemniter interpositam ad invicem promiserunt, coram quibus arbitris prœdictus dominus Almaricus constanter asseruit merum et mixtum imperium atque jurisdictionem nec non creare notarios, dare tutores et curatores ad se tanquam ad superiorem dominum pertinere de iure in locis omnibus supradictis; quæ omnia dicte domini electus et conventus, seu Capitulum de Quadraginta non crediderunt esse vera, et adjecerunt petitionem fieri non debere, dicenter et proponenter prœdictis sex denarios censuales, ratione Molendini prœdicti, iurisdictionem et directum dominium ipsius Molendini et Jurisdictionis et alia universa et singula in assertione domini Amalrici contenta, ad se et dictum Monasterium pertinere de iure, dicto domino Amalrico contrarium in asserente. Actum fuit hoc Narbonæ anno Nativitatis Christi millesimo du centesimo septuagesimo secundo Philippo Rege regnante quarto idus septembris in presentia et testimonio dominorum Jacobi Jordóne Jurisperiti, Petri Arnaudi de Fraxino notarii Narbonæ, Pontii Davini clerici, Petri bonihominis mercatoris. Post hæc, anno prædicto decimo Kalendas octobris auditis itaque et intellectis quæ partes coram eisdem arbitris seu arbitratoribus proponere voluerunt receptis instructionibus hinc inde, facta examinatione ipsius negotii diligenti ac conclusione, super eo a partibus gratuito subsecuta sententia, diffinitione, determinatione, seu compositione amicabili instantes sæpissime postulatis supradicti arbitri seu arbitratores super ipso negotio diligenti tractatu habito ac ipsius negotii debitis pensatis circumstantis, nihil pro juribus omnittentes de contingentibus habito consilio sapientum, Deum solum habentes præ oculis in nomine sanctæ et individuæ Trinitatis per diffinitivam pronunciaverunt sententiam seu amicabilem compositionem sub pœna superius comprehensa quod memoratus dominus Amalricus suique hœre des et posteri habeant tantum in locis prædictis et hominibus habitantibus in eisdem exercitium seu cavalgatam dum tamen non fiant contra dominum Regem franciæ, et prout in terra domini Amalrici hactenus fieri consuevit. Item quod habeat in locis eisdem retortum et appellaciones secondas quos fieri nunquam contigerit in locis eisdem ab ipso domino electo eorumque successoribus, vel indicibus eorundem ita tamen quod prædictus dominus Amalricus in locis prædictis, per se vel per alium cavalgatum seu exercitum non nuntiet seu præcipiat et illud significet Abbati de Quadraginta, vel eius vicario aut baiulis qui ad ipsius mandatum teneantur mandare et commonere exercitum ac homines locorum prædictorum compellere ad sequendum prædictum Dominum Amalricum et suos imposterum sub modo et forma quibus sequntur eum homines terræ, et quod dictus dominus Amalricus ratione retorti seu appellationum secundarum nec alio quavis modo in locis prædictis vel alia terra ad Monasterium de Quadraginta nunc et imposterum pertinente curiam non teneat, non cognoscat, nec affiniat de prædictis sed alibi in terra sua quam habet Narbonentio prout discretioni suæ suorumque Judicum videbitur faciendum adiicientes arbitri seu arbitratores prædicti; quod his contentis dominus Amalricus per se vel per alium in iudicio, sive extra ex hac die in antea nihil aluid petat omnino, vel exigat seu petit vel exigi faciat, ratione dominii, vel alterius cuiuscunque causæ, vel modi hic expressi vel non expressi in locis prœdictis habitantibus, et qui habitabunt imposterum in eisdem, nec sibi aliquid aliud vendicet ullo modo. Item pronunciaverunt defliniendo quod predictus Dominus electus sui que successoribus habeant perpetuo ex integro sine diminutione et impedimento nomine Ecclesiæ beatæ Mariæ de Quadraginta in omnibus locis prœdictis et eorum quolibet ac eorum territoriis, terminalibus, pertinentiis et adiacentiis universis et in castro de Cruzio, et eius pertinentiis Quatenus ad dominum Guillelmum Amalrici inhibi hactenus pertinebat merum et mixtum imperium et jurisdictionem plenissimam criminalem, pariter et civilem, possintque in castris prœdictis villis, et locis creare notaries, dare tutores et etiam curatores, et furcas erigere in castris et locis prœdictis et in eis quaslibet justitias per suos vicarios, vel baiulos exercere et generaliter habeant quidquid fiscus habere potest et debet in locis sibi subditis et submissis et eo excepto quod in dicto castro de Cruzio non possit creare notarios, dictus dominus electus et sui etiam successores. Possint autem in castro prœdicto per suos notarios idem Electus et sui successores facere recipi et conscribi instrumenta et acta de rebus, causis et negotiis ad iurisdictionem et cognitionem pertinentibus eorundem : his dum taxat exceptis quæ domino Amalrico sunt superius adiudicata et etiam reservata.

Ita videlicet quod prœdictus dominus Electus suique successores, seu vicarii, baiulivel judices eorum dem vel quislibet alius pro eisdem vel eorum nomine seu mandato in Castro de Cruzio vel eius pertinentiis et territoriis ferre non possint sententias criminales, nec eas ibidem exequi, nec furcas erigere in ipso castro et eius terminalibus nec pœnam seu vindictam ibi exercere aliquam criminalem sed liceat eis, eos qui in jurisdictione quam ibi habent in territorio delictum commiserint criminale exinde libere extrahere et secum adducere et punire in aliis locis suis, et si homines habitantes sub iurisdictione domini Abbatis vel aliquem estraneum in castro de Cruzio contingeret delinquere in ipso castro vel alibi in iurisdictione domini Amalrici, ipse dominus Amalricus et sui, possint de ipso delicto cognoscere et punire ac gladii potestatem animadvertere in eosdem; hoc idem in jurisdictione et territorio quam et quod dictus dominus Abbas habet in castro eodem et eius terminis in hominibus domini Amalrici et extraneis ipsi domino electo et suis specialiter reservantes addiderunt etiam arbitri seu arbitratores prædicti quod non liceat ipsi domino Electo nec eius successoribus nec potestatem aliquam habeant cognoscendi diffiniendi seu terminandi de iis omnibus vel aliquo corumdem quæ in prædicto castro de Cruzio, vel eius terminiis seu appendiciis teneantur a prædicto domino Amalrico, vel sunt de feudo ipsius. Præterea adiudicaverunt arbitri seu arbitratores prædicti sœpefato domino Electo quo supra nomine eiusque successoribus prælibatos sex denarios Narbonenses habendos et percipiendos perpetuo imposterum censuales in Molendino prædicto, annis videlicet singulis, ac ipsius Molendini iurisdictionem, Dominium que directum, memoratis dominis Amalrico et Electo et consentui iis exceptis quæ unicuique sunt indicata superius, specialiter et retenta super omnibus aliis, perpetuum silentium imponentes alterum ab impetitionem alterius absolventes ac districte sub pœna præcipientes pro dicto quod neutra partium contra præsentam sententiam, distinctionem pronunciationem, ordinationem seu præceptum per se vel per alium occulte vel manifeste unquam veniat nec aliquid in fraudem depressionem, diminutionem, retardationem, derogationem aut impedimentum honoris Jurisdictionis iurisque alterius procuret, vel etiam machinetur quam sententiam pronunciationem seu diffinitionem per prædictos arbitres concorditer promulgatam dominus Amalricus pro se suisque successoribus et posteris præsentibus et futuris dominus Bernardus Dei Gratia Electus Ecclesiæ prædictæ de Quadraginta et eiusdem loci conventus seu capitulum videlicet Raymundus de Oviliano sacrista maior, Sicardus Pelagoscii Prior et Elemosinarius Berengarius de Cellerio infirmarius, Petrus Monachi camererius, Guillelmus de Camonte præcentor, Pontius Columbi sacristæ minor, Bernardus Revelli, Petrus Amblardi, Guillelmus de Villispassantibus Ermengaudus Ademarii, Bernardus Saxii, Petrus Siguerii operarius, qui præsentes personaliter affuerunt pro se suisque successoribus approbaverunt accepta.... (sic) etiam volunt perpetuo manere subnixam perpetua et irrevocabili firmitate adicientes specialiter et expresse quod eam et quæ continentur in ea omni tempore observabunt sub obligatione dictus dominus Amalricus bonorum suorum omnium et jurium (sic) et diminus Electus et conventus seu Capitulum, omnium bonorum et jurium Monasterii prælibati et omni renunciatione pariter et cautela et insuper pro omnibus supradictis tenendes complendis et perpetuo observandis prædicti dominus Amalricus et dominus Electus et conventus seu Capitulum iuramentum interposuerunt ad Dei Evangelia sacro sancta. Actæ fuerunt hœc ordinatæ et etiam recitatæ in Monasteriæ de Quadraginta prædicto, in præsentia et testimonis dominorum Guillelmi de Capraria militis, et Bernardi Amblardi militis et Bernardi Brem ou Drein de Sancto Pontio siguerii, Gasaudi Pontii carrerie sacerdotis, Aimerici de Camonte, Guillelmi Jordani Guillelmi Dominici vicarii de Quadraginta, de Oviliano, Stephani Baudeti, Bernardi Catalani Berengarii Eschacla, Bernardi de Boixesono, Amelii Amblardi clerici, Berengarii de Alba-ridus et mei Guillelmi Bedocii scriptoris Narbonæ publici qui prædictis omnibus interfui hæc scripsi et in formam publicam redegi et rasi et emendavi superius suæ suorumque judicum videbitur faciendum.

Et ad faciendam fidem quod Guillelmus Bedocii qui sua manu propria scripsit hæc præsens publicum instrumentum esset tempore quo vivebat publicus Narbonæ notarius et quod publice scribebat in Narbona, publica que conficiebat instrumento, et instrumentis per eum confectis in judicio et extra tanquam a publico Notario facta plena fides adhibetur. Nos curia Narbonæ Nobilis viri senescalli Aimerici Dei gratiæ vicecomitis Narbonæ et domini sigillum nostrum autenticum huic presenti publico instrumento jussimus apponendum ad maiorem horum omnium firmitatem.

Entre noble seigneur Amalric, vicomte de Narbonne, et Bernard, par la grâce de Dieu élu abbé de Quarante, et les religieux de ce même couvent, il est nommé des arbitres dont les noms suivent, pour aplanir les difficultés, au sujet de la nomination des Notaires, des Tuteurs et au sujet du pouvoir d'ériger les fourches patibulaires, dans les lieux de Quarante, d'Argeliers et dans les châteaux de Comerac, de Sériège, de Las Uguiers et de Cruzy. Les arbitres auront à se prononcer aussi sur la juridiction du moulin situé sur la Cesse, entre Mirepeisset et Cabezac.

Le seigneur Amalric et l'abbé s'engagent, sous peine d'une amende de deux cents livres tournois, à regarder comme définitive la sentence des arbitres, et à n'y contrevenir jamais; de plus les deux parties hypothèquent leurs biens.

Le dix des calendes d'octobre, ouï et compris tout ce que voulurent exposer les parties en présence des arbitres.... Les arbitres ayant pris conseil des sages, ayant Dieu seul devant les yeux, au nom de la sainte et indivisible Trinité ont prononcé la sentence définitive :

1º Le seigneur Amalric et ses descendants auront seulement sur les lieux susdits et sur les hommes qui s'y trouvent le droit de service militaire ou de chevauchée; pourvu cependant que la levée de ces hommes ne se fasse pas contre le Roi de France, mais bien selon l'habitude suivie jusqu'ici dans les terres dud. seigneur;

2º Dans les mêmes lieux, le seigneur Amalric aura le droit de retour ou de second appeaux, à condition de ne pas ordonner lui-même la chevauchée, mais de la signifier à l'abbé de Quarante ou à son viguier ou à ses baillis, qui seront tenus de faire venir les hommes et de les obliger à suivre le seigneur Amalric, selon l'usage suivi dans ses terres;

3º Le seigneur Amalric ne devra point tenir cour dans le territoire du monastère de Quarante;

4º Le seigneur abbé de Quarante et ses successeurs, aura à perpétuité et sans diminution de pouvoir dans les lieux susnommés et dans le château de Cruzy la juridiction la plus complète, tant au criminel qu'au civil, le pouvoir de créer des notaires, nommer des curateurs, élever des fourches patibulaires, et y exercer toute la justice par ses viguiers et baillis. Cependant dans le château de Cruzy l'abbé ne pourra pas créer des notaires, il pourra par ses propres notaires recevoir et rédiger les actes; également il ne pourra pas exercer sa justice dans led. lieu, il ne pourra l'exercer que contre ceux qui ayant commis un délit criminel sur son territoire, et qui iraient se réfugier à

Cruzy, il pourra les en extraire librement ; les emmener et les punir sur son territoire ;

5° Led. seigneur Amalric pourra lui entrer à Cruzy pour punir les criminels et y exercer la puissance du glaive ; il reconnaît au seigneur abbé la juridiction sur les hommes qui habitent de Cruzy et qui appartiennent à la puissance du seigneur vicomte de Narbonne: L'abbé ne pourra terminer lui-même les procès sur les habitants de Cruzy, qui sont du fief du seigneur Amalric ;

6° Les arbitres ont jugé que les rentes du moulin de Cabezac appartenaient au seigneur abbé.

Cette sentence a été reconnue valable à jamais par les deux parties, les religieux, Raymond d'Ouveilhan, sacristain majeur ; Sicard Pelagescii, prieur et aumônier ; Bérenger de Cellier, infirmier; Pierre Monachi, camérier; Guilhaume de Caumont, préchantre; Pierre Colombi, sacristain mineur; Guilhaume de Villespassans, Ermengaud d'Adhémar, etc. ont signé. Le Seigneur Amalric et le Seigneur Abbé ont prêté serment sur les Saints Evangiles. Témoins : Guilhaume de Cabrières, chevalier ; Pierre de Villespassans. damoiseau, etc. Bedos, témoin, a rédigé l'acte au monastère de Quarante. Scel du seigneur Amalric.

1273. — L'abbé propose le dessèchement de l'étang. En 1277 il s'excuse de ne pouvoir assister au concile de Béziers.

ACTE DE FRATERNITÉ
AVEC LE PRIEURÉ DE CASSAN

1280. — Il forme une association de prières avec les chanoines de Pamiers et de Cassan.

Voici le résumé des articles donnés par Mgr Douais :

1° Les moines de Quarante, chanoines réguliers, seront admis ou reçus au chœur, au réfectoire, au chapitre et au dortoir de Cassan, c'est-à-dire y trouveront le couvert et le gîte ; au chœur et au chapitre ils prendront place parmi les moines du prieuré, chanoines réguliers comme eux.

2° Chaque année, le 10 février, *quarto idus februarii*, les moines de Cassan célèbreront la commémoraison des moines de Quarante défunts, de la manière suivante : les cloches sonneront, la messe avec vigile sera célébrée, *missa cum viligia celebretur* : il sera donné à manger à trois pauvres.

3° Les obits des moines de Quarante seront inscrits désormais parmi les obits des moines de Cassan.

4° A la mort d'un moine de Quarante, les moines de Cassan sonneront les cloches, célèbreront la messe avec vigile et donneront à manger à un pauvre. Quand ce sera l'abbé qui mourra, le monastère de Cassan fera, pour le repos de son âme, deux fois plus que pour un simple chanoine, c'est-à-dire qu'on célèbrera la messe deux fois et qu'on donnera à manger à deux pauvres.

5° Quand l'abbé de Quarante viendra à Cassan, il jouira du droit de punition et de grâce. Ce droit est exprimé par la faculté qui lui est reconnue de pouvoir chasser un écolier des classes et de prononcer une relaxe, *protestatem ejiciendi scolarem de scolis et positum aliquem in justitia relaxandi.*

L'abbé de Quarante accordera la réciprocité absolue en chacun de ces cinq points au prieur et aux moines de Cassan.

C'est sur ces bases que la charte de la *fraternitas et societas* fut rédigée. Il en fut fait une double expédition : la première fut scellée du sceau de l'abbé d'abord, du monastère de Quarante ensuite; la seconde, du sceau du prieur d'abord, du monastère de Cassan ensuite. Cela n'est pas dit, mais cela résulte de la teneur de la pièce en ce point; *In cujus rei testimonium, nos predictus abbas de Quadraginta et couventus ejusdem sigilla nostra duximus prœsentibus litteris appendenda.* On comprendrait que l'abbé et le prieur eussent chacun apposé son sceau en preuve d'un engagement réciproque. Mais puisque l'abbé de Quarante, agissant en son nom et au nom de son couvent, l'a fait seul avec celui-ci, c'est que le prieur et le couvent de Cassan lui ont donné la même garantie dans une seconde expédition de la charte. On est en droit de le conclure de la réciprocité des droits et des devoirs, et de leur caractère de pérennité; car il fallait en laisser la preuve authentique. C'est une raison de plus de se féliciter de cette communication ; sans compter que le droit attribué à l'abbé de Quarante et au prieur de Cassan de prononcer l'exclusion contre un écolier mutin nous met en présence de l'opinion comme attribuant un réel avantage à appartenir aux écoles où l'on puisait la culture intellectuelle. Sans insister, il est bon de noter en passant cette estime particulière de l'enseignement.

BULLE DE MARTIN IV

10 Kalendas Decembris. Pontificatus anno 2°.

MARTINUS Episcopus servus servorum Dei dilecto filio Officiali Ludovensi salutem et Apostolicam Benedictionem, Conquesti sunt nobis dicti filii, Abbas et Conventus Monasterii de Quadraginta quod Bernardus Rigaudi Prœsbiter, Arnaudus dictus Bascia Clericus Raymundus dictus Carabascio, Johannes de Villari, Petrus Gramasii, Arnaldus de Leucho et Bertrandus Aymerici laici; Narbonensis et Carcassonensis Diocesis supes terris, debitis possessionibus, et rebus aliis iniurantur eisdem. Ideo que discretioni tuæ per Apostolica scripta mandamus. quatenus partibus convocatis, audias causam et appellatione remota debito fine decidas faciens quod decreveritis per censuram Ecclesiasticam firmiter observari. Testes autem qui fuerint nominati si se, gratia, odio, vel timore subtraxerint censuræ simili appellatione cessante compellas veritate testimonium perhibere. Datum apud Montemflascone decimo Kalendas, Decembris Pontificatus nostri anno secundo.

1282. — Martin, évêque, serviteur des serviteurs de Dieu à son cher fils l'official de Lodève, salut et bénédiction apostolique.

Nos chers fils l'Abbé et le couvent du monastère de Quarante se sont plaints à nous que Bernard Rigaudi prêtre, Arnault dit Bascia clerc, Raymond dit Carabascia, Jean de Viller, Pierre Gramasii, Arnault de Leucho et Bertrand Aymeric laiques des diocèses de Narbonne et de Carcassonne, ont fait tort aux susdits, en leurs terres et possessions, leurs véritables propriétés et autres droits; c'est pourquoi, par écrits apostoliques, nous mandons à votre discrétion, qu'aussitôt les parties convoquées, vous entendiez la cause, et que sans appel, vous donniez ensuite la décision due, faisant observer rigoureusement par censure ecclésiastique ce que vous aurez décrété, mais si les témoins qui auront été nommés, par affection, haine ou crainte voulaient se soustraire à la censure, une semblable appellation étant inutile, obligez-les à rendre témoignage à la vérité. Donné à Monteflascone. »

Cette démarche ne dût point être écoutée, puisque le Pape fut obligé un mois plus tard, d'adresser une pareille demande à l'évêque d'Agde.

BERNARD V SALVADOR

XXII. — 1283. — Bernard V institua en 1283 un office complet, le premier lundi après la fête de Saint Michel, pour tous les abbés décédés.

AUTRE BULLE DE MARTIN IV

4e Idus Janvarii. Pontificatus anno 2e.

Martinus Episcopus servus servorum Dei venerabili fratri Episcopo Agathensi salutem et Apostolicam benedictionem; ad audientiam nostram pervenit quod tam dilecti filii abbas et conventus Monasterii Beatæ Mariæ de Quadraginta Narbonensis diocesis, quam prædecessores eorum decimas, terras, domos, vineas, prata, pascua, nemora, Molendina, piscarias, iura, jurisdictiones maneria possessiones, et quadam alia bono ipsius Monasterii datis super hoc literis, factis renunciationibus, iuramentis, interpositis, et pœnis adiectis in gravem prœdicti Monasterii lœsionem nonnullis clericis et laicis aliquibus eorum ad vitam quibusdam vero ad non modicum tempus aliis perpetuo ad firmam vel sub censu annuo concesserunt, quorum aliqui dicuntur super iis, literas confirmationis in forma communi a sede apostolica, impetrasse quia vero nostra interest super hoc de opportuno remedio providere fraternitati tuœ per apostolica scripta mandamus quatenus ea quœ de bonis ipsius Monasterii per concessiones huius modi alienata inveneris illicite vel distracta nonobstantibus literis, renunciationibus, iuramentis, pœnis, et confirmationibus supra dictis ad ius et proprietatem eiusdem Monasterii renunciare procures, contradictores per censuram Ecclesiasticam appellatione post posita compescendo. Testes autem qui fuerunt nominati si se gratia, odio vel timore subtraxerint censura simili appellatione cessante compellas veritati testimonium perhibere. Datum apud urbem veterem quinto idus Janvarii pontificatus nostri. Anno secundo. (De Doat).

Martin évêque serviteur des serviteurs de Dieu à son vénérable frère l'évêque d'Agde salut et bénédiction apostolique.

Il est venu à notre connaissance que l'Abbé et les Religieux de Quarante avaient été dépouillés des biens qui leur avaient été donnés et confirmés par le Saint-Siège. Ayant découvert les détenteurs de ces mêmes biens, contraignez-les par censure ecclésiastique à les rendre, sans admettre un appel. Si les témoins par amitié, haine ou crainte, se refusent à rendre témoignage à la vérité, obligez-les par une pareille censure. Donné à Orvieto.

Bernard V, d'après le nécrologe de la Gallia, mourut la 3ᵉ année, le 7 des ides de Février.

MONASTÈRE ASSIÉGE PAR LA FOULE AU SUJET DE L'ELECTION DE L'ABBE

Du samedi avant la Saint-Barthélémy 1288.

ANNO Domini..... Die sabat ante festum beati Bartholomei, Apostoli, ad audientiam Nobilis viri domini Simonis Brisetesta militis domini Regis senescali Carcassonnæ et Bitterris pervenit quod nuper vacante Monasterio de Quadraginta per mortem domini B...... quondam abbatis dicti Monasterii Canonicis eiusdem Monasterii in dicto Monasterio congregatis volentibus de electione futuri abbatis tractare et abbatem in dicto Monasterio eligere, compromisso que facto per eosdem super abbate eligendo in Magistrum Pontium Fabre doctorem decretorum officialem Carcassonnæ et Magistrum Raymundum de Colombariis canonicum Bitterris. Homines seu populus de Quadraginta tam mares, quam fœminæ et principalius consules dictæ villæ, ac etiam quidam Nobiles videlicet Dominus Guillelmus de Termo miles, Dominus Pilus fortis eius socius Aymericus de Claromonte, Aymericus de Bociassis, Atho de Corneliano, Raymundus de Lauro. Murus Ferrandi de Laurano et Berengarius de Aquaviva domicelli quibusdam multis aliis coad hunatis (sic) et quasi tota stabilita seu garnisione soldaderiorum domini Regis qui tunc in maritima et apud Bitterim morabantur cum diversis armorum generibus lanceis, spacis, ballistis bacientis, spaculiis et perpimeneta, et gomonibus irruerunt in dictum officilem Carcassonnæ infra Ecclesiam dicti loci juxta altare existentem, volentem de electione tractare cum dicto suo coarbitro procurantibus et hoc ordinantibus dicto Magistro Raymundo de Columbariis et Magistro Stephano Aurioli jurisperito, et Ermengado, et Bernardo Saxii canonicis dicti loci, et fractis ostiis claustri per violentiam cum dictis armis Ecclesiam prædictam intraverunt clamantes, oc vociferantes « Officiales detis nobis in abbatem operarium et nullum alium ; quia si alium eligeritis, vos et Electus moriemini » et hoc multoties dixerint Ecclesiam etiam Aulam et

Cameram Abbatis ac turrim cum dicta violentia armata occupaverunt, et pluribus hominibus armatis stabiliverint perquirentis Sacristam, Camerarium, Infirmarium, et alios Canonicos de eorum parte cum armis per Ecclesiam, et domos dicti Monasterii, volentes eos interficere vel graviter offendere nisi consentirent. quod dictus operarius eligeretur. Qui Sacrista, Camerarius et alii de parte sua ob dictum timorem fugientes in domo Sacristiæ se incluserunt parantes si possent se adeundum recessum extra Monasterium et villam prædictam. Quod cum ad prædictorum armatorum nostitiam pervenisset, quod predicti vellent recedere, omnes partes villæ et viccos, per quos quis intrare posset vel exire claudi, fecerunt, cum trabibus et lignis et stabiliri et custodiri per homines armatos quod nullus inde exire vel intrare posset nisi de eorum voluntate quousque dictus Ermengaudus eligeretur.

1288. — L'an du Seigneur .... avant la Saint Barthélemy, apôtre, il est arrivé à la connaissance de noble homme et seigneur Brisetesta chevalier, sénéchal du seigneur Roi, à Carcassonne et à Béziers que tout récemment le monastère de Quarante étant vacant par la mort du seigneur B...., précédemment abbé dud. monastère, les chanoines de ce monastère s'y étant réunis dans l'intention de traiter de l'élection du futur abbé et d'élire un abbé aud. monastère, ayant par un compromis entre eux, confié l'élection de l'abbé à maître Pons Fabre, docteur en droit, official de Carcassonne et à maître Raymond de Colombiers, chanoine de Béziers.

Les hommes ou le peuple de Quarante et surtout les consuls du dit village, et même quelques nobles seigneurs, Guilhaume de Terme, chevalier ; seigneur Pilefort, son compagnon ; Aymeri de Clermont, Aymeri de Bociasses, Atho de Corneilhan, Raymond de Laur, Murus Ferraudi de Laurens, et Bérenger d'Aigues-Vives, damoiseaux, auxquels s'adjoignirent beaucoup d'autres, et presque tout le poste ou garnison de soldoyeurs du seigneur Roi, qui demeuraient alors sur la marine et à Béziers, avec diverses sortes d'armes, lances, épées, balistes, bacinets, épieux ;

barres de fer et haches se jetèrent sur led. official de Carcassonne, se tenant près de l'autel dans l'église dud. lieu, voulant traiter de l'élection avec son dit co-arbitre, par les soins et l'arrangement dud. maître Raymon de Colombiers, et maître Etienne Aurioli jurisconsulte, Ermengaud et Bernard Saxil, chanoines dud. lieu, et ayant brisé les portes du cloître de force, ils entrèrent dans la dite église avec les armes criant et vociférant: « Official, donnez-nous pour abbé le maître de l'œuvre et nul autre, parce que si vous en élisez un autre, vous et l'élu vous mourrez », et l'ayant répété nombre de fois, ils occupèrent de force l'église ainsi que la cour et la chambre de l'abbé et la tour, et y établirent plusieurs hommes armés cherchant dans l'église et les appartements dud. monastère, le sacristain, le camérier, l'infirmier et autres chanoines, voulant les tuer ou les blesser gravement, s'ils ne consentaient à ce que le dit Maître de l'œuvre fut élu; lesquels sacristain, camérier et autres, se réfugiant par frayeur dans la demeure du sacristain, s'y enfermèrent, cherchant, s'il était possible, à trouver un asile hors du monastère et du dit village. Mais comme les insurgés eurent connaissance de leur dessein, ils firent clore toutes les parties du village et des faubourgs, par où on aurait pu entrer ou sortir, avec des poutres et du bois, et firent occuper toutes les issues par des hommes armés, en sorte que nul ne put entrer ni sortir jusqu'à la nomination dud. Ermengaud.

Cette révolte nous rappelle celle qui eut lieu à la mort de Grégoire XI. Quelques exaltés romains ayant appris que les cardinaux voulaient élever un Français au Souverain Pontificat, réunis en armes sur la place Saint-Pierre ou se tenait le conclave, les émeutiers commencèrent à crier: « Nous voulons un Pape Romain ou Italien ». Aux vociférations, succèdent les menaces aux cardinaux en leur disant qu'ils allaient mettre le feu au Vatican. Dominés par la crainte, ceux-ci capitulèrent devant l'émeute et nommèrent un Italien.

De tout temps les passions ont procédé de la même manière.

ERMENGAUD

XXIII. — Le 23 août Ermengaud, ouvrier, prit la direction de l'abbaye. Operarius désigne le chanoine chargé de surveiller le matériel. A son décès le manuscrit de Narbonne, folio 457, contient une lettre du Roi Philippe portant récréance à l'archevêque de Narbonne de la garde de l'abbaye de Quarante lors vacante mise sous sa main royale, au préjudice dud. archevêque duquel lad. abbaye dépendait.

PIERRE IV

XXIV. — Pierre IV, en septembre 1293, publia les ordres du roi pour obliger la milice à marcher contre Edouard, roi d'Angleterre, coupable de plusieurs actes d'hostilité sur le territoire français. Procuration des archives du monastère de Quarante pour assister au concile de Béziers en 1294.

BULLE DE BONIFACE VIII

Du 12 septembre 1300 tempore Bonifacii
Papæ Octavi anno 6°.

UNIVERSIS Christi fidelibus præsentes litteras inspecturis nos Ademulfus Consanus, Banuncius Colaritanus, frater Basilius Jerosolimitunus Leonardus Agnaninus, Laudo Polanus, Albricus Placentimus, frater Antonius Cenadien frater Jacobus Calcedonem, frater Azonus Casertanus, Gui Bine Dultinem, Nicolaus Tortibulensis eadem gratia Coepiscopi, salutem et sinceram in domino caritatem. Splendor Paternæ gloriæ qui sua mundum illuminat ineffabili claritate pia vota fidelium de Clementissima ipsius Maiestate sperantium tunc præcipue benigno favore prosequitur cum devota ipsorum humilitas sanctorum meritis, et præcibus adiuvatur. Cupiens igitur ut capella Beati Petri sita in Burgo de Quadraginta Narbonensis diocesis congruis honoribus frequentetur, et a cunctis Christi fidelibus ingiter veneretur, omnibus vere pœnitentibus et confessis qui ad dictam Ecclesiam in singulis subcriptis festivitatibus, et diebus videlicet ipsius Beati Petri Apostoli in cuius honore ipsa Ecclesia est fondata, nec non Nativitate, Resurrectione, Ascensione, et Pentecoste, in omnibus et singulis festivitatibus gloriosæ Virginis Mariæ videlicet et Annunciatione, Purificatione, Assumptione et Nativitate, ac in Comemoratione omnium sanctorum causa devotionis accesserint ad Ecclesiam supradictam quæ propter nimiam seu vetustatem ruinam patitur et iacturam, quia propter multam indiget reparatione ac renovatione. nec habet aliquos redditus seu proventus, qua reparari non potest, nisi a Christi fidelius subveniatur eidem, ideo omnibus qui ad fabricam, luminaria, ornamenta, paramenta, seu alia necessariæ ipsius Ecclesiæ manus porrexerint adiutrices, aut qui in bona sui corporis sanitate, seu etiam, in extremis laborantes, quidquam suarum legaverint facultatum Ecclesiæ præfatæ nos de omnipotentis Dei misericordia et Gloriosæ Virginis Mariæ sanctorumque Petri et Pauli Apostolorum eius meritis auctoritate confisi, singuli nostrum Quadraginta dierum indulgentias injunctis eis penitentiis misericorditer in domino, Relaxamus dummodo Diocesani voluntas ad id accesserint et concensus. In cuius rei testimonium præsentes litteras nostrorum sigillorum fecimus apprensione muniri. Datum Anagniæ Bonifaci Papæ Octavi anno sexto.

A tous les Fidèles du Christ qui verront les présentes lettres Adenulfe, etc., par la grâce de Dieu, coévêques, salut et charité sincère dans le Seigneur.

Désirant que la chapelle du bourg de Quarante soit plus fréquentée.... à tous les fidèles du Christ véritablement pénitents et confessés qui entreront dans cette église par dévotion, aux fêtes: de Saint Pierre, patron, à la Nativité, la Résurrection, l'Ascension, la Pentecôte, aux fêtes de la glorieuse Vierge : la Purification, l'Assomption, la Nativité, et à la commémoraison de tous les saints, etc.

Confiants en la miséricorde de Dieu Tout-Puissant et les mérites de la Vierge Marie, etc., nous accordons quarante jours d'indulgences. Donné à Anagni.

BONIFACE, pape.

Un quartier du village est désigné sous le nom de chapelle, on y voit une partie des murs de cette chapelle et à côté une cour avec des tombes : cette cour est la propriété de M. Eugène Espitalier.

1302. — L'abbé fut mandé à Nimes pour le concile provincial.

BERNARD VI

XXV. — Bernard était abbé en 1303.

PIERRE V

XXVI. — Pierre fit en 1303 un accord avec les consuls du lieu. En 1305, au 11 décembre, Jean d'Auxy, chantre de l'église d'Orléans, et Nicolas Luzarches, prévôt d'Anvers, réunis à Carcassonne, confirmèrent au nom du Roi l'acquisition faite par B. Salvador, abbé de Quarante, de la haute et basse justice sur plusieurs localités situées aux environs de son abbaye.

La mort de Pierre V est indiquée dans le nécrologe au 18 mai 1313.

JACQUES Ier GONDOLIN

XXVII. — Le 28 juillet 1313 hommage est fait au dit sieur archevêque par l'abbé de Quarante au jour de son élection. Manuscrit de Narbonne.

La fraternité s'étendit à 31 communautés, dont on lisait la liste quotidiennement après Primes. Chronicus episcoporum cite. Nemausensis, Magalinensis, Sancti Germani, Montispessulani, Sancti Stephani, Tolosœ, Quadraginensis, etc., etc.

Le 14 des calendes de mai 1398, l'abbé Jacques vendit à l'abbaye de Fontfroide, des propriétés importantes que l'abbaye de Quarante possédait à Moussan. (Cauvet).

1321. — L'abbé de Quarante est sous la juridiction de l'archevêque de Narbonne par un acte et confirmation des privilèges royaux du 12 février 1157 et 1165, par l'inventaire et par hommage que led. abbé de Quarante a fait aud. archevêque en 1321 et d'après un acte de l'an 1290 portant que la garde de l'abbaye appartient à l'archevêque de Narbonne. (Manuscrit de Narbonne).

1324. — L'abbé assista à une réunion de prélats à Carcassonne. *Jacobus migravit a sœculo cal. Aprilis anno 1324.*

ARNAUD SALVADOR

XXVIII. — 1324. — Arnaud fut élu le 21 mars 1324 et confirmé par les vicaires généraux du métropolitain. En 1327 il est cité une procuration du monastère de Quarante pour le concile de Béziers.

1326. — Sentence fut rendue dans le monastère de Quarante entre Mgr de Narbonne et les habitants de Fontjoncouse.

1328. — Arnaud décéda le 16 juillet 1328.

PONS D'AURENC

XXIX. — 1328. — Pons d'Aurenc, chambrier du monastère, fut proclamé abbé et confirmé par l'archevêque Bernard en 1328. Son office de camerarius consistait à administrer le temporel de la communauté; ses attributions étaient analogues à celles des fabriciens actuels.

Voici comment s'exprime le manuscrit de Narbonne :

« Item un acte de l'an 1328 duquel résulte comme le sieur Bringuier Salvador, chanoine et sacriste du monastère de Quarante, étant dans le château d'Alaigne notifia et fit scavoir au sieur Bernard, archevêque de Narbonne, le décès du fr. Arnaud dud. monastère et comme a suite du décès, le chapitre du monastère aurait eslu pour abbé d'icelieu le sieur Pons d'Aurenque, camerier aud. monastère. supliant led. archevêque de vouloir approuver lad. élection sur quoi led. archevêque aurait député certaine personne pour procéder et vérifier si lad. élection aurait été canoniquement faite, lesquelles personnes députées par lui archevêque après avoir vérifié et trouvé lad. élection avoir été faite justement, auraient par vertu des lettres de leur commission, icelle élection approuvée et confirmée. » (Cotte n° 6).

1332. — Le même manuscrit, cotté n° 7, porte une prétention réciproque de l'archevêque de Narbonne et de l'abbé de Quarante à la garde de l'église d'Argelliers, ainsi exprimée :

« Item un acte de 1332 contenant compromis fait par le sieur Bernard, archevêque de Narbonne ou son procureur et le sieur Pons, abbé du monastère de Quarante, au sieur Arnaud de Verdalle, pour tenir et recevoir en sa main la garde de l'église d'Argelliers, laquelle chaque partie prétendait lui appartenir par une ancienne coutume, jusqu'à ce qu'il fut déclaré à quelle des dites parties, appartenait la dite garde, dans lequel acte ne se trouvait point cette dispute avoir été décidée si non seulement convenu que par telle garde ne serait point fait préjudice au droit des parties.

1333. — En 1333 l'abbé porta un ordre d'après lequel le nombre des chanoines était fixé à dix-sept. L'archevêque ratifia cet ordre en 1334. Pons mourut le 12 Janvier 1337.

NOMBRE DES RELIGIEUX DE QUARANTE

Le chapitre de Quarante fut fixé par un ordre de Pons abbé, en 1333, à dix-sept chanoines.

Les principaux dignitaires étaient l'abbé; le sacristain, le camérier, l'infirmier, l'œuvrier, le prieur claustral, le précenteur.

L'abbé avait reçu la consécration épiscopale qui lui donnait le droit de porter la crosse et la mitre. Il était nommé à la pluralité des voix par les religieux.

Au point de vue civil, l'abbé de Quarante était seigneur, par conséquent il avait la haute, moyenne et basse justice sur toute l'étendue de sa seigneurie.

Le prieur claustral était le lieutenant de l'abbé.

Le sacristain était chargé de pourvoir à tout ce qu'exigeait le culte.

Au moyen âge, non seulement les hôtels étaient rares, mais encore les gîtes, pour passer la nuit, étaient plus rares : les voyageurs étaient heureux de rencontrer l'hospitalité monastique.

Le camérier devait fournir la nourriture et le vêtement aux religieux et aux voyageurs.

L'infirmier était chargé de donner aux malades les soins nécessaires, de leur fournir le médecin et les remèdes. De plus à Quarante il y avait un hôpital obligé d'entretenir cinq lits : Les malades étaient soignés aux frais de l'infirmier.

L'œuvrier ou ouvrier était chargé de l'entretien des constructions.

Le précenteur était le maître du chant.

Chaque fonction recevait une somme pour suffire aux dépenses particulières.

Avant Pons, le nombre des religieux était fixé à quinze y compris l'abbé : il paraît que ce nombre remontait jusqu'aux premiers temps de la fondation, car il est dit dans l'acte du xiv° siècle « attendu, que comme on l'assure depuis longtemps et depuis une haute antiquité, il avait été arrêté et ordonné, et aussi pendant très longtemps observé inviolablement de n'admettre que onze chanoines, l'abbé compris, les biens et revenus du monastère ne comportant que ce nombre à raison des charges du monastère. »

Si l'on doit ajouter foi au dire des chanoines du XIII° siècle, la fondation du chapitre daterait de Charlemagne. Voici en effet ce qu'on lit dans les archives capitulaires, chapitre de Vestimentis : « Voulant revenir aux anciennes libertés et coutumes garanties par diverses écritures, l'on trouve que de mémoire d'homme, il n'a point été défendu de se servir de vêtements de couleurs honnêtes, depuis la fondation du monastère, d'autant plus que nos saints pères d'accord avec Charlemagne, fondateur de notre monastère, donnèrent aux chanoines de la première institution, le titre de clercs du monastère du bourg de Quarante, quoiqu'ils fussent sous la règle de Saint Augustin. »

Les Génovéfains ne sont venus par conséquent qu'après les clercs désignés formellement dans cette note.

SIÈGE ABBATIAL VACCANT

1337. — Le manuscrit de Narbonne, p. 598, s'exprime ainsi : « Item un acte de l'an 1337 duquel résulte qu'estant vacante d'abbé, l'abbaye de Quarante et l'élection du nouveau abbé, à faire la garde des biens de lad. abbaye fut commise aud. sieur archevêque de Narbonne ou à son official comme lui appartenant de plein droit et par coutume immémorable, jusqu'à ce que le nouveau abbé feust en possession de lad. abbaye.

ROGER

XXX. — Par une transaction du 5 avril 1340 les consuls de Narbonne renoncent au bénéfice du privilège accordé aux habitants de la ville par Célestin, évêque de Sancte-Ruffine, légat du pape en 1222, pour les dédommager des *augustias et tribulationes quas passi sunt pro defencione negotii Jesu Christi.* Ce privilège dispensait les habitants de Narbonne du paiement de la dîme et des prémices des bêtes ovines, et déclarait excommuniés tous ceux qui leur avaient fait quelque dommage, principalement les habitants de Capestang (*qui ad hoc fuerunt pessimi*), ceux de Béziers, Puisserguier, Villeneuve, Cazouls, Montels, Villespassans, Cruzy, Vias, Murviel, Corneilhan, Thézan, Colombiers, Celian, Sérignan, Lespignan, Cessenon, Florensac, Azille, Laredorte, Olonzac, Peyriac, Pépieux, Cesseras qui avaient embrassé l'hérésie albigeoise et avaient saccagé, brûlé et détruit les jardins, vignes, récoltes et moulins des habitants de Narbonne qui étaient demeurés fidèles à leurs croyances catholiques.

Quarante se trouva donc entouré d'un cercle de feu. Les hardies tentatives ne purent cependant rien contre ses habitants. Cette paroisse, par son inébranlable fidélité à l'église au milieu du déchaînement de l'hérésie albigeoise donna un grand exemple de foi et de sagesse, elle ne perdit jamais les sympathies des Papes, au contraire comme nous l'avons vu plus haut, elle fut honorée d'une bulle, l'autorisant à célébrer ses fêtes, malgré l'interdit général qui atteint les paroisses voisines. A un moment où tous les pays voisins étaient en feu, où la guerre absorbait toutes les ressources et tenait en suspens les esprits, à qui attribuer le calme et la paix de Quarante, n'est-ce pas à la présence des religieux ? Si on a pu éviter les suites redoutables de cette hérésie, et les bandes belliqueuses qui venaient à un kilomètre livrer tout à feu et à sang ; n'est-ce point à l'appui vigilant des religieux ? Simon de Montfort passa trop près de ses murailles pour que ses habitants n'entendissent point retentir par intervalles quelque bruit d'armes. Malgré cela les habitants de Quarante jouirent de tous les bienfaits de la paix.

1345. — « Item de l'an 1345 par lequel les prêtres bénéficiers de l'église Notre-Dame de Quarante représentaient au sieur Roger, abbé dud. monastère de Quarante le refus qu'on leur faisait de leur donner la pitance qu'on aurait accoutumé bailler pour leur entretien quotidien requérant led, abbé y pourvoir contenant led. acte plusieurs autres choses touchant la pitance de quoi pour ne concerner led. archevêque, n'a été besoin d'en faire icy mention. » Cotté n° 8.

1346. — « Item un acte de l'au concernant l'institution de procureur fait par le chapitre du monastère de Quarante à l'effet de la poursuite de l'ancien procès en toutes cours où besoin serait. » Cotté n° 9.

GENRE DE VIE DES GÉNOVÉFAINS

OUTRE les notions générales données précédemment sur l'ordre de Sainte-Geneviève, la bibliothèque de Narbonne nous fournit un document précieux sur les religieux de Quarante, c'est une copie authentique des anciens statuts capitulaires faits en 1704 par un nommé Raussin. Les premiers mémoires transcrits par notre copiste remontent à l'année 1239.

D'après ce recueil, les chanoines de Quarante chantent le grand office au chœur chaque jour et célèbrent une messe solennelle. Les chanoines font la procession les jours de grande fête ; les chantres sont revêtus de chapes de soie et tiennent à la main les bâtons ou bourdons à l'office.

Chaque semaine les chanoines disent le grand office votif de la Sainte Vierge ou célèbrent une messe votive de Beata, quand ils sont empêchés de réciter cet office.

Tous les lundis les Chanoines célèbrent une messe pour les morts avec absoute précédée de vêpres et de matines la veille.

Un vicaire-curé est chargé de la messe du matin qui est appelée messe paroissiale, il est chargé de l'administration des sacrements et du soin des âmes.

Chaque jour depuis la Toussaint jusqu'à la Pentecôte, il est fait une distribution aux pauvres tant du village que du dehors; chaque mois il est fait une distribution particulière aux pauvres honteux du village. Le Jeudi Saint, treize pauvres sont admis au lavement des pieds et reçoivent, en aumône, un denier tournois.

Un hôpital est entretenu aux frais du chapitre, cet hôpital doit avoir cinq lits; les malades y sont soignés.

Les fêtes principales du chapitre sont: Saint Augustin, l'Assomption de la Sainte Vierge, la Sainte Trinité, Saint Julien, Saint Jean-Baptiste.

Les chanoines font les vœux simples de chasteté, pauvreté et obéissance.

Les chanoines ont pour leur nourriture un demi quart de mouton au dîner, trois fois la semaine, et la moitié de la portion au souper; les jours de fête la portion est augmentée; les autres jours de la semaine on donne à chaque chanoine, quatre œufs de poule et une demi livre de fromage; les jours de Rogations on donne des fèves et du lait de chèvre; on donne en Avent du poisson frais ou salé; les jours de jeûne on donne des choux, des légumes et des fruits. La salade en tout temps ainsi que du vin.

Le vêtement du chœur est le surplis; le vêtement ordinaire est la robe à manche de couleur noire, le manteau fermé, long, descendant jusqu'à la plante des pieds; la soutane avec capuce, la cuculle large de deux coudées: les habits courts sont défendus, hors le cas de voyage.

10 août 1346. — L'abbé, led. curé et les consuls de Quarante sont convoqués pour voter la dépense de 4,500 livres afin d'établir le lit de l'Aude.

1348. — L'abbé refusant de payer à l'archevêque un décime et demi, y fut condamné par les vicaires généraux de l'archevêque ; le monastère en appela au Pape.

Le nécrologe s'exprime ainsi : « *VI nonas Julii obiit Dominus Rogerius abbas noster atque decretorum egregius doctor 1348.* »

BERNARD VII DE MESENCHÈRES

XXXI. — 1348. — Bernard VII de Mesenchères, prieur d'Olargues, succéda à Roger et reçut en 1348 son institution du pape Clément VI, comme nous le lisons dans le manuscrit de Narbonne : « Item lettres du pape Clément sixième de l'an 1348 dressantes à l'archevêché de Narbonne par lesquelles il lui fait sçavoir, comme il avait esleu pour cette fois là sans conséquence, le sieur Bernard, prieur d'Olargues pour abbé du monastère de Quarante a cause du décès du sieur Roger son prédécesseur, l'exortant a lui départir de ses faveurs et conseils pour la conservation de ses droits, attendu que l'abbé de Quarante était sujet de l'église de Narbonne. » Cotté n° 11.

1351. — Le roi d'Aragon Jean appela Bernard VII aux États généraux de Montpellier pour conférer sur les affaires du royaume, 7 janvier. Il fut convoqué au concile de Béziers par l'archevêque de Narbonne le 7 Novembre.

BULLE D'INNOCENT IV

UNIVERSIS sanctæ Matris Ecclesiæ filii ad quos præsentes litteræ pervenerint. Nos miseratione divina Gregorius Nazariensis, Johannes Carminensis. Lucas Auximan, Bernardus Sagonensis, Julianus Cardicensis, Petrus Olthonensis, Bonifacius Cilenicencis, Paulus Exalonensis, Petrus Valonensis, Bernardus Milcomensis, Bertrandus Assisii, Arnaudus Surrensis, Bertrandus Aliphanensis, Gerardus Ariensis, Ricardus Bisaciensis, Raphael Archadiensis, et Johannes Potentinus Episcopi pacem, gaudium, gratiam, Benedictionem, et salutem in Domino sempiternam. Pia mater Ecclesia de animarum salute sollicita devotionem fidelium per quædam munere spiritualia remissione videlicet, et indulgentias invitare consuevit ad debitum famulatus honorem Deo et sacris œdibus impendendum, ut quanto crebrius et devotius illuc confluit populus Christianus assidius salvatoris gratiam precibus, implorando, tanto celerius delictorum suorum veniam et gloriam regni celestis consequi mereantur œternam. Cupientes igitur ut templum seu Ecclesiam beatæ Mariæ de Quadraginta ordinis sancti Augustini Narbonensis diocesis laudibus, atque congruis honoribus frequentetur et a Christi fidelibus iugiter veneretur. Etiam cum in dicta Ecclesia divina ordinatione Quadraginta Martires requiescunt ; quippe ibi a persecutoribus, et enimicis nominis Christi palmam sui Martirii et gloriam pro Christi nomine susceperunt, præter aliorum sanctorum non pauca corpora quæ ibidem requiescunt, in dicta Ecclesia virginis gloriosæ, et reliquiæ ipsius beatæ Virginis, ligni Crucis dominicæ et aliorum sanctorum plurium ad Dei omnipotentis ipsius virginis reverentiam, et honorem œdificatum, in villa de Quadraginta a Christi fidelibus et fundatum decimo quarto Kalendas Novembris, et per, sanctæ memoriæ, Dominum Iuilfredum olim Narbonensem Archiepiscopum dedicatum, ac altare maius ipsius Ecclesiæ consecratum congregatis, et præsentibus ibidem pluribus Prælatis. nobilibus, religiosis, et aliis personis tam Ecclesiasticis quam secu-

laribus statuens et decernens idem dominus Iuilfredus cum Prœlatis
supradictis, ut quicumque homines Clerici, vel laici gaudia dedicationis huiusmodi in ipso Templo beatæ Mariæ voluerint celebrare,
vel ad anniversaria venire studuerint in uno quoque anno, qualicumque sint, vel fuerint sub jugo penitentiæ constitui essent penitus
absoluti ab omnipotentis Dei misericordia, et collata sibi ligandi
et solvendi a domino potestate, et quod a dicta die decimo
quarto Kalendas Novembris singulis usque ad futurum festum beati
Andree Apostoli indulgentia hacc duraret. Et etiam quicumque dictum
templum vel Ecclesiam in festo dedicationis huiusmodi vel usque ad
dictum festum sanctæ Andree causa devotionis visitaverint, veniendo,
stando et redeundo ad propria, cum omni sua substantia, ab inquietu-
dine, et contrarietate (?) quorumcumque inimicorum insidiantium
salvus maneat, et securus in rebus pariter et persona infra terminos
dictæ villæ et parrochia eius tota et de assensu suffraganeorum
suorum et aliorum Prelatorum iniuriantes ad huiusmodi templi dedi-
cationem venientibus escommunicationis vinculo imod avit, et etiam
omnes illos qui prœsumerent invadere, vel extrahere venientes ad
ipsius Ecclesiæ salvitatem prout hœc et alia in litteris testimonialibus
bonæ memoriæ Domini Maurini olim dictæ Narbonensis Ecclesiæ
Archiepiscopi nec non etian litteris approbatoriis et confirmationis
prœmissis Reverendi patris domini Petri ipsius Ecclesiæ Narbonensis
Archiepiscopi moderni plœnius ? continentur omnibus vere pœnitentibus et confessis qui ad dictum templum seu Ecclesiam de Quadraginta in Nativitatis Domini Circumcisionis eiusdem, Epiphaniæ,
Parasceves, Paschæ, Ascensionis domini, Penthecostes, Trinitatis,
Eucharistiæ quoque beatæ gloriosæ Virginis Mariæ, omnium et
singulorum Apostolorum Evangelistarum, Martirum etiam prœdictorum Quadraginta, confessorum, virginum, quatuor Doctorum
sanctæ Matris Ecclesiæ, inventionis e exaltationis sanctæ crucis,
beati Michaelis Archangeli, omnium sanctorum festivitatibus, com-
memoratione animarum omnium fidelium defunctorum, in dedica-
tione dictæ Ecclesiæ, et alias, ut est dictum. Et per octavas omnium
et singularum festivitatum prœdictarum, singulis diebus sabbativis
et dominicis totius anni, causa devotionis, orationis, aut perigrina-
tionis accesserint. Seu qui missis, prœdicationibus, matutinis, vesperis, aut aliis divinis officiis, exequiis et sepulturis mortuorum, ibidem
interfuerint. Et qui serotina pulsatione Campanæ, flexis genibus ter
Ave Maria dixerint ; nec non qui ad fabricam opus reparationem

pelvim, sive bassinum dicti templi sive Ecclesiæ, luminaria, ornamenta dederint procuraverint, manusque porrexerint, adiutrices, aut qui in eorum testamentis vel extra, dictis fabricæ, operi, reparationi, pelvi sive bassino, aurum argentum, vestimenta, libros, calices, redditus, domos possessiones, aut quœcumque alia bona et necessoria donaverint, legaverint, seu donari vel legari procuraverint quoquomodo per se, vel alium seu alios. Et etiam qui pro Reverendo in Christo Patre et domino Narbonensi Archiepiscopo confirmatore prœsentium litterarum. Et pro impetratore earumdem Abbate templi sive Ecclesiœ prœdictæ pro patribus, matribus, fratribus, sororibus reliquis amicis cum sororibus eorum dem viviis quam defunctis, Et pro animabus omnium fidelium defunctorum pro statu sanctæ Matris Ecclesiœ pro dominis Regibus, principibus, Baronibus, et Militibus Christianis, pro pace Christianitata flenda pro Religiosis, cœterisque personis ecclesiasticis mite et sancte, in hoc mundo viventibus, et aliis ad statum gratiœ optantibus pervenire pie et devote Deum, beatam virginem Mariam et omnes sanctos et sanctas Dei oraverint et humiliter deprecati fuerint, Quoties quandocumque et ubicumque et qualiter cumque prœmissa, vel aliquod prœmissorum devote fecerint aut fierit procuraverint. De omnipotentis Dei misericordia et beatorum Petri et Pauli Apostolorum eius authoritate confisi. singul nostrum Quadraginta dies indulgentiæ de ininctis eis pœnitentiis misericorditer in Domino relaxamus. Dummodo Diocesani voluntas ad id accesserit et concensus. In cuius rei testimonium sigilla nostra præsentibus sunt appensa. Datum Avenioni, Anno a Nativitate Domini millesimo trecentesimo quinquagesimo septimo, Indictione decima, die decima sexta mensis Maii Pontificatus sanctissimi in Christo Patris et Domini nostri Domini Innocentii divina Providentia Papœ sexti. Anno quinto.

A tous les fils de notre sainte Mère l'Eglise auxquels parviendraient les présentes lettres ; Nous, par la miséricorde divine, Grégoire de Azzara, Jean de Carignola, Lucas d'Osimo, Bernard de Sagona, Julien de Carli, Pierre d'Ottona, Boniface de Sebenico, Paul de Valona, Pierre de Valva, Bernard de Maguelonne, Bertrand d'Assise... évêques, paix, joie, grâce, bénédiction et salut éternel dans le Seigneur.

Notre pieuse Mère l'Eglise, soucieuse du salut des âmes, excite habituellement, par certains dons spirituels, tels que les rémissions et les indulgences, la dévotion des fidèles a rendre l'honneur du service dû à Dieu et aux édifices sacrés, afin que le peuple chrétien y afflue plus souvent et en plus grand nombre, en implorant par des prières assidues la grâce du Sauveur, et méritent d'obtenir plus promptement le pardon de leurs fautes et la gloire éternelle du règne céleste. Désirant donc que le temple ou église de Sainte-Marie de Quarante, de l'ordre de Saint-Augustin au diocèse de Narbonne, soit fréquenté avec les louanges et les honneurs convenables, et soit sans cesse vénéré par les fidèles du Christ, d'autant plus que dans la dite église, par l'ordonnance divine, reposent les quarante martyrs qui, pour le nom du Christ, ont reçu en ce lieu des persécuteurs et des ennemis du nom du Christ, la palme du martyre et la gloire.

Outre, de nombreux corps d'autres saints qui reposent dans ladite église de la glorieuse Vierge, il y a des reliques de la bienheureuse Vierge elle-même, du bois de la croix de N.-S. et de plusieurs autres saints.

Ledit temple élevé à la gloire du Dieu tout puissant et de la Vierge même, dans le village de Quarante par les fidèles du Christ et dédié le quatorze des calendes de novembre et consacré par le feu seigneur, de sainte mémoire, Guiffred, archevêque de Narbonne.

A tous ceux qui vraiment répentants et confessés viendront dans lad. église, le jour de Noël, de la Circoncision, de l'Epiphanie, de Pâques, de l'Ascension, de la Pentecôte, de la Trinité, du Corpus Christi, de toutes les fêtes de la bienheureuse Vierge Marie, de chacun des apôtres et évangélistes, desdits martyrs de Quarante, des confesseurs, des vierges, des quatre docteurs de l'Eglise, de l'invention et de l'exaltation de la Sainte Croix, de la commémoration des défunts, de la dédicace de la dite église, et aux octaves de toutes et chacune desdites fêtes, les samedis et dimanches de toute l'année.

Ces indulgences pourront être gagnées par ceux qui assisteront aux messes, aux prédications, à mâtines, à vêpres et aux autres offices divins, aux funérailles et aux sépultures, par ceux qui, à genoux, le soir, au son de la cloche, diront trois Ave.

Ceux qui donneront de leur bien à cette église, qui la soigneront de leurs propres mains, etc.

Comptant sur la miséricorde divine, nous accordons chacun de nous quarante jours d'indulgence.

Donné à Avignon.

INNOCENT VI, Pape.

VERITABLE ORIGINE DE NOS SAINTS MARTYRS

Jusqu'à ce jour les hagiographes ont soutenu que les saints martyrs de Quarante étaient les restes des quarante martyrs de Sébaste.

Cette opinion est née à la suite de la citation faite par le *Gallia Christiana* de la bulle d'Innocent VI.

« In dicta Ecclesia beatæ Mariæ de Quadraginta, divinâ ordinatione, quadraginta Martyres requiescunt, qui a persecutoribus Christi, palmam martyrii pro Chirsti nomine susceperunt ».

A son tour, basé sur le Gallia, le bréviaire de Narbonne, revu en 1709 par Mgr Le Goux de la Berchère, et accepté en 1778 par Mgr Dillon, archevêques et primats de Narbonne, contient un office de ces martyrs où il est dit :

« In festo sanctorum, quorum corpora vel reliquiæ quiescunt in Ecclesia abbatiali de Quadraginta ».

Plein d'admiration pour le monument historique, dû aux mérites des savants Bénédictins, l'amour de la vérité nous oblige à dire que le copiste a mal reproduit le texte.

La bulle que le lecteur vient de lire est ainsi exprimée, dans la partie concernant nos martyrs :

« In dicta Ecclesia beatæ Mariæ de Quadraginta, divinâ ordinatione, quadraginta Martyres requiescunt, quippe *ibi* a persecutoribus et inimicis nominis Christi palmam sui martyrii et gloriam pro Christi nomine susceperunt ».

« Par la volonté de Dieu, dans cette église Sainte-Marie de Quarante, reposent quarante martyrs, qui ont obtenu *en ce lieu* des persécuteurs et des ennemis du Christ, la palme du martyre et la gloire ».

Ce n'est donc pas à Sébaste que Dalmace, Landulfe, Valence, Landebert, Gervais et autres ont obtenu la palme du martyre, mais bien dans le territoire de Quarante. Car il est formel ; la bulle ne se contente pas de désigner le lieu de la sépulture, mais encore l'endroit où ces chrétiens subirent le martyre.

Un savant archéologue, M. le chanoine Ulysse Chevalier, soutient que les noms de ces cinq martyrs, loin d'être grecs, montre par leur desinence une origine latine. Enfin, dans l'énumération des 40 martyrs de Sébaste, on ne trouve pas le nom d'un seul des cinq martyrs de Quarante.

L'Histoire de Saint Aphrodise, par J. D. G., publiée à Béziers en 1638 dit à son tour :

« La fondation de l'église de Quarante, consacrée à l'honneur de la T. S. Vierge, est si ancienne qu'elle fut faite par les premiers chrétiens qui l'ornèrent des plus rares et des plus précieuses vertus qui soient en chrestienté ; c'était le cimetière de tous les martyrs ; il n'est point permis dans l'enceinte de cette église d'ensevelir personne, pour ne point confondre les ossements des saints avec ceux des pécheurs... J'estime que ces vieilles églises, au moins en partie, furent fondées par saint Aphrodise ».

Ces auteurs concourent pour donner plus de force au texte mieux rapporté de la bulle et nous permettent d'affirmer que non seulement nos saints martyrs ne sont point ceux de Sébaste, mais que le sol de Quarante a bu leur sang.

Le nécrologe relate ainsi le décès de Bernard ;

« V Idus Junii obiit reverendus in Christo pater et dominus B. de Mesencheriis Abbas istius monasterii, in sacraque pagina egregius professor et magister anno 1357 ».

PIERRE VI DE MÉSENCHÉRE

XXXII. — Pierre VI de Mésenchère, prieur de Murat, diocèse de Castres, est nommé abbé de Quarante dans une bulle d'Innocent VI, en 1357, d'après le manuscrit de Narbonne.

Pierre mourut le 1ᵉʳ Septembre 1361.

ETIENNE DE TIPIA ou DE TRIPIÈRE

XXXIII. — Etienne de Tripière siégeait en 1368 au concile provincial de Narbonne, réuni par Pierre de la Jugie, et décéda le 16 juin 1379.

VINCENT DE SIRAN

XXXIV. — Vincent bachelier en droit, ne jouit pas longtemps de son titre. Il mourut le 13 Septembre 1380.

JACQUES II

XXXV. — Jacques II était abbé en 1383 et 1401 ; il envoya un procureur au concile de Saint-Thibéry, convoqué par l'Archevêque de Narbonne en 1389.

Gui de Malsec, cardinal de Palestrine, avait beaucoup contribué a éteindre le schisme au concile de Pise en 1409 dans lequel on déposa les deux contendants à la papauté. L'abbé Jacques se rendit à ce concile et mourut bientôt après.

1404. — Il y a à la bibliothèque de Narbonne un grand livre contenant la visite de toutes les églises de Narbonne, et du diocèse commençant l'an 1404, du 12e jour du mois de janvier et finissant le 23e jour du mois d'août audit an, il est dit à la page 419 et 420 :

Item au mois de juillet est faite la visite du monastère de Notre Dame de Quarante, la présentation du vicaire perpétuel appartenant à l'abbé dud. monastère et l'institution due aud. Archevêque et feut dit que ladite église avait été bâtie par Charlemaigne dans laquelle il fut enseveli quarante martyrs près l'autel.

Item qu'il y avait quatre chapellenies et chapellains lesquels auraient reçu leur portion aud. monast. pain et vin comme un chanoine. Item qu'il y avait une confrerie de La décollation de Saint Jean Baptiste. Ces quatre chapellenies étaient : Saliès, Sariège, Saint-Martin et Saint Jean de Conques.

Item que led. monastère faisait une pension annuelle aud. Sr Archevêque de dix setiers froment et six setiers orge payables la moitié par l'abbé et la moitié par le monastère; Item que le vicaire aurait des prémices de la paroisse environ de 40 à 50 setiers bled ayant comme les chanoines.

A suite de quoi est faite la visite dud. Monastère.

JEAN I ISARN

XXXVI. — Jean I, mourut le 10 Juin 1413.

RAYMOND III DE FABRÈGUES

XXXVII. — 1413. — Raymond III de Fabrègues est ainsi mentionné dans le manuscrit de Narbonne, folio 581. Lettres du Pape Jean XXIII de l'an 1413 recommandant à l'Archevêque de Narbonne de départir ses faveurs, à un nommé Raymond, l'eslection duquel faite par le monastère de Quarante, pour abbé dud. monastère, il avait confirmée.

On parle de cet abbé en 1417.

1426. — Item un arrêt de la Cour du parlement séant à Narbonne, de l'an 1426, 20 juillet d'entre Raymond de Fabrègues, abbé du monastère de Quarante, demandeur plaignant d'une part, et le Procureur du sieur Archevêque de Narbonne, opposant et deffendeur d'autre ; le sujet duquel arrest feut tel. L'abbé disait qu'il aurait teneu et possédé paisiblement plusieurs années par bon et juste titre la dite abbaye et revenus d'icelle ; quoy nonobstant le Vicaire Général du dit Archevêque désirant la dit abbaye sous couleur de l'office du vicariat, aurait troublé led. Fabrègues en sa possession et jouissance, et privé de lad. abbaye, led. Fabrègues, de quoi il se serait rendu plaignant en lad. cour. Sur quoi le procureur du dit Sr Archevêque disait qu'à bon droit led. Fabrègues aurait été privé de lad. abbaye durant six ans pour être un grand dissipateur du bien d'icelle, et homme de très mauvaise vie, ainsi qu'il était vérifié par le procès-verbal de la visite faite par led. Sr Archevêque en lad. abbaye, qui l'avaient rendu indigne d'un tel bénéfice, tellement que par led. arrêt feut dit que led. abbé n'était pointrecevable en sa plainte et que la main du Roy mise en lad. abbaye serait levée et sans dépens. Cet arrêt fait voir comme le Sr archevêque est supérieur de l'abbé de Quarante et le peut pour cause légitime le suspendre comme bénéfice.

Malgré cette accusation, l'administration de cet abbé fut reconnue juste et pacifique, et tous les pouvoirs lui furent rendus. L'acte d'absolution lui fut adressé.

1430. — « Item un acte de 1430, l'abbé de Quarante s'excuse de ne pouvoir venir au concile provincial qui se devait célébrer à Narbonne, mais y envoya un procureur pour se présenter pour lui. Son blason portait (d'argent au pal d'azur, à un chef de gueules chargé de 3 écussons d'or).

GUILHEM IV DE SAINT-MAURICE

XXXVIII. — 1439. — Guilhem IV de Saint Maurice d'après *l'Histoire du Languedoc*, (vol. IX, p. 116, édit. Privat), assista le 25 mars 1439 à l'entrée solennelle de Jean d'Harcourt à l'archevêché de Narbonne. L'archevêque de Narbonne fit son entrée monté sur une mule, suivi de l'évêque de Saint-Pons, de l'abbé de Quarante.

BULLE DE PIE II

Anno 1458 Pontificatus Anno 1°

Pius Episcopus servus servorum Dei dilectis filiis Abbati et Conventui Monasterii beatæ Mariæ de Quadraginta ordinis sancti Augustini Narbonensis Diocesis salutem et Apostolicam benedictionem cum a nobis petitur quod iustum est et honestum tam vigor œquitatis quam ordo exigit rationis ut id per sollicitudinem nostri officii ad debitum perducatur effectum ea propter, dilecte in Domino filii, vestris iustis postulationibus grato concurrentes assensu omnes libertates et immunitates a prœdecessoribus nostris Romanis Pontificibus sive per privilegia, vel alias indulgentias et indulta vobis ac Monasterio vestro concessas, nec non libertates et exemptiones secularium exactionum a Regibus et Principibus ac aliis Christi fidelibus vobis et Monasterio vestro rationabiliter concessas sicuti eas juste et pacifice possidetis vobis et per vos eidem Monasterio authoritate apostolica confirmamus et prœsentis scripti patrocinio communibus Nulli ergo omnino hominum liceat hanc paginam nostrœ confirmationis et commonitionis infringere, vel ei ausu temerario contraire. Si quis autem hoc attemptare prœsumpserit indignationem omnipotentis Dei, ac beatorum Petri et Pauli apostolorum eius se noverit incursum Datum Senis Anno incarnationis Dominicœ Millesimo quadragentesimo quinquagesimo octavo, Idus Martii Pontificatus nostri Anno primo (et plus bas est escrit) A de Moncia, B. de Abbas...,. La Lucen (et sur le repli est escrit) L. de Aynardo.

1458. — Pie, Evêque, serviteur des serviteurs de Dieu, à nos chers Fils, l'abbé et le couvent du monastère de Sainte-Marie de Quarante de l'ordre de Saint Augustin, diocèse de Narbonne, salut et bénédiction apostolique. C'est pourquoi, Cher fils en Notre Seigneur, répondant avec empressement à vos justes demandes, par notre autorité apostolique nous confirmons et par la présente lettre nous corroborons, toutes libertés et immunités de nos prédécesseurs les Pontifes Romains, les privilèges, les indulgences, et les indults accordés à Vous et à votre monastère, les libertés et les exemptions des impôts séculiers accordées raisonnablement par les Rois les Princes, et les autres fidèles du Christ, à Vous et à votre Monastère afin que vous en jouissiez justement et pacifiquement. Que pas un des hommes ne se permette d'affaiblir cette page de notre confirmation et avertissement ou y contrevenir, par une entreprise téméraire. Si quelqu'un présumait ne pas obéir, celui-là, doit savoir qu'il a encouru, l'indignation de Dieu tout puissant, des bienheureux apôtres Pierre et Paul. Donné à Sienne, l'an de l'Incarnation de Jésus-Christ mille quatre cent cinqvante huit 2 des Ides de Mars, de notre Pontificat la 1re année.

Parvenu a une extrême vieillesse Guilhaume abdiqua en 1459 en faveur du suivant.

Il blasonnait : d'argent au cheval barbe courant de sable au chef d'azur chargé d'un croissant accorté de deux étoiles d'or.

GÉRARD ou GUIRAUD DE SAINT-MAURICE

XXXIX. — 1459. — Gérard ou Guiraud de Saint-Maurice, religieux de Cluny, prieur de Mazères et de Sédillac, fut élu abbé en 1459, sur la démission de Guilhaume. Le 15 novembre de la même année il établit Jean Fortis, prieur de Pinu et Arnal de Rupesolio, moines de Saint-Sauveur d'Aniane, pour obliger en son nom Antoine Parrarrii religieux du même monastère et sacristain de Gorjan à donner quatre écus d'or et vingt sols tournois.

Avril 1468. — Les minutes de Bize nous ont conservé deux

actes passés sous son administration, le premier est un bail à nouvel accapt par les religieux de Quarante représentés par Jean Crouzet sacristain, a Guillaume Vales d'Argelliers d'une terre à la Combe d'en Marti, sous l'usage annuel de huit deniers tournois.

29 juin 1468. — L'autre est un arrentement des revenus perçus par l'ouvrier de l'abbaye de Quarante, au lieu d'Agel : l'arrentement est fait pour cinq ans par Barthélemy Borderie ouvrier de l'abbaye à Pons Martel et Philippe Favière cultivateurs d'Agel moyennant la rente annuelle de quatre écus d'or payables moitié à la Toussaint, moitié à Pâques. (Pris sur le texte latin.)

BULLE DE PAUL II

Anno 1474 Pontificatus anno 6°

PAULUS Episcopus servus servorum Dei venerabili fratri Archiepiscopo Arelatensi salutem et Apostolicam et benedictionem. significarit nobis dilectus filius Geraldus Abbas Monasterii beatæ Mariæ de Quadraginta ordinis sancti Augustini Narbonensis Diocesis, quod nonnulli iniquitatis filii quos prorsus ignorat, decimas, primitias, oblationes, ornamenta Ecclesiastica, fructus, census, proventus, iura, iurisdictiones, possessiones, domos, ortos, campos, vineas, prata, nemora, silvas, molendina, vasa aurea, argentea, œrea, cuprea, ferrea, stannea, lignea, pannos, lineos, lectos, linteamina, domorum, ustensilia, equos, boves, vaccas, porcos, mutones, et alia animalia, litteras autenticas, libros, instrumenta publica, et alias scripturas, ceræ, vini, olei, bladi, frumenti, auri, argenti monetati et non monetati quœntitates, debita, legata, pecuniarum summas et non nulla mobilia et immobilia bona ad mensam Abbatialem dicti Monasterii et sancti Martini de Maseriis ac de Sedilhaco sancti Benedicti et clumacensium ordinum Tolosani, et sariatensis Diocesis prioratus, quos ex concessione et dispensatione sedis apostolicæ sicut asserit obtinuuit in commendam spectantia temere et malitiose occultare et occulte detinere præsumunt non curantes ea præfato Geraldo exhibere in animarum suarum periculum ipsorumque Geraldi mensæ et prioratum non modicum detrimentum super quo idem Geraldus dictæ sedis remedium imploravit quo circa fraternitati tuæ per Apostolica scripta mandamus, quatenus omnes huius modi occultos detentores decimarum primitiarum et aliorum bonorum prædictorum ex parte nostra publice (?) in Ecclesiis coram populo per te vel alium seu alios moneas ut infra competentem terminum quem eis præfixeris ea præfato Geraldo a se debita restituant et revelent ac de ipsis plenam et debitam satisfactionem impendant, et si id non adimpleverint infra alium competentem terminum quem eis ad hoc peremptorie duxeris præfigendum ex tunc in eos generalem excommunicationis sententiam proferas et eam facias ubi et quando expedire videris usque ad satisfactionem condignam solemniter publicari Datum Romæ apud sanctum Petrum anno incarnationis Dominicæ millesimo quadragentesimo septuagesimo quarto nonas Mai pontificatus nostri anno sexto, signes N. Bregeon de Vulterris et P. de corso Urbin, (et sur le repli) J. de Cortona.

Extrait et collationné sur l'original escrit en parchemin trouvé aux archives de l'abbaye de Quarante.

Paul, évêque, serviteur des serviteurs de Dieu, etc.
Notre cher fils Gérard, abbé du monastère de Quarante, nous a informé que quelques fils d'iniquité, leur avaient pris et retenaient injustement tous leurs biens, maisons, prés, vignes, etc., etc. La manse de Gérard en subit un grand dommage... Nous envoyons cet écrit apostolique à votre fraternité, afin que vous avertissiez les détenteurs, soit en public, soit dans les églises, d'avoir à rendre les biens qu'ils détiennent injustement, en leur fixant un délai. Si après ce délai ils n'ont pas rempli les conditions, alors vous

porterez contr'eux la sentence générale d'excommunication. Donné à Rome, etc.

Gérard vivait encore en 1476.

SIÈGE ABBATIAL VACANT

Plusieurs actes datés durant les cinq dernières années qui suivirent le décès de Gérard, nous prouvent que les actes publics notariés se contractaient au nom des religieux de Quarante, et nom en vertu de l'autorité de l'abbé, ce qui nous fait croire que le siège dut rester vacant durant ces années.

5 Novembre 1477. — Reconnaissance consentie en faveur des religieux de Quarante par Bernard Constant d'Argelliers représentés par Guilhaume Paulet, chanoine et infirmier, six olivettes au 11e du fruit, neuf champs à 9 punières d'orge, un patu al Barry sous l'us de deux deniers tournois : les usages en nature sont payables au 15 août ; les usages en argent à la Noël et les tasques à l'époque accoutumée.
Copié sur l'original latin.

16 octobre 1479. — Bail à nouvel acapt par les religieux de Quarante, Jean Crouzet et Guilhaume de Paule, à Pierre de Paule, prêtre d'Argelliers, d'un herme planté en vigne au terroir d'Argel... sous l'us... annuel de six deniers tournois et le don d'une géline.

Au même jour bail, à nouvel acapt par les religieux de Quarante à Pierre Cros, de Beaufort, d'un herme sous l'us... annuel de quatre deniers tournois et le don d'une géline.

17 Octobre 1479. — Donation le 17 Octobre d'un herme par Durand Goudal, d'Argelliers, à Jean Carrière. Reconnaissance de la terre faite aux religieux de Quarante sous l'usage de trois deniers tournois.

Le même jour les religieux de Quarante baillent à nouvel acapt à Arnaud Azémar, d'Argelliers, deux hermes sis au terroir d'Argelliers, sous l'us... annuel d'une punière d'orge et le don de trois gélines.

17 Novembre. — Même année 17 Novembre, bail à nouvel acapt par les religieux de Quarante à Jean Fayet, de Quarante, d'un herme sous l'us... annuel de trois deniers tournois et le don d'une géline.

JOFFROI

1481. — XL. — Henri Joffroi, licencié en droit civil, jura lors de sa prise de possession en 1481 de maintenir les droits de l'abbaye et confirma la même année les anciens statuts et règlements.

1482. — L'abbé Joffroi était archidiacre et chanoine d'Albi. Il est enseveli dans la chapelle de Sainte-Croix dans la cathédrale d'Albi ; sa dalle tumulaire avec inscription gothique, carrée et en partie effacée, existe encore ; la date a disparu. Cet abbé est peint sur les murs de cette chapelle en tenue de chanoine, en surplis, avec l'aumusse sur le bras et à genoux.

Son blason porte : « Fascé d'or et de sable, de six pièces, la première fasce de sable chargé de deux croisettes d'or ». Dû à la charitable communication de M. le baron de Rivière.

Il fut pourvu de cette commende le 18 janvier 1482 ; il en jouit jusqu'en 1490.

1487. — Manuscrit de Narbonne : « Item : instrument de l'an 1487 et second jour de janvier par lequel appert comme Henry Geoffroi, abbé et commendataire administrateur du monastère N.-D. de Quarante, diocèse de Narbonne, constitue ses procureurs les sieurs Jean Crouzet, prieur claustral dud. monas. Antholne Turc, aumônier, Hugon Chabder, trésorier, et Clément de Rodilhes, son serviteur, pour et en son nom se présenter devant le S' Archevêque de Narbonne pour demander le bénéfice de l'absolution, à cause de certaine excommunication en laquelle il était pour n'avoir pas comparu devant lui aud mandement qui lui avait été fait de venir au synode dernier célébré à Narbonne, au dos duquel est mis l'acte d'absolution ». Feuillet 574.

« Au même feuillet est la visite à l'église parochelle Saint-Vincent d'Argelliers, régie par vicaire perpétuel, l'institution duquel appartient aud. S' Archevêque et la présentation au S' Abbé de Quarante qui est le vrai recteur de lad. église, en laquelle le S' Archevêque ne prend aucun droit ». Feuillet 420.

JEAN II DU MESNIL

XVII. — Jean II du Mesnil, conseiller du Roi, fut le second abbé commendataire de Quarante. Le Roi lui fit payer le 16 Mai 1497 la somme de soixante livres tournois, pour un voyage que l'abbé avait fait pour son ordre de Rouen à Lyon. Il est cité dans les actes divers suivants, conservés à l'étude de Bize :

16 Février 1495. — Anno, etc... Dominus Guilhelmus Trouselli vicarius perpetuus ecclesiæ parochialis Santi Vincentii de Argileriis tradidit et concessit per modum venditionis omne carnalium, videlicet lanam et carnalium... venerabili ac magistro Anthonio Tursi eleemosynario monasterii B. M... de Quadraginta pro precio monagentorum florenorum XV solidos.

21 Mai 1499. — Bail a nouvel acapt par Guilhaume Fabre,

chanoine ouvrier de Quarante à Raymond Raynaud, de Bize, d'un herme sis au terroir d'Agel, sous l'us... d'une punière de froment et le don de deux poulets.

17 Juillet. — A la même année, 17 juillet : Résignation par Robert Rodilhes, chanoine et sacristain de Quarante, en faveur de Jean Roux, de Lagrasse.

Même jour et même année : Collation de ce même office à M. Jean Roux, clerc de Lagrasse. La collation fut faite par par Thomas de Pinu, prieur de Saint-Salvi, du diocèse de Lavaur, vicaire général de M° Jean du Mesnil, abbé commandataire de Quarante.

9 Août 1499. — Testament de M° Bonnet, prêtre serviteur du Seigneur abbé de Quarante, originaire de Villemur, diocèse de Montauban, malade (aliqua infirmitate dicta Charboncle aliter ful). Fait à Quarante, étude de Cruzy.

1500. — Confirmation par M° Guillaume Fabre, aumônier de N. D. de Quarante de la vente faite à Bernard de Lagardie, de Bizan, d'un champ situé dans le territoire d'Agel, près Saint-Hyppolyte. Etude de Cruzy.

Le savant Bénédictin est mal renseigné lorsqu'il dit : « Jean de Mesnil vivait en 1505 », alors que les actes suivants de l'étude de Bize nous citent son successeur.

RAYMOND IV DE GUERS

XLIII. — Raymond passa les actes suivants :

4 Avril 1503. — Collation de l'office d'infirmier de l'abbaye de Quarante. Antoine Barral de la dite Abbaye, en remplacement de Jean Durand, de Saint-Nazaire, démissionnaire, par M° Jean de Brettes, recteur de l'église Saint-Vincent d'Alguières, au diocèse de Lavaur, vicaire général de M⁰ Raymond de Guers.

3 Octobre 1503. — Guilhem Trousselli, vicaire perpétuel d'Argelliers eut en cour de Béziers une instance avec Bérenger Auxillis, prêtre de Quarante.

Le 6 Décembre 1503, eut lieu la collation de l'office de sacristain de l'abbaye de Quarante à Jean de Brettes, recteur de l'Eglise de Saint-Vincent d'Alguières, diocèse de Lavaur. Cette charge était vacante par suite de la résignation de M⁰ Antoine Barral, chanoine de Quarante ; la collation fut faite par M. Bernard Mabert, chanoine de Saint-Paul de Narbonne, vicaire général de M⁰ Pierre Raymond de Guers, abbé commandataire de Quarante.

10 Février 1504. — A cette date fut faite la collation de l'office d'aumônier de l'abbaye de Quarante en faveur de Pierre de Villa, chanoine de l'abbaye, en remplacement de Antoine Fabre, chanoine décédé. La collation fut faite par Jean de Brettes, vicaire général de M⁰ Pierre Raymond de Guers, abbé commandataire de Quarante. Texte latin à Bize.

9 Avril 1504. — Collation de l'office de trésorier donné à Pierre de Villa, chanoine de l'abbaye, en remplacement de Guilhaume de Paulha, chanoine décédé. La collation fut faite par Jean de Brettes, vicaire général de M⁰ Pierre Raymond de Guers. — Texte latin à l'étude Bize.

PROFESSION DE BÉRENGER DE AUXILIIS

ANCIEN RECTEUR DE L'ÉGLISE DE CASTELNAU-DE-GUERS

28 Avril 1504.

In nomine Domini amen. Anno In... infra capitulum Beatæ Mariæ de Quadraginta ante celebrationem Magne minso. Existens et personaliter constitutus venerabilis vir dominus Berengarius de Auxiliis olim rector Castri novi de Guercio, diœc. Agait... nunc canonicus dic., Ecc. de Qu... genibus flexis, motus devotione suam fecit professionem in forma solita ac consueta, salvatis quoque solemnitatibus in talibus servari assuetis Promittendo Reverendo in X̃to patre et domino Abbati de Quadraginta ac domino priori claustrali dict... Eccl. cœterisque dominis canonicis ejusdem monasterii et sucessoribus suis quandiu vixerit in humanis, honorem obedienciam, et reverentiam Deoque et D. N. J. Cristo et B. M. Virgini ejus matri, deservire et servire in toto tempore vitæ suæ tanquam bonus et verus Religiosus canonicus que professus, facere debet et tenetur juxta regalam B^{ti} Aug^{ni} et alia egit et fecit quæ quibus cumque professis fieri incumbunt. Quam quidem professionem sic factus infraque dictum capitulum, venerabilis viri Anthonius de Bellomonte prior claustralis, ac Anthonius Barrani procurator et cœteri domini canonici dicti monasterii ibidem præsentes, ratam et gratam habuerunt ipsum professionem, ad miserunt in... opus erat quod de jure prout licet omnes dies non fuerit elapsus in hoc ipsum dispensando... fieri potest nempe quod dictus professus in consorcio canonicorum prædictorum non complevit terminum debitum. Igitur juramentum atque obedientiam ibidem præstitit sub hac forma.

Ego frater Berengarius de Auxiliis promitto Deo, dominisque meis Abbati absenti, ac priori prædicto præsenti, atque omnibus vestris, quod sanior pars congregationis canonici elegerunt, me servaturum continenciam quantum Deus fragilitati meæ dederit seu permiserit, renuncio in propriis ; et vobis reverenciam atque obedientiam promitto secumdum regulam B⁽¹⁾ Aug⁽ⁿ⁾¹, in misericordiæ vestræ Dei et ejus ecclesiæ societate... Præsentibus providis viris Roberto Cassani, Guilhelmo Guilleri, Raymondo Catalani, Jacobi Samals de Quadraginta. Acta in dicto capitulo, M⁰ Antonius Victoris de Bizano Alleriorum, notorio publico.

Minutes de l'étude de Bize.

28 Avril 1504. — Admission au chapitre, malgré les protestations des chanoines, de Bérenger de Auxiliis, prêtre et recteur de Villeneuve-la-Crémade. Cette admission eut lieu en présence de noble Guilhaume de Villeneuve, seigneur de Capestang, frère du Seigneur abbé.

In nomine Domini. Amen.
Anno.... coram venerabili Domino Anthonio de Bellomonte priori claustrali et majore et saniore parte dominorum Religiosorum.,. in præsentia nobilis Guilhelmi de Villanova, domini de Stagno fratris et procuratoris reverendi in Xᵗᵒ Patris et domini Abbatis loci de Quadraginta et plurium aliorum infra dictam ecclesiam existencium, venit et se presentavit humiliter discretus vir dominus Berengarius de Auxilis presbyter et rector de Villanova la Cremada, acque procurator dicti domini abbatis qui ibidem exposuit quod vult et intendit assumere abitum et votum religionis. Quapropter petiit et petit ut habeant sibi dare dictum abitum et promoveri ad professionem et ipsum recipere in canonicum et religiosum regularem. Ex adverso venerabilis et religiosus vir dominus Antonius Barrani procurator venerabilis conventus dictæ Ecclesiæ qui dixit quod et ipsorum dominorum religiosorum hic præsentium se offerebat ipsum requirentem in canonicum accipere, citra tamen præjudicium eorum, libertatum religionis dictæ Ecclesiæ. Dictus dominus de Capitestagno ibidem Ecclesia dixit quod Dominus Abbas seu ejus procurator debet ipsum capere in canonicum et dare abitum, et non dicti religiosi, protestando si veniant contra libertatem dicti Domini Abbatis, et hic et inde fecerunt eorum protestationes in præsentia honestorum virorum Roberti Cassani, Guilhalmi Guilhermi consulium, Raynaudi Cathalani et Jacobi Samals, de Quadraginta.

Nihil hominus dictus Prior, procurator claustralis et religiosi una cum dicto domino Berengario infra capitulum dict Ecclesiæ intraverunt, ubi dum fuerunt, dictus dominus de Stagno modo potuisse protestatus fuit. Quiquidem religiosi hic præsentes non consencierunt dictæ protestationi in   et venirent contra eorum religiosorum privilegia et libertates, sed etiam protestabant. Denique habito juramento a dicto domino de Auxiliis in talibus præstari solito, et cum debitis solemnitatibus, in tatibus prœtari solitis, dictus dominus Prior claustralis, ipsum dominum Berengarium in canonicum cepit et habitum religionis realiter exibuit et taliter egit Prior ut fieri præcipitur per statuta religionis et dict Ecclesiæ.

Bérenger de Auxilis devait jouir en même temps et du titre de Castelnau et du titre de Villeneuve-la-Crémade.

14 Janvier 1505.

Anno Inc. Domini... noverint... quod venerabilis et discretus vir dominus Berengarius Ozilhis preslyter canouicus et sacrista Sanctæ Mariæ de Quadraginta, infra dictam ecclesiam præsentavit et exhibuit domino Antonio de Bellomonte Priori certas collationis litteras dictæ sacristariæ petens ut apertum, in pergaminio scriptas, sigilloque in pendentem sigillatum, petens et requirens dicto priori quatenus ipsum posuisset in possessionem dictæ sacristiariæ juxta mandatum dictarum litterarum.

Quiquidem dominus Anthonius de Bellomonte prior prædictus vobis obedire mandato, dictum dominum Berengarium Ozilhis posuit in possessionem dictæ sacristiac, per intratum Cathedræ in choro dictæ Ecclesiæ, per sonum campanæ, per acceptionem libri, per osculum altaris, per receptionem clavium dictæ sacristariæ et aliis ut in talibus fuerit assuetum, nullo ibidem olveniente seu contradicente, Actum in Choro, dictæ ecclesiæ, testes... domino Raymondo Morelli presbytero de Quadraginta, hujus instrumenti, quod dictus Ozilhanis sacrista fieri petiit per me notarium.

Suit la copie de la collation de l'office, dans les mêmes termes que pour l'infirmerie et autres fonctions.

DÉLIT DE PÊCHE DANS L'ETANG DE COMÉRAC

14 Janvier 1505,

Anno... et die... Jacobus Pauletus, de Quadraginta, coram nobili viro Guilhelmo de Guercio in abbatia de Quadraginta, dixit et confessus est se ivisse et intrasse ad stagnum domini de Quadraginta dictum Comerac, decepisse suum plenum pileum rasum de piscibus seu escarpatis et quod illud est verum et certum, de die quo erat de certa scientia dicere nescit, si non erat in die dominica, sed verum est quod incurit pœnas domini de Quadraginta et fecerat pignoratus in uno dicto stagni et erat secum Johannes Escudie et Petrus Alberti de Quadraginta. Hanc quidem confessionem fecit et dixit dictus Pauletus grate, sponte et libere, præsentibus, venerabili et discreto viro domino Johanne de Bret, rectore de Algueriis, Bartholomeo Raynaudi, Guilhemo Alberti de Quadraginta habitatoribus et me Luca Pilloty notarium.

Et ibidem dictus nobilis Guilhelmus de Guercio grate confessus fuit habuisse et recepisse a dicto Pauleto totam penam per ipsius incursionem, in dicto stagno de Comerac de qua se tenet per contentum. Luca Pelloty.

L'abbé se déclare satisfait par l'aveu de Jacques Paulet.

14 Janvier 1505. — Ce même jour eut lieu la collation de l'office d'aumônier, à Antoine de Beaumont, prieur claustral de l'abbaye de Quarante, par Jean de Brettes, vicaire général de Pierre Raymond de Guers, abbé commendataire. Cet acte est suivi de la prise de possession de l'office d'aumônier par Ant. de Beaumont en présence de Bérenger de Auxilis qui occupait auparavant ledit office

et consentit à la prise de possession a condition qu'il ne serait point troublé dans la charge de sacristain dont il avait été pourvue. Témoin Jacques Domingat, chanoine. — Texte latin aux minutes de Bize.

Collation de l'office d'ouvrier de l'abbaye de Quarante à Anthoine de Camplong, clerc et chanoine de lad. abbaye. Cet acte est suivi de la prise de possession.

Ce même jour et cette même année eut lieu la collation de l'office de trésorier de l'abbaye de Quarante à Jacques Domengat, chanoine de lad. abbaye, en remplacement de Pierre de Villa, décédé.

A la même date, Bérenger de Auxilis, chanoine de l'abbaye de Quarante, prit possession de l'office de sacristain. Cet acte est suivi des lettres de Raymond de Guers, abbé commendataire portant collation dud. office en faveur de Bérenger de Auxilis, par suite de la résignation de Jean de Brettes.

1506. — Bérenger loue à Durand Godal, d'Argeliers, une olivette pour 25 sols tournois.

27 Avril 1507. — Bail à ferme par M. Bérenger de Ozilhis, sacristain de l'abbaye de Quarante, des fruits décimaux de Saint-Jean-de-Caps, au décimaire de Mailhac, appartenant à son office. L'arrentement est fait pour deux ans à Etienne Déodat, d'Aigues-Mortes, pour la somme annuelle de vingt-cinq livres tournois. Le rentier pouvait percevoir tous les fruits à l'exception de la dîme de la laine et des agneaux.

BULLE DE JULES II

Du 2 Juillet 1507, Pontificatus Domini
Julii papæ secondi. anno 4º.

Antonius Episcopus Prenestensis, Georgius tituli sancti sixti, Franciscus tituli sancti Adriani prœsbiter, Fredericus, sancti Theodori et Karolus sanctorum Viti et Modesti in Macello Martirum diaconi ; miseratione divina sacro sanctæ Romanæ Ecclesiæ Cardinales, universis Christi fidelibus prœsentes litteras inspecturis salutem in domino sempiternam. Quanto frequentius fidelium mentes ad caritatis opera inducimus tanto salubrius animarum suarum saluti consulimus Cupientes igitur ut parrochialis Ecclesiæ beatæ Mariæ de Quadraginta diocesis Narbonensis ad quam sicut accepimus dilectus nobis in Christo Stephanus Vidilher Clericus Rector parrochialis Ecclesiæ prœdictæ, Narbonensis diocesis singularem gerit devotionis affectum, congruis frequentetur honoribus ac in suis structuris et œdificiis debite reparetur conservetur et manuteneatur ac libris, calicibus et aliis ornamentis divino cultui necessariis decenter muniatur, et a Christi fidelibus ibidem veneretur et ut ipsi Chisti fideles eo libentius devotionis causa confluant ad eandem et ad prœmissa manus promptius porrigant adiutrices quo ex hoc ibidem dono Cœlestis gratiæ uberius conspexerint se refectos. Nos igitur Cardinales prœfati videlicet quilibet vestrum omnibus et singulis Christi fidelibus utriusque sexus vere pœnitentibus et confessis qui prœdictam Ecclesiam in sancti Stephani de mense Augustini ac ipsius sancti Stephani inventiones, omnium sanctorum, Nativitatis beatæ Mariæ Quadraginta Martirum festivitatibus et diebus a primis vesperis usque ad secundas vesperas inclusive devote visitaverint et ad prœmissa annuatim quod ad reparationem conservationem et manutentionem prœdictas manus porrexerint adiutrices de omnipotentis Dei misericordiæ ac beatorum Petri et Pauli Apospolorum eius se authoritate confisi pro singulis festivitatum earumdem diebus quibus id facerint centum dies de iniunctis eis pœnitentiis misericorditer in Domino relaxamus præsentibus perpetuis. futuris, temporibus duraturis. In quorum fidem præsentis litteras fieri et per secretarium unius nostrum subscribi sigillorumque nostrorum appensione muniri fecimus. Datum Savonæ anno, etc. Julii Papæ secundi, anno quarto. (De Doat).

Antoine, évêque de Préneste, Georges du titre de Saint-Sixte, François du titre de Saint-Adrien, prêtres, Frédéric de Saint-Théodore et Charles des Saints-Vit et Modeste in Macello, martyrs, diacres, par la miséricorde divine cardinaux de la sacro-sainte Eglise romaine, à tous les fidèles du Christ, qui verront les présentes lettres, salut éternel dans le Seigneur.

Désirant donc que l'église paroissiale de Sainte-Marie de Quarante, à laquelle, comme nous le savons, porte une singulière affection de dévotion, notre très cher frère en Christ Etienne Vidilher, clerc, recteur de la dite église paroissiale du diocèse de Narbonne, soit fréquentée avec des honneurs convenables, que dans ses constructions et édifices elle soit réparée, conservée et maintenue comme il convient, et qu'elle soit décemment pourvue de livres, calices et autres ornements nécessaires au culte divin, et afin que ces mêmes fidèles du Christ y affluent d'autant plus volontiers pour cause de dévotion, et accordent pour les choses susmentionnées des mains secourables, d'autant plus promptement qu'ils se verraient plus abondamment fortifiés du don de la grâce céleste.

En conséquence, Nous, cardinaux susnommés savoir chacun de nous à tous, aux fidèles du Christ de l'un et l'autre sexe véritablement répentants et confessés, qui auront dévotement visité la dite église aux fêtes et jours de saint Etienne du mois d'Août, et de l'invention du même saint Etienne, de la Toussaint, de la Nativité de la bienheureuse Vierge Marie, des Quarante Martyrs, depuis les premières vêpres jusqu'aux secondes, inclusivement. Confiants en la miséricorde de Dieu Tout Puissant et en l'autorité des bienheureux apôtres Pierre et Paul, Nous remettons miséricordieusement dans le Seigneur pour chacun des jours de ces mêmes fêtes où ils auraient accompli les actes nécessaires cent jours des pénitences à eux infligées, durable aux temps présents et aux futurs pareillement. En foi de quoi... Donné à Savonne.

Jules II, Pape.

Jusqu'à présent les papes avaient adressé leurs bulles à l'Abbé lui-même ; cette fois-ci, Jules II l'adresse au curé. L'abbé a-t-il voulu désigner au souverain pontife la piété remarquable de ce bon pasteur ?

1508. — Sous la date du 5 Octobre se trouve la quittance des droits de lods et ventes payés à l'ouvrier de l'abbaye de Quarante par Olivier Beauxhostes, marchand et habitant d'Agel, pour certaines terres par lui acquises dans le territoire d'Agel.

ROBERT DE COQUEBOURNE

XLIV. — 1509. — Robert de Coquebourne, évêque de Rochester, trésorier de la Sainte-Chapelle, à Paris, succéda en 1509.

L'acte suivant prouve l'erreur de Dom Vaissette, lui faisant gouverner l'abbaye seulement en 1517.

ROBERT DE COQUEBOURNE
NOMME SON FRÈRE VICAIRE GÉNÉRAL

Par cet acte Robert de Coquebourne, évêque de Rochester, aumônier du Roi, abbé commendataire de Sainte-Marie de Quarante, seigneur de ce même lieu, établit comme son vicaire général, maitre Jean de Coquebourne, chanoine prébendé, son frère, pour gouverner dans les choses spirituelles et temporelles, comme s'il était lui-même corporellement présent, pour recevoir les revenus, les posséder, punir les délinquants séculiers et religieux, leur imposer une pénitence salutaire selon le cas, et s'il en est besoin de recourir au bras séculier.

Cet acte a été passé à Béziers, l'an 1509, le 13 novembre, le 7ᵉ jour de la 7ᵉ année du pontificat de Julii II.

Il y eût une transaction entre les religieux de Quarante, dont Antoine de Belmont était prieur, et les consuls de Quarante, tous placés sous la juridiction seigneuriale de Jean de Coquebourne, à savoir :

« Que les habitants de Quarante auraient comme autrefois l'usage et la liberté de prendre les herbages du territoire de Quarante et du tènement de St-Jean-de-Conques, excepté le devés du même tènement; de plus les habitants de Quarante auraient l'usage et la liberté et le pouvoir de faire banderage sur le tènement du dit St-Jean-de-Conques, et de capturer le bétail, gros et menu, des étrangers, pris sur le dit terminal de Saint-Jean pour être amené par les banderies (gardes) à la maison de l'abbé de Quarante selon la coutume ;

« De plus il est établi et réglé entre les mêmes parties que la moitié du bétail capturé appartiendra au Seigneur Abbe, comme seigneur du lieu, ou à ses officiers, et l'autre moitié aux consuls de la communauté de Quarante ;

« De plus il est réglé que toutes les fois que les herbages de Saint-Jean seront vendus à un étranger, par les dites parties, la moitié du prix reviendra à l'abbé et l'autre moitié aux mêmes consuls ;

« De plus il est convenu que si un procès surgit au sujet de ce tènement, les frais du procès seraient partagés également entre l'abbé et les consuls.

« Le vicaire abbatial de son côté et les consuls de l'autre reconnaissent la valeur et la pertétuité de cet acte, et se reconnaissent obligés mutuellement, l'un par les biens de l'abbaye, les autres par tous les biens de la communauté, et se déclarent soumis aux rigueurs des Cours royales de Carcassonne, de Béziers et de Montpellier. Si l'un vient à manquer à sa promesse, l'autre peut s'emparer de tous ses biens et les vendre à l'encan.

Cet acte a été dressé sans aucune impulsion de la fraude, de la violence, de la ruse. Les deux partis ont promis mutuellement de se protéger, de se défendre, et leur main droite étant placée sur les Saints Evangiles ont juré d'observer cet acte passé dans le monastère de Quarante en présence des témoins soussignés. »

Traduit de l'original latin appartenant à M. Laforgue.

1511. — Un acte notarié du 11 septembre, cite devant Raimond Assalhi, licencié en droit de la cour du Sénéchal de Carcassonne, défenseur d'Argeliers, le syndic Antoine Barrani, représentant les autres religieux de Quarante au sujet du différent existant entr'eux.

1511. — Inventaire du blé que doit fournir Argeliers à Bérenger Ozilhis, chanoine et sacristain de Quarante :

1° 24 setiers de blé bon et marchand, 14 setiers de touzelle et un demi, 36 setiers de blé pour semence, 22 setiers et demi d'orge, 55 setiers d'avoine, et le tout avec mesure d'Argeliers. — Etude de Bize.

30 Octobre 1511. — Annulation du compromis passé précédemment entre les religieux de Quarante et les habitants d'Argeliers. — Etude de Bize.

1518. — Bail à nouvel accapte par M⁵ Michel Vernehette, ouvrier de Quarante, à Martine Combes, du mas de Saint-Ypollé, paroisse d'Aigues-Vives-le-Roy, d'un herme situé dans le territoire d'Agel.

13 Février 1520. — Procuration donnée par les religieux de Quarante à Antoine Barreau, prieur claustral, pour les représenter dans un procès pendant au Parlement de Toulouse, entr'eux et leur abbé, Robert de Coquebourne, à cause des réparations de l'église de Quarante.

9 Mai 1520. — Bail à nouvel acapt à François Mathieu, d'Argeliers, d'un herme à l'usage d'une paire de poulets et trois deniers tournois payables à la Noël.

29 Septembre 1520. — Arrentement fait pour trois ans à Pierre Matet vieux, d'Agel, pour 9 ll, payable à Antoine de Camplong, chanoine ouvrier.

Robert de Coquebourne était encore abbé en 1522.

GUILHAUME V DE LA VOLPILIÈRE

XLV. — Guilhaume V de la Volpilière, parent de Guilhaume et Thomas de Prat, évêques, était en même temps abbé de Quarante et chanoine de la cathédrale Saint-André à Clermont. Il mourut le 19 juillet 1529.

Documents de l'abbaye Saint-André de Clermont (ordre des Prémontré).

CLAUDE D'AURAISON

XLVI. — 1530. — Claude d'Auraison sorti de l'illustre maison des marquis d'Auraison, en Provence, jouissait de la commende de Quarante en 1530.

Il fut nommé évêque de Castres le 10 août 1551, après la mort d'Antoine de Vesc ; fut à l'assemblée des Etats-Généraux tenue à Blois, en 1577 et mourut l'an 1583.

Sous son administration, le 18 Janvier 1533, fut donnée la procuration par M. Anthoine Barral, prieur claustral de l'abbé de Quarante à Jean de Garde vieux, marchand de Bize, au sujet de son fief de Bize.

1536. — Des commissaires vinrent de Narbonne faire le compoids de Quarante. Comme exemplaire du français succédant au latin, nous citons ces quelques lignes :

« L'an... VI jorn dé dézembre nos prodomes é destrayres comezes et deputaty a fairé la rechercha generalha de la dijoceza de Narbona, aven fayt appelhar Peyre Lacan, Thomas Savals, consols de Caranta... et lur avem fayt comandamén que nos ayessen a baylar, ung hos dos homes, a nos mostrar tuotas las terras deldit loc de Caranta... la borya dels Pradels, la calha borya és de messiurs de caoungés deldit Caranta, loscals pertenden, il yta borya esto nobla et per so no aven fayt cazern a part, et lur estat enjoyniat a mostrar de lur noeblessa... »

Ainsi pour Saliès, Sérièges, etc.

Ils estimèrent les maisons et couverts, à   47.500 livres.
les terres de Quarante 140.741 62
les terres de Saliès......................   51.592 40
                                            ―――――――――
                                            239.834 02

La livre tournois valait alors 4 fr. 31 de notre monnaie.

1537. — Le 10 février Michel de Verniole, chanoine recteur de Saint-Jean-de-Caps, près Malhac, arrente les revenus de sa rectorie pour 45 livres par an.

BLAISE CITEL

XLVII. — Blaise Citel des barons de la Garde, de Bort, et des vicomtes de Montglandier, frère de Pierre Citel, vicaire général et official de Guilhaume du Prat, évêque de Clermont, son parent, fut élu prévôt, par le chapitre de l'église catédrale de Clermont.

Il fut abbé de Sainte-Marie de Quarante et prieur et seigneur de Godet, au diocèse du Puy.

(Documents du chapitre de Clermont, col. 307).

Ce Guilhaume du Prat devait jouir d'une réelle influence, puisqu'en peu de temps il fit nommer deux abbés à Quarante.

1551. — En cette année se tint un concile à Narbonne dans le mois de décembre. Le premier des canons qui y furent dressés fut dirigé contre les huguenots ; la plupart des autres regardent le rétablissement de la discipline ecclésiastique.

PIERRE VII DE BRINIAC

XLVIII. — 1564. — Pierre de Briniac fut commendataire en 1564 et 1565.

Les seigneurs de la Jugie des Rieux jouirent des fruits de la masse depuis 1565, jusqu'en 1603.

François de la Jugie, baron des Rieux, combattit les huguenots, reçut plusieurs missions importantes du Roi et fut nommé lieutenant général du Languedoc en l'absence du duc de Montmorency.

Le siège abbatial resta donc vacant 38 ans, car il ne paraît point que ces seigneurs de la Jugie, autorisés à recevoir les revenus, aient été investis du titre d'abbé.

De Montalembert dit, en parlant de ces commendataires, « ce fut un désordre universel ». Ce désordre ne s'étendit point à notre abbaye. Un seul laïque fut proposé au couvent de Quarante : c'est le Seigneur de la Jugie des Rieux ; tous les autres furent des ecclésiastiques éminents.

RÉVOLTE DES HUGUENOTS

Si les Albigeois ne purent rien contre les habitants de Quarante, ni contre leur village, il n'en fut pas de même des huguenots. Poussés par la passion la plus haineuse, ils voulaient saccager l'abbaye de Quarante, comme nous le prouvent les annales suivantes :

1577. — Le duc de Montmorency, le 12 décembre, fit prendre ses devants à son armée composée de 8.000 arquebusiers et 500 chevaux, et l'envoya dans le diocèse de Narbonne, où il n'y avait que les lieux de Quarante, de Cruzy et d'Argelliers qui fussent soumis à son autorité.

En montant à cheval pour aller commander lui-même, revêtu d'une casaque noire chargée d'une croix blanche semée de fleurs de lys d'or, en présence de la duchesse sa femme, Antoinette de la Mark, il dit ces paroles : « Ce sera la fin de Montmorency ou la victoire contre ses ennemis ».

Il reçut à Quarante la soumission de plusieurs villages voisins et soumit ensuite par les armes Villespassans, Agel, Aigues-Vives, Bize, Mirepeisset, malgré les troupes du duc de Joyeuse, maître depuis longtemps dans ces communes.

Un historien voyant la facilité avec laquelle de Montmorency passait des catholiques aux protestants, dit : « La politique du duc changeait au gré de ses intérêts personnels ».

24 Août 1585. — Les consuls de Narbonne écrivaient au duc de Joyeuse : « Nous attendons aujourd'hui la responce de tous les autres villages ; le 24 les consuls de Quarante répondent : « Quant de prandre de soldats, n'en avons pas besoin encore ; s'il plait à Dieu, adviserons de faire le meilleur garde que nous sera possible pour garder le lieu à l'obeissance du roy et pour nostre bien ».

(Minute conservée à Narbonne).

9 Janvier 1587. — Il est dit dans les archives de Narbonne que les consuls de Carcassonne ont proposé au conseil « avoir ce mesme jour receu diverses lettres, d'advertissements, de ce que M. de Montmorency quy est en campaigne avec ses forces tant de gens de cheval que de pied, avec canons, ayant prins Capestang, Puisserguier, Ouveilhan et Quarante a délibéré de se rendre aux environs de cette ville... pour rompre les desseings ennemis ont fait convoquer led. conseil ».

1ᵉʳ Mai 1589. — Lettre des consuls de Narbonne au duc de Joyeuse :

« Monseigneur, nous avons receu les deux lettres que

Vostre Grandeur nous a escriptes, au contenu desquelles obeyrons, n'ayant volu falir pour satisfaire à nostre debvoir vous faire entendre que Mʳ de Montmorency se prépare à toute diligence de se mectre en campanhe, ayant déjà envoyé de ses compainhies à Quarante et à Capestang. »

Le même jour Joyeuse répond :

« Suivant l'avis que vous me donnez des préparatifs de nostre voysin, je dépeche mon fils qui va se rendre en vos cartiés pour se opposer a toutz ses deceins atendant que je m'y puisse randre, qui sera bientôt s'il plait à Dieu ».

PRÉPARATIFS DU SIÈGE DE QUARANTE

6 Novembre 1590. — Archives de Narbonne. Lettre du duc de Joyeuse aux consuls de Narbonne :

« Mʳˢ les Consuls, etc,, protestation de dévouement.

« De Ginestas ce 6 de Novembre. Votre plus assuré, parfet et affectionné ami. A Scipion de Joyeuse.

« Je vous envoie une copie de la trêve que j'ai accordée qu'il faudra faire publier ».

Voici la copie de cette lettre autographe :

Retenu par le siège de Quarante, le duc de Joyeuse demeura à Ginestas du 4 Novembre au 2 Décembre 1590. Le 19 Novembre il écrit aux consuls de Narbonne qu'il a besoin de la compagnie qui est à Coursan « pour exécuter quelque chose de bon contre les ennemys) en les priant d'envoyer quelques soldats dans la citadelle pour qu'elle ne demeure pas dépourvue « s'il y a quelques uns volontaires de ceux de vostre ville qui veuillent venir, ilz me feront plaisir ». Le lendemain, il leur demande de lui envoyer tout ce qu'ils pourront trouver « de ces petits moulins à bras qu'un homme peut porter aisément... pour en accomoder ceux de Quarante, qui ont faute de farines ».

Nous avons en notre possession une de ces roues. Elle mesure 0^{m}40 de diamètre ; elle est en grès noirâtre et ressemble à la pierre d'Agde.

Le 1er Décembre 1590, le duc de Joyeuse adressait cette seconde lettre aux consuls de Narbonne :

« Messrs parce que je me prépare à faire encore quelque effort a Quarante d'où deppand le bien de tout ce pays, j'assemble tout ce que je puis et pour cette occasion j'escripts à M. de Camps de prendre tous ceux qu'il trouvera volontaires dans votre ville, a quoy je vous prie apporter tout ce que vous pourrez, car j'espère avec l'aide de Dieu et la valeur de ces honnêtes gens quy sont assiégés que les canons de Mr de Montmorency courrant fortune, car ils les a tous sur les bords du fossé. Considérés, je vous prie, combien cela importe, et faites que je cognaisse à ce coup vostre affection et au général et à mon particulier. De Ginestas, ce 1 Décembre 1590. Vostre affectionné et parfait ami, A. Scip. de Joyeuse ».

Le même jour il écrit la lettre suivante aux consuls :

« Le jour que l'attelage vint, je ne peus faire marcher l'artillerie, pour ce que ceste nuit je devais monter à cheval comme je fis pour mener des gens de Quarante et tout hier au retour, il nous fallait reposer. Et voyant bien que les affaires de ce siège me tiennent si occupé que je ne puis penser à autre, de peur que vous n'ayez besoin des bestes de l'atelage comme vous m'avez écrit, je vous les renvoie et vous prie que je les puisse ravoir aussitôt que j'auray le moyen de passer ces canons. »

2 Décembre 1590. — Autre lettre aux mêmes consuls :

« Messrs vous êtes tesmoins du devoir que font nos assiégés (Montmorency y fut obligé de lever le siège de Quarante le 6 décembre) et jugés s'il est raisonnable de les assister de notre costé de tout ce que nous pouvons comme je ni oublie rien de ce que je puis. Ilz m'ont prié de leur envoyer des médicaments pour les blessés et un cirurgien qui est chès Malard qui s'appelle M° Jehan ; je vous prie de luy faire commandement de s'en venir tout incontinent, encore qu'il y fit difficulté, car ilz font trop bien pour leur laisser avoir faute de rien et qu'il ne doute pas que je le fasse conduire sans danger ».

Lettre de Monseigneur le duc de Joyeuse tendant « aux fins luy vouloir envoier tous les soldatz et volontaires de ceste ville qui sera poussible pour lui donner secours pour aller donner sur le camps de M. de Montmorency qui est devant Quarante, à quoi M. de Camps a offert y aller et y faire tout debvoir. Le conseil décide qu'il sera envoyé 40 soldatz de la morte-paye de la ville ou bien une compagnie entière de volontaires. Chaque soldat recevra un écu et une livre de (poudre et corde). Il sera aussi envoyé 10 pédryvalliers. M[r] le viguier du Roi sera prié d'y joindre 10 ou 12 hallebardiers. Si M. de Camps trouve des volontaires dans la ville, il est autorisé à les emmener avec lui et comme bon lui semblera ».

4 Décembre. — Au folio 327, il est dit sur le refus de M. le viguier du Roi de céder les hallebardiers que le conseil a demandés, et M. de Camps ayant déclaré qu'il ne voulait marcher qu'à la condition d'avoir avec lui 100 hommes au moins, le conseil décide qu'il sera pris 10 hommes de chacune des compagnies de la morte-paye, plus 10 pédryvalliers lesquels seront placés sous le commandement du capitaine Paumoule, pour être conduits à Mgr le duc de

Joyeuse. Chacun de ces hommes recevra une paye de 30 sous suivant ce qu'il a été arrêté dans le précédent conseil.

SIÈGE DE QUARANTE

En septembre, le maréchal de Joyeuse, appuyé par d'Ambres, capitaine des troupes du haut Languedoc, c'est-à-dire avec douze régiments d'infanterie, de trois cent maîtres et de six mille lansquenets reprit Quarante, Cruzy, etc.

1590. — Etat contenant les mules et charrettes de l'attirage de l'artillerie et munitions qui ont été perdues ou prises par les ennemis durant le siège des lieux de Cruzy et de Quarante ès mois de Novembre en 1590 avec quelques pièces justificatives. (Archives Montpellier).

Le Journal de Chabonneau, écrivain protestant, au chapitre des Guerres de Béziers, tome II, contient de plus amples documents sur le siège de Quarante (Novembre 1590) :

« M. de Montmorency ayant 600 maîtres et environ 3.000 hommes sous le régiment de M. de Pérault, de Montbasin, de Sérignan, de Jayle, de Gasques et les troupes du sieur Gaudon de la comté de Foix, gens de cheval, la compagnie de M. de Montmorency, de M. d'Auffemont, de Gaudon, de M. de Pugeol, qui était maréchal de camp, de Flicher de Jacques de Luquo; de Francisco Bébia, de M. de Monteson, du vicomte de Monfa, de Caderousse des Essarts et sept pièces à scavoir : deux doubles canons, trois canons et deux colevrines, il alla assiéger le lieu de Quarante qui était le plus voisin des places qui le reconnaissaient ; ce lieu était très mauvais et plusieurs fois l'on avait voulu persuader au duc de Joyeuse de le démanteler ne y ayant de fossés que de deux toises.

« En cette saison M. de Joyeuse n'avait point de gens de pied français, n'ayant que quinze cents lansquenets en garnison, tout le reste étant mort de la maladie, de cavalerie, il n'avait pas cent maîtres. Scachant ce lieu assiégé, il s'alla loger a Ginestas distant de deux lieues, pour le secourir, n'étant ce lieu muni de tout ce qu'il lui fallait pour un grand siège ; ce qu'il fit envoyant cent hommes avec de poudre, bales et cordes pour deux jours, croyant que dans ce temps, ils seraient rendus. La batterie commença et de ce jour l'assaut ne fut donné ; ce qui donna moyen aux assiégés de faire un retranchement et de se remparer de rechef.

« M. de Joyeuse renvoya des gens, le lendemain la batterie continua, et le jour suivant ayant abattu force de murailles et parties des maisons. Après, la batterie cessa pour deux jours a cause que les balles et poudre étaient falies, il en fallut envoyer quérir a Béziers : après la batterie recommença : cette relâche donna du cœur aux assiégés et au sieur de Joyeuse qui se résolut d'envoyer deux cent hommes dedans qui rompirent un corps de garde en entrant. La baterie recommença et fut tiré environ dix à douze cent coups de canon : l'on alla deux fois à l'assaut, et furent bien repoussés.

« Cela fâchait fort M. de Montmorency, et fit tenter d'aller se loger dans le fossé et saper le reste de la muraille. Les gens se logèrent de jour ne pouvant être offensés du retranchement a cause que la contrescarpe était un peu relevée. Les assiégés laissèrent les ennemis dans le fossé et la nuit suivante ils firent une sortie en deux endroits si vivement, que les quartiers furent quittés, sauf celui du canon; et après allèrent a ceux qui étaient logés au fossé, et les délogèrent ; ils continuèrent à faire tous les jours et nuits des sorties qui endommageaient fort les ennemis. Tous les soirs le duc de Joyeuse venait voir les assiégés, étant tous les ennemis au canon en gros, et tout le reste du quartier lui était libre ; il y portait les vivres et munitions nécessaires, ce qui les encourageait fort.

« Le siège dura quinze jours; et enfin n'ayant ni poudre ni bales pour le canon. M. de Montmorency fut contraint d'en lever le siège et se retirer n'ayant plus de munitions pour attaquer (6 décembre).

« Ceux qui commandaient dans le dit Quarante étaient le capitaine Garnier et le capitaine Pels, tous les autres les reconnaissaient, leur obéissaient. La perte des bales nuisait fort à M. de Montmorency, car il n'avait pas des bales des doubles canons et servit fort à son ennemi qui en avait manqué ».

6 Janvier 1591. — Commission donnée par M. le duc de Joyeuse pour imposer sur la ville, une somme de 400 écus, destinés aux travaux des fortifications à élever à Quarante, naguère assiégé et battu à coup de canons par M. de Montmorency. — Archives de Narbonne.

19 Juillet 1592. — Bail à nouvel acapte et emplytéote de 15 sétérées de garrigue par les Religieux à Pierre Seguy, d'Argeliers, pour 2 setiers d'orge annuels et une paire de perdrix à l'entrée en possession. — Etude Bize.

8 Avril 1594. — Lettre du capitaine Granier à M. de Laborde :

« ....Je vous supplie si vous écrivez à Mgr le deuc ressouvenir à sa Grandeur deu faict de Quarante et le supplier s'il vous plait, i pourvoir, et a d'autre faict que je vous parlis de cent livres, vous supliant très humblement m'y favourir. — De St-Nazaire ce VIII Apvril ».

15 Mai 1595. — Arnaud Vices de Montouliers, reçoit à demi fruit un troupeau de 19 chèvres, de Etienne Redon sacristain du Monastère. « En sus led Vices donnera annuellement, pour chaque bête une livre de fromage sec payable à la fête de la Magdeleine. » La maison Célestin Chapert, avenue de Saint-Privat, contient dans un de ses murs, la pierre tumulaire de ce religieux, avec cette inscription : « Jesus 1596 Maria. »

Monsieur Estienne REDON, sacristain (Doat).

DON

4 Février 1596.

L'AN... establi et constitué en personne religieux et sage homme Amans Landes, chanoine et trésorier, es présent, lequel suivant sa volonté, se désistant des biens mondains, pour se mettre au service divin de Notre Seigneur J.-C. a donné comme de présent donne a honeste femme Marie Siguine sa mère, és présente et pour elle les siens stipulants et acceptants, sçavoir est, la somme de cinquante escus, a lui allégués et donnés, par feu Pierre Landes, son père en son vivant du lieu de la Salvetat ; pour d'icelle somme faire à ses plaisirs et volontés, tant en la vie qu'en la mort ; se réservant toutes fois, la somme de trente escus, en cas de nécessité, et non aultrement et pour ce faire tenir, garder et observer et n'y contrevenir led Landes a obligé ses biens et ainsi l'a juré. » — (Etude de Ginestas).

En appelant à la vie religieuse, un Enfant, Dieu ne lui dit point d'étouffer les sentiments affectueux dûs à ses Parents. Au contraire il veut que l'Enfant s'intéresse à eux, même au point de vue matériel, tel est l'acte de ce bon Religieux, donnant son bien paternel à sa mère.

4 Février 1596. — Réception d'Amans Landes comme religieux.

« L'an.... s'est présenté Frères Amans Landes religieux novice du monastère dud lieu, lequel parlant à Messieurs etc., assemblés en chapitre a capitulo capitulanti, le siège vacant, luy aurait dit et remontré, qu'il y a environ dix-sept ou dix-huit mois, en plus qu'il estait en chapitre, l'aumônier l'avait reçu religieux et donné l'habit de novice aud monastère ; auquel il aurait demeuré depuis, et vu l'observance de la règle et ordre nôtre Saint-Augustin, par quoi il aurait résolu moyennant la grâce de Dieu, de continuer sa vocation aud monastère, durant sa vie, suivant son premier vœu et vocation, s'il plait auxd sieurs religieux de recevoir sa profession qu'il prétend y faire de lad religion, à laquelle les prie et recquier de vouloir ad mettre et recevoir ; au préalable authorisé par licence et consentement de Marie Séguine sa mère, et Amans Alas son parrain et Jacques Landes son cousin, ici présents au consentement faict de laquelle profession, appert par eux exhibé a religieuse personne Jean Becardit infirmier herbdomadier de la grandmesse, que par le ministère d'iceleux. a été administré l'ordre de profession aud Landes, que a remise icelle profession en latin, entre les mains dud Becardit, par lequel nous aurait été baillé, pour l'insérer dans le présent acte de teneur : Ego Frater Amantinus etc suivant laquelle réquisition et acte susdit, lesd messieurs religieux, l'ont reçu avec les promesses, soubmissions et autres solennités requises, de qui ont requis acte ; présents Messieurs Mᵉ Pierre Barthes religieux de Saint-Chinian prieur de Fenolhat Armand Visses de Montouliers et honorable Pierre Routoul, consul de Quarante ».

A ce même acte est jointe la profession de foi, en latin, écrite intégralement par Landes : « Ego. Frater Amantius Landes, promitto Deo et vobis, etc. ». — (Etude de Ginestas).

4 Février 1596. — Pierre Jacques Barthés novice est reçu Religieux dans la même forme que le précédent. Annexé à la profession de foi de Jacques Barthés, que nous reproduisons intégralement, parce que cet acte est d'un autre notaire :

« Ego Frater jacobus Barthesius, promitto Deo et vobis domino nostro Abbati monasterii ecclesiæ Beatæ Mariæ de XL et successoribus vestris, quos sanior pars congregationis, canonice elegerit, me servaturum continentiam, quantum Deus fragilitati meæ dederit, sive permiserit. Renuntio ipsis et vobis obedientiam et reverentiam promitto, secundum regulam beati Augustini. »

Annexé encore à l'acte le consentement donné par le père du religieux :

« Messieurs je vous envoie Jehan, mon fils, tout exprès, pour assister de ma personne a faire passer Jacques mon fils proffés, et y faire tout ce qui sera bezoint et nécessité. Je vous prie me excuser, quante je ne suis venu, a cause que je suis esté détenu, d'une longue maladie, tellement que je ne puis cheminer ; mais je vous donne toute puissance à vous aultres, Messieurs, et à mes fils depasser oultre, comme si moi-même y était présent. Je désire fort, après estre joyeux, vous venir faire la révérance et vous rendre la revanche du bien que vous me auriez fait. Et sur ce vous donne pour jamais Messieurs votre très humble et obéissant serviteur. De la Salvetat ce premier Février 1596 (marque de Barthés au bas).

« Le secrétaire n'oublie pas ses humbles recommandations, auquel je vous baise très humblement les mains. » — (Etude de Ginestas).

Nos lecteurs ne doivent point être surpris, de voir un acte essentiellement religieux, comme la consécration à Dieu, confié au ministère d'un officier public. En effet, avec l'acte de piété, il y avait, transmission des biens affectés, à telle fonction ; d'où la nécessité de l'acte notarié.

NOMINATION D'UN PRIEUR

1596, 7 avril. — L'an... le siège vacant, et tous d'un commun accord sachant et considérant n'y avoir aulcune nécessité de lad. généralité, tous d'un commun accord, ont fait, créé et nommé prieur et vicaire général aud. chapitre le siège vacant comme dit est, led. noble Bertrand de Redon camérier pour prieur et vicaire général, pour régir et gouverner lad. vacation de prieur et vicaire général, comme ses devanciers ont accoutumé user, jouir et faire promettant tous lui aider et concéder en tant que sa puissance et désir se peut étendre, ains lui obéir sur les fins juré en lad. année, promettant acquiescer de lui donner advis en tant que besoin sera. quant et seront requis, sur l'obligation des biens dud. chapitre et ainsi ont juré : présents Anthoine Giraudol de Cruzy, Merlan Hebrard de Quarante, et Jean Rouch praticien de Ginestas, et moi notaire. (Minutes de Quarante portées à Ginestas).

1596, 19 Août. — Acte par lequel Pierre Guérin, vieux de Quarante, prend a levu de Michel Hospitalier dud Quarante le livre de la taille a lui baillé par les consuls de Quarante se montant a la somme de 618 écus, 12 sous, 6 deniers. Hospitalier laisse a Guérin pour ses peines et vacations, les levadures contenues aud. livre et lui donne en sus 8 écus. Fait à Quarante, étude de Ginestas.

1597, 29 Novembre. — Obligation de 300 écus 20 sous, consentie par Pierre Giraudot de Cruzy en faveur des chanoines de Quarante représentés par Bertrand de Redon, prieur et camérier, etc. Cette somme de 300 écus 20 sols est le compte final de Giraudot comme rentier des dîmes d'Argeliers, Serièges, etc. Fait à Quarante, étude de Ginestas.

1597, 30 août. — L'an... constitué en sa personne Jean Rual, à Quarante, lequel se voyant malade dans sa maison et lict, près de son feu de maladie corporelle, toutefois sain de son entendement, mais pour obvyer aux inconvénients de procès, a voulu faire son testament a la forme que suit, premierement a fait comme un chacun bon chrétien devons faire, c'est de pancer a la guérison de son âme plus tôt que de son corps et en témoignage de ce, a fait le signe de la croix en disant : Au nom du Père, du Fils et du St-Esprit, soit fait amen, priant le Créateur que si de cette maladie ou d'autre, son âme se désépare de son corps, de la lui vouloir reprandre en telle ignossance, comme luy a pleu de la luy mettre, et remettre et colloquer en son royaume de Paradis, et que son corps soit apporté en l'église dud. lieu, qu'a son enterrement soient appelés tous les M^{rs} chanoines et prestres dud. lieu et donne a un chacun cinq sols sans réffection; plus ordonne que nouvène luy soit suivie et cap d'an... et qu'a perpétuité soit célébré un obit solennel en l'église dud. lieu et que M^{rs} chanoines et prestres, soient payés par Pierre Darnac son héritier, à cinq sols chacun sans réffection.

Plus donne a sa sœur de père, Rusde une maison, al fort neuf, une vigne olivette et un jardin ; plus à tous ses autres parents cinq sols chacun. — (Archives préfecture Montpellier).

10 Septembre 1597. — Bail, au sieur Rauly d'Argeliers, d'un patur et d'un champ, à l'usage chacune année un polet payable à N. D. d'Août. — Témoin Joseph de Saint-Etienne, de Cruzy.

21 Février 1599. — Nomination de noble Bertrand de Rodon, camérier et prieur, pour défendre les religieux contre les habitants de Quarante. — Etude de Ginestas.

23 Septembre. — François Cathala, d'Argeliers, reçoit à bail des religieux quinze sétérées de garrigue, pour une géline d'usage, la tasque des oliviers, et pour l'entrée paiera aux religieux une géline. — Etude de Ginestas.

17 Septembre 1600. — Les religieux nomment pour leurs syndic et procureur frères Etienne Redon et Etienne Tilhon. — Etude de Ginestas.

UN RECTEUR DE SALIÉS REFUSÉ COMME RELIGIEUX DE QUARANTE

17 Septembre 1600. — Ce jourd'hui... à Quarante ; chanoines, lesquels, capitulo capitulanti ont remontré par l'organe dud. Redon, sacristain, qu'il y a déjà six mois ou davantage que a la grande prière et importunité de M⁰⁰ Bernard et Pierre Bouquejay, greffiers père et fils, M⁰ Jean

Redon et autres, ils ont reçu en leur chapitre pour novice M° Jean Bouquejay, prêtre et recteur de Saliès, en espérant pendant la vie et jours de son noviciat, reconnaître les mœurs et actions dud. Bouquejay, et le zèle qu'il disait avoir de servir Dieu dans le chapitre en qualité de religieux et régler plus sa vie, que celle qu'il avait tenu auparavant et qu'il satisferait à de belles promesses, qu'il faisait de corriger et réformer sa vie passée, assez débauchée et scandaleuse et se former aux lois et disciplines d'un vrai Religieux homme de bien et frère d'obédiance. Toutefois un chacun a reconnu depuis, que ce qu'il en faisait était à dessein pour attraper la dignité et bénéfice de camérier en lad. église, vacante par le décès de feu sieur Bertrand Redon, que Dieu absolve. Cette ambition et avarice l'a fait à l'instant recognaistre, et au lieu qu'il n'était que simple novice et partant, des derniers dud. chapitre, s'est à l'instant jacté aux premières dignités, et cela à l'appui et faveur des susdits, l'a tellement rendu enflé de courage, qu'il a pris déjà les premiers errements de sa vie de débauche susd, sy qu'il s'en peut dire en faute de désobéissance et infractions des promesses et serments par lui faits. Et en outre ont reconnu lesd. sieurs chanoines et religieux, que led. Bouquejay novice susd. est homme inepte, plein d'ignorance et incapacité, ne sachant aucunement dire ni célébrer le service divin, ni même aider à le faire aux autres religieux, voir même ne sait il prier que lire à son bréviaire : sy qu'il est de tout inutile au chapitre et n'y peut servir que de bruits, brigues et scandalles ; car même depuis qu'il est reçu, comme dit est, novice, il s'est attaqué d'action et de colère avec plusieurs personnes, de manière que s'il était reçu un jour religieux profés, et croyable et tout certain qu'il serait impossible retenir, arrêter et former led Bouquejay aux mœurs de bonnes actions d'un vrai religieux et qu'il apporterait beaucoup de scandale et préjudice aud chapitre et habitants dud. lieu.

Pour ce quoy faire et obvier, lesd. sieurs religieux, duement edifiés et de ce dessus trouvé notoire et véritable, étant comme dit est, assemblés pour délibérer et résoudre sur lad. affaire et prend les raisons susd. et autres mentionnées en l'acte du quatrième juillet dernier, conformément à icelle et a leurs statuts et privilèges, ont été d'avis, résolu et délibéré de commune voix et consentement juré et promis sur le Te Agitur et Croix Notre Seigneur, par serment que led. Bouquejay ne sera point reçu profès, ni religieux aud. chapitre directement ni indirectement et que à la première occasion, il lui serait dit et déclaré, par l'un desd. religieux de se retirer de la salle du chapitre et décharger la robe blanche et autres ornements qu'il avait chargés le temps dud. noviciat ; et en refus, que lesd. habits et robes lui seraient hotés, déchargés et tirés dud. chapitre, par les autres religieux, duquel chapitre lui sera deffendu et inhibé d'entrer ; et en outre de se dire ni se nommer novice ni religieux dud. chapitre, par la raison susd. Est tant que besoin est présentement par vertu de la présente délibération promise et jurée comme teneur, lesd. religieux ont privé et exclus led. Bouquejay dud. noviciat et de tous autres droits qu'il pouvait prétendre aud. chapitre, ou autrement a cause dud. noviciat, et afin que la souveraine cour de Parlement de Toulouse, où l'instance est pendante pour raison dud. bénéfice et dignité de camerier, soit advertie de ce dessus, et pour la supplier très humblement a adjuger la dignité et bénéfice à Frère Jacques Barthès ou autre religieux digne et capable, afin que le service divin soit augmenté, et cependant commettre quelqu'un d'iceux religieux pour faire le divin service, dépendant dud. bénéfice et dignité de camérier, autrement que led. Bouquejay novice et incapable comme dessus, les sud. sieurs et chanoines ont fait et créé leur procureur, M⁰... Lacan... aultres premiers occupants. Promettant agréer ce qu'il fera et point ne le révoquer, ni contrevenir a tout ce dessus, sous obligation des biens dud. chapitre que ont soumis aux forces et rigueurs des cours et scels mages de Carcassonne, Béziers, petit scel de Montpellier et autres du présent pays pour y être contraints selon leur rigueur, avec les renonciations de droit a ce requises et nécessaires et ainsi l'ont juré sur les saints Evangiles notre Seigneur, Te Igitur et croix. Présents sieur Pierre de Saint-Etienne, David Terral, Mathieu Astoul et Pierre Rastouch, de Cruzy, et de moi, Raymond Giraudot, notariat de Ginestas.

Ce refus nous prouve avec quel soin jaloux, les Génovéfains voulaient conserver la réputation de leur communauté de Quarante.

IMPORTANTES RÉPARATIONS AU COUVENT

ACTE passé entre les religieux de Quarante et M⁰ Etienne Nonno, maître-maçon de Saint-Chinian, pour réparations à faire au couvent :

12 Novembre 1600.

« Ce jourd'hui... à Quarante, constitués en personne de M⁰ Etienne Nonno, maître-maçon, habitant du lieu de Saint-Chinian, ès présent, lequel a pris et prend des sieurs frères et chanoines du vénérable chapitre N. D. de Quarante, présents frères Etienne Redon, sacristain, et Etienne Teillon, aumônier, sindics du chapitre, Jean Becardit, infirmier, Michel Bellières, ouvrier, Jacques Barthès et Amans Landes, religieux et chanoines en l'église et chapelle N. D. de Quaranté cy présents et acceptants à faire et parfaire les besognes ci-après escrites :

1° Lui dresser et faire un membre, sive salle, à deux degrés, sans a ce comprendre le troisième. Le premier plancher prenant sur les arcades dud. chap., devers cers, jusques à la muraille de la ville ; a laquelle muraille feront et seront tenus de faire et mettre demi crouzière de taille, au lieu et place, où est à présent l'aiguiere, et devers le côté du marin, sur lesd arcades deux fenêtres de taille et faire les degrés a repos de pierre de taille, avec une porte de taille à l'entrée d'icelle ; Ensemble une autre à l'entrée de la salle, une à l'entrée du grenier, et l'autre à l'entrée de la cuisine, abatre les murailles du côté du midi et aquilion, et icelles prendre de plein pied le fonds et fondement jusques au dehaut, remettant le premier degré comme il est a présent, et le dehaut et salle de hauteur de douze pans et le grenier de sept pans, au plus bas, du tombant de l'eau, et remettront la muraille comme les autres de rassié et jusques au toit, sur lesd. arcades, sur lesquelles poseront lesd. arcades, la plate forme de la salle, sera tenu de remettre et faire avec gip, et le dehaut avec deux meurtrières, et combler l'un à un pan de largeur de l'autre. Sera tenu aussi, en outre led. Nonno faire changer l'aiguière dans la cuisine, au lieu et place, où lui a été désigné par lesd. sieurs chanoines ; comme de même sera tenu de faire deux fenêtres de taille, largeur de deux pans carrés au grenier sur les croisières, devers le cloistre, comme de même sera tenu faire deux cheminées scavoir : celle de la salle au lieu, où sera désigné par lesd. sieurs chanoines avec gip de pareille et semblable condition, que celle qui est à présent en la salle de Monsieur le Viguier de Quarante, et l'autre de la même de mourtier et tuillés, ce qu'il sera tenu faire ; le tout à ses dépens, sauf et réservé les chariages de tout, que lesd sieurs chanoines seront tenus mettre à pied de besogne, et ensemble lui fournir de tuiles, qui seront nécessaires de mettre

au toit de lad. maison. Pour a quoi faire et pour le paiement
et acquittement de lad. besogne, lesd. sieurs chanoines
seront tenus de payer et bailler aud Nono m° maçon, la
somme de 200 écus, sol de soixante souls, l'écu, et la quantité de quinze costiers bled froment, bon, beau et marchand
mesure dud. Quarante et trois cartiers huille, mesure dud.
Quarante ; le tout payable sçavoir : l'huile et bled au commencement de lad. besogne, et ensemble la moitié de lad.
somme, et l'autre moitié à la demi faction de lad. besogne ;
les dépouilles de la dite besogne, sauf les tuilles seront et
appartiendront aud Nonno, laquelle besogne led Nonno sera
tenu faire d'entre icy et le jour de feste de N. D. d'Août, a
peine de tous dépens dommages et intérêts ; auxquelles
fins led Nonno a obligé ses personne et biens, et lesd chanoines les biens du Chapitre, que ont soumis aux forces et
rigueurs des cours et sceaux royaux du présent royaume
de France, renonçant à tout contraire. Et ainsi l'ont juré.
Présents, Frère Louis de Bosquat camérier de St-Chinian,
Arnaud Amiel d'Ornaison et moi Giraudol notaire.— (Notariat de Ginestas).

NOURRITURE DES RELIGIEUX

8 Mars 1601.

PART de bled, huile etc. a donner a chaque personne de l'abbaye, pendant le temps qu'elle séjournera au dehors, a cause des réparations qui se font au bâtiment :

« L'an... religieux en lad. église, sur ce qui a été proposé par led. Redon que a cause de la réparation qui se fait en leur maison et chapitre il leur vient necessaire pour que y travaillant étant besoin de tomber les murailles et cheminées de la salle et membre où lesd religieux avaient accoutumé, manger tous en commun, il est de nécessité de quitter lad. maison pour quelque temps jusques à la dite réparation parfaite, de vivre particulièrement chacun en sa chambre ; et à ces fins un chacun prendre le bled, vin, huile et autres choses du commun pour les aliments et nourriture, par moyen et advis que faudra donner au vicaire et conserviteur dud. Chapitre, demandant sur ce l'avis d'un chacun desd religieux. Lesd ont été d'avis, que un chacun des religieux, sans a ce comprendre, Mᵉ Jean Bouquejay prétendu novice, qui a été congedié par led. Chapitre, auront pour leur vie et nourriture, cinq cartières de bled pour homme chaque mois, une cartière huile et le vin nécessaire chacun jour, tant que lesd sieurs religieux demeureront et vivront en particulier en leurs chambres, et au vicaire un cestier, au clerc trois cartières, et à deux valets dud. chapitre une émine pour homme, chaque mois ; attendant que la maison et chapitre soit achevés de réparer et commode pour loger lesd. religieux et y vivre en commun, comme ils ont fait jusqu'a présent ; ainsi a été délibéré, et a ce consenti par lesd. religieux, soussignés, et outre pour le bien de paix, ont convenu et délibéré, qu'il sera baillé aud Bouquejay, jadis novice, cinq cartières bled pour un mois tant seulement et non davantage dorénavant, le tout sans préjudice des droits dud. Chapitre, ni autre, vu mesmement qu'il est tiré et réputé hors dud chapitre pour n'être religieux, profès ni novice d'icelui : ainsi a été convenu, conclu et délibéré par lesd. sieurs religieux, tenant leur chapitre, en présence de Mᵉ Etienne Nonno, maçon, de Saint-Chinian, et Antoine Rigaud et Pierre Sicre aussi maçon de Quarante. » — (Notariat de Ginestas).

26 Avril 1601. — Le capitaine Granier de Croissan verse

100 écus d'or, aux chanoines, pour être rendus à Marie Aymarde, pour l'achat de vignes, d'Argeliers.

PROCÈS EN PARLEMENT DE TOULOUSE

24 Août 1601.

ouvoirs donnés à Frère Etienne Teilhon, de défendre en l'instance pendante contre M° Jean Bouquejay :

« L'an... à Quarante, à la réquisition de frère Etienne Teilhon religieux et aumônier en lad. église, par l'organe dud. Teilhon a été représenté aux autres susd. religieux, qu'ils ne peuvent ignorer la charge et pouvoir, que en qualité de sindic le chapitre lui a donné pour poursuivre en la souveraine cour de Toulouse, le procès y pendant à l'encontre de M° Jean Bouquejay, prêtre et recteur de Saliés, cy devant novice ainsi qu'il a fait et suivant sa charge, a représenté l'incapacité dud. Bouquejay, et autres raisons qui ont ému led. chapitre à le tirer du noviciat et lui faire quitter la robe blanche, qu'il porte encore, contre l'intention dud. chapitre ; le tout suivant et conformément aux actes et délibérations dud. chapitre. Mais d'autant que le dit Bouquejay se jacte avoir en mains quelque prétendu desadveu dud. sindicat et pouvoir donné, pour lad. poursuite de lad. instance, a requis lesd. religieux, vouloir sur ce déclarer leur intention et volonté, afin qu'il la puisse suivre et observer, comme il a fait ci devant. Lesquels susd. sieurs religieux, ayant ce dessus entendu, ont dit et déclaré, n'avoir jamais ouï parler dud. désadveu, que ne savent ce que c'est, ains c'est tout le désir pour le bien et augmentation du divin service de poursuivre jusques a arrêt la sud. instance, afin qu'il plaise à la cour de Parlement, confirmer lesd. délibérations et pourvoir au bénéfice et dignité de camarier, de personne capable de faire led. service divin, attendu lad. incapacité dud. Bouquejay, qui ne fait ny ne saurait faire led. service ; et tant que besoin est ont aprouvé la poursuite dud. Teilhon, sindic, que ci devant il a faite et fera cy après de lad. instance ; et promettent de ne le point révoquer ains l'indemniser sous l'obligation des biens dud. chap... Présents, Me Pierre Guérin notaire de Quarante, Antoine Giraudol et George Giranard, de Cruzy et Bernard Pagès, de la Salvetat et moi Giraudol, notaire à Ginestas. »

Le manuscrit de Narbonne cite à la page 590, une procédure faite en l'an 1601 d'authorité de la cour spirituelle de Monseigneur l'Archevêque de Narbonne, contre un nommé frère Estienne Teilhon, aumônier en l'église abbatiale de Quarante instant le procureur fiscal dud. Arch. de laquelle résulte qu'estant venu à la notice dud. procureur fiscal que led. Teilhon n'était pas un bon religieux. Ledit procureur fiscal avait donné requête à l'official du St Arch. pour en être informé ce qui lui avait été concédé. Et information ayant été faite, et sur les faits d'icelle ordonné que ledit Teilhon serait assigné en personne pour estre ouy sur le récit de la cause : led. Teilhon avait fait dire par son avocat n'estre tenu répondre devant led. sieur Official alléguant le déclinatoire et incident aux fins de non procéder, attendu qu'il était religieux claustral et qu'il avait son supérieur Abbé dudit Monastère. A quoi répondant ledit Procureur fiscal disait, nonobstant telles obligations, ledit Teilhon se devoir présenter et obéir au décret contre lui laxé, attendu que les Religieux dud. Couvent n'avaient point le chef de l'ordre et toujours auraient été sujets de tout temps immémorial à la cour du Sr Arch. à laquelle les même Religieux avaient plaidé leurs différents d'entr'eux. Sur quoi

ayant été appointé que led. Teilhon se présenterait pour
être ouy, il aurait relevé appel comme d'abus dudit appointement à la cour du parlement de Toulouse ou par arrêt
d'icelle judiciairement prononcé le 10 Juillet 1601 parties à
plain ouyes; et ensemble le Procureur du Roy feust dit que
l'ordonnance et appointement donné par l'Arch. de Narbonne ou son official n'y aurait point d'abbus et aurait
condamné l'appelant à l'amende ordinaire envers le roi et
a moitié moins envers la partie pour dommaiges et intérêts et aux despans de la cause, taxe réservée. »

Le procès ne dut pas avoir de suite, car on n'en trouve
pas les pièces, d'une sentence quelconque.

SIÈGE ABBATIAL VACANT

PROCURATION DONNÉE PAR LES RELIGIEUX

20 juin 1602.

L'AN... faisant la plus grande et saine partie dud.
monastère, lesquels mémoratifs de l'instance qui
est entre frère Jean Roquejay, religieux et camérier aud.
Monastère, et Jacques Barthés et Amans Landes prétendant
avoir droit en lad. camararie, ensemble de la contestation et
dispute qui est entr'eux pour raison de la nomination faite
par le chapitre dud. monastère en faveur dud. Roquejay, le
29ᵉ novembre 1599, lendemain du décès de feu Bertrand

Redon dernier titulaire de lad. camararie et dernier possesseur d'icelle, signée lad. nomination par lesd. religieux et scellé du sceau abbatial, duquel le chapitre voulait user en tous ses actes ; afin d'oter tous doutes qui sont ou pourraient être entre lesd. parties à cause de la nomination nous frères Teilhon, Redon et Becardit certifions à Nosseigneurs du Parlement de Tholoze et à tous autres qu'il appartiendra, que incontinent après le décès dud. feu Redon camarier, reconnaissant les bonnes vie et mœurs dud. Boquejay, ensemble le zèle et l'affection qu'il nous aurait dit dès longtemps avoir en la religion de Monsieur Saint Augustin patron de notre ordre, désirant s'agréger à notre compagnie personne de sa qualité, natif du lieu, avons de notre pure et franche volonté sans en être recherchés ni interpellés d'aucune personne en l'absence et sans le su dud. Roquejay icelui nommé au chapitre de l'église sainte de Narbonne au siège archiépiscopal vacant, pour en vertu de notre nomination être led. Boquejay pourvu de lad. camararie par led. chapitre auquel la collation et institution des bénéfices vacants, en notre dit monastère, lors du siège abbatial vacant, appartient, et duquel il est en possession, et a été par nous reconnu comme tel en vertu de l'indult à lui accordé et octroyé par notre Saint Père le Pape. Et néanmoins être véritable, qu'à l'instigation et importunité dud. Barthés, aurions deux ou trois jours après la nomination sud. dud. Boquejay, nommé au même chapitre de Narbonne icelui Barthes, lequel voyant pouvoir ne rien avancer en vertu de la nomination quelques jours après nous aurait requis lui vouloir expédier collation, pleno jure, pour s'en servir comme il pourrait, lui suffisant, comme il disait; avoir quelque titre colloqué, pour s'opposer à ceux qui, devant lui, pourraient avoir mandé à Rome, ce que à l'instance opportune dud. Barthés, lui auraient librement accordé pour s'en servir comme il pourrait sans toutefois nous départir de la nomination dud. Boquejay, comme légi-

timement et antérieurement faite. Et d'autant que ce dessus
contient vérité, ont lesd. religieux constitué, fait, constituant et font leur procureur Mᵉ Anthoine Guilbert, procureur en la souveraine cour pour en icelle faire la susd.
déclaration, comme les constituants feraient ou faire pourraient si présents y étaient. Promettant avoir pour agréable
ferme et stable tout ce que par leur procureur sera fait, dit
et déclaré, point ne le révoquer, mais bien relever indemne
de cette charge, sous l'obligation de tous et chacuns leurs
biens meubles, immeubles présents et à venir, qu'ils ont
soumis aux rigueurs de la susd. Cour et autres tant spirituelles que temporelles de France, ont renoncé à tout droit
contraire à ce dessus, et ainsi l'ont juré, leurs mains jointes
sur leur poitrine. Présents, etc., et moi Thomas Fraisse
notaire royal de Puisserguier. — Etude Bize.

PIERRE VIII REDON

1603. — XLIX. — Pierre Redon fut pourvu de la commende en 1603 et mourut en 1606, à l'âge de 23 ans, il était
originaire de Quarante. Sa maison au fort vieux, a conservé
une vaste cheminée avec son blason.

20 Mars 1604. — Admission au chapitre d'un nouveau
religieux André Bécardit :

« L'an etc..... chanoines en lad. abbaye ; lesquels tenant
leur chapitre, étant duement advertis de Monsieur l'Abbé
dud. Quarante ; considérants qu'ils sont peu nombreux
pour dire et célébrer le service divin en leur église Notre-
Dame de Quarante, et afin que le service d'icelle ne demeure
retardé, étant priés et suppliées par André Bécardit, fils
légitime et naturel de Jacme Bécardit dud. Quarante, qui se
serait présenté devant eux, les suppliant de vouloir recevoir
en leur religion et compagnie pour servir à Dieu et à leur

dite religion, tout le temps de sa vie, suivant leur règle, à laquelle par mure délibération de tous lesd. messieurs, considérant la bonne volonté dud. Bécardit a été reçu et chargé l'habit de leur religion, par un préalable, les solemnités en tel cas gardées et observées ; et ce fait lesd. sieurs religieux et parents dud Bécardit ont requis acte par moi, notaire et secretaire dud. chapitre leur être fait, retenu et dépêché, ce que leur ai conféré. Présents : noble Jean de Redon, viguier, Jean Darnac de Quarante, M⁺ Michel Bellières, chirurgien de Saint-Chinian, et M⁺ Durand Lavihuié, notaire de Puisserguier, et Moi, notaire.» — Minutes de Giraudol à Ginestas.

17 Juin 1604. — Acte par lequel Guiraud Sabathier, d'Argelliers, se porte caution envers les Religieux de Quarante, représenté par Jean Darnac, bourgeois du lieu de Quarante, relativement à l'arrentement pris par Thomas Cabanes, d'Argelliers, de la métairie des Pradels appartenant auxd. religieux. — Etude Ginestas.

27 Avril 1605. — Etienne de Redon, chanoine et sacristain, est nommé sindic et procureur du chapitre, pour défendre aux procès poursuivis à Toulouse..... Témoin Pierre de Saint-Etienne, prestre.

4 Mai 1606. — Le frère André Bécardit, se présente aux chanoines, avec un titre signé du Saint-Père, en date du 29 mai 1605, pour être mis et installé en possession réelle, actuelle, civile et corporelle du bénéfice d'ouvrier, avec honneurs, prééminences, prérogatives, dépendances d'icelui en vertu de la signature par lui obtenue à Rome, contresignée par l'Archevêque de Narbonne. Après avoir accordé la vision des dites signatures, led. chanoine Bécardit. est mis en possession dud. office.

17 Novembre 1606. — Acte passé entre le chapitre, représenté par Amans Landes, chanoine et aumônier, et noble

Raymond de Beauxhostes, sieur d'Aiguesvives. Le religieux reconnaît avoir reçu des hoirs du feu sieur d'Aiguesvives, tous droits de lods et ventes, usages et autres droits seigneuriaux, reconnaît quitte Raymond de Beauxhostes, et celui-ci donne quittance de tout ce que le chapitre pouvait devoir à son père notamment la somme de 100 livres, 3 sols, dus depuis le 6 juillet 1572. — Etude de Bize.

23 Décembre 1607. — Il est proposé de bailler à ferme ou de vendre les terres de la Clape à Narbonne, possédés par le chapitre, rachetées de Mr de Ricardelle par droit de prélation.

31 Janvier 1608. — Délibération du chapitre, portant sommation à Pierre Alary, religieux, de la dite abbaye de se tenir en icelle pour assister au service divin avec les autres religieux sous peine d'être poursuivi par les voies ordinaires (eu égard que led. chapitre aurait envoyé trois des autres religieux au collège de Béziers pour y étudier. Assistaient à la délibération : Etienne de Redon, sacristain, Jean Bouquejay, camérier, André Bécardit, ouvrier. — Minutes de Puisserguier.

1er Juin 1608. — Bail à ferme des dîmes qu'ils perçoivent au terroir de Sériège. Le bail est consenti pour un an à Antoine Pagés de Quarante, moyennant la quantité de 138 setiers froment, 25 setiers orge et 25 setiers avoine, beau et marchant mesurable du chapitre — Minutes de Puisserguier portées à Bize.

1er Juin 1603. — Bail des dîmes du terroir d'Argelliers. Le bail est consenti pour un an à Olivier Calmont, marchand de Montouliers, moyennant la quantité de 201 setiers blé, froment, 25 setiers orge et 26 setiers avoine, le tout beau et marchand mesure de leur chapitre porté et rendu aux coûts et dépens du rentier à la maison et grenier dud. chapitre, entre la fête d'ici et la fête de Notre-Dame du mois d'août prochain. — Etude Puisserguier.

31 Octobre 1610. — Les religieux... par délibération prise en plein chapitre déclarent qu'il leur est très utile et nécessaire se départir de la table commune pour quelque temps et manger en particulier, tant pour pouvoir payer ce que le chapitre doit, que pour obvier à l'excessive dépense... baillent, par manière d'arrentement au sieur Jean Darnac, Bourgeois, dud. Quarante cy présent et acceptant tous et chacuns fruits, rentes, revenus et émoluments que led. chapitre perçoit à Quarante, Argelliers, Sériège et autres lieux, sans révocation aucune.

Moyennant quoi le sieur Darnac, sera tenu comme promet, bailler a un chacun desd. religieux pour leur pension annuelle la quantité de seize setiers de froment, un muid et demi, vin prim, dix écus argent faisant trente livres, et trois émines huile, pour les six religieux..., au clerc du sacristain dix setiers blé froment, un muid vin prim, et deux émines huile.

Aux serviteurs de l'infirmier et Aumônier, seize setiers blé froment, un muid vin prim, et deux émines huiles pour tous deux, tous les ans, durant cinq ans ;

Lesd. Religieux seront tenus venir prendre le vin, à rach de tine, l'huile au moulin à huile, et les dix écus en deux payes, à la Toussaint et à Pâques, le blé en deux fois, Novembre et à Pâques.

Led. rentier sera tenu nourir et défrayer pour l'honneur de Dieu tous les prêcheurs des Frères mendiants... de payer les décimes dûs à Narbonne, les tailles, toutes les pensions dues par le Chapitre — 8 setiers froment et 8 setiers orge à Monseigneur l'Archevêque de Narbonne un setier froment et 5 setiers orge à l'Infirmier, 14 setiers froment et 14 avoine à l'Aumônier — 21 bouttes d'huile à rendre à son domicile à Toulouse à Boysolle procureur en parlement, à Oilson, avocat de Bèz, 2 setiers froment, à Sénégua procureur à

Béziers, 4 setiers froment rendu à leur domicile, 6 courtieres froment a Etienne Chabert, sergent de Cruzy.

Ce jour du Jeudi Saint, chaque an, durant son lustre, donner à tous les pauvres qui se présenteront dans les cloitres, un pain a chacun pesant trois livres, ensemble du légume sive geyses cuites, selon l'ancienne coutume.

Darnac prendra les deux chevaux de leur valeur, et à la fin les rendra aux religieux des chevaux de même estime, ainsi pour la paille enfermée dans les greniers du couvent.

Au cas où le dit chapitre durant l'arrentement serait en procès, le preneur sera tenu bailler aud. chapitre 100 écus, qu'il ne pourra redemander qu'à la fin du bail.

Pour la métairie des Pradels on vérifiera le bétail à laine, et a la fin le Preneur sera tenu d'en rendre autant du même âge, et les croissants appartiendront a Darnac.... et ainsi l'ont juré les religieux mettant la main sur leur poitrine, et Darnac sur les saints Evangiles. — Etude de Bize.

20 septembre 1611. — Les religieux signent une quittance de la rente des maitéries des Pradels à Thomas Cabanes, d'Argeliers leur entier. Acte d'association des religieux pour la liquidation des arrérages dus a l'abbaye.

Délibération du chapitre portant qu'il sera fait de nouvelles reconnaissances du fief de Sériège et édictant des mesures pour faire rentrer les arrérages des droits dus tant à Sériège qu'à Argeliers :

« Considérant que le chapitre à plusieurs fiefs nobles qui, a faute de les faire liquider de nouveau et reconnaître se sont perdus, et entre autres le fief que le chapitre a au terroir de Sériège, qui est un grand préjudice aud. chapitre les religieux assemblés ont trouvé bon et arrêté de le bailler à liquider et de nouveau faire reconnaître au frère Jacques Barthès infirmier, aux pactes et conditions suivantes etc. »
— Etude de Puisserguier.

11 mai 1614. — Moyennant 60 fr. et la nourriture pour lui et sa monture le notaire s'engage a fournir ses reconnaissances.

20 juin 1614. — Un bail est consenti pour un an à Bernard Viguié d'Argelliers et Alexis Fraissé de Quarante à la charge de rendre dans les greniers du chapitre par tout le mois d'août prochain la quantité de 190 setiers beau blé froment criblé à trois cribles, 25 setiers sivade avoine et 25 setiers orge le tout marchand mesure de Quarante. — Etude de Cruzy.

ADMISSION D'UN NOVICE

11 Mai 1614.

L'AN... Le dit frère Etienne de Redon aurait représenté que ci-devant M° Barthélémy Sénéga procureur au siège présidial de Béziers, aurait prié led. chapitre de lui recevoir en icelui Aphrodise Sénéga son fils qui a voué son service a Dieu et désire être reçu en lad. abbaye, et le présente aujourd'hui.

Voilà pourquoi supplie tous les sieurs Chanoines de délibérer si on le doit recevoir en icelui chapitre comme un des autres religieux, considérer mêmement que le nombre des religieux n'est point complet. Sur quoi après mure délibération, faite par tous les susd. sieurs chanoines a été conclu et arrêté d'une commune voix et sans désemparer que led. Aphrodise Sénéga serait reçu religieux en lad. abbaye pour y jouir de même privilège que les autres novices ont accoutumé jouir. Et de fait au même instant par lesd.

soins de Redon sacristain et prieur susd. suivant l'avis des autres susd. sieurs Chanoines, la robe blanche et roquet auraient été chargés aud. Aphrodise reçu comme dit, avec les cérémonies et solennités en tel cas requises et nécessaires, et qu'il est coustume faire.

Promettant lesd. sieurs Chanoines de recevoir Profès led. Aphrodise, lorsqu'il aura atteint l'âge porté par le Saint-Concile et pour ce faire obligent tous les biens de leur chapitre qu'ils ont soumis a toute rigueur de justice des cours et sceaux tant spirituels que temporels de France et ainsi l'ont juré mettant leurs mains sur la poitrine.

Témoins et moi notaire Thomas Fraïssé, de Puisserguier.

11 Mai 1614, 11 heures du matin.

« L'an... Avoir reçu pour religieux en icelui chapitre et église, Aphrodise Sénégua son fils au collège de Béziers, jusqu'à l'âge de vingt ans, moyennant quoi led. chapitre sera tenu comme les religieux soussignés faisant le corps dud. chapitre promettent de lui payer annuellement pour la dépense dud. Sénéga son fils, la quantité de huit setiers bon blé et deux émines huile. Lequel blé ils seront tenus lui payer à chaque fête St-Nazaire, et l'huile a Saint-Hilaire : le premier paiement sera dud. blé à Saint-Nazaire prochain, et l'huile à Saint-Hilaire aussi prochain. Et moyennant la susd. pension ne pourra led. Sénégua, religieux demander autre chose aud. chapitre en quelque forme et manière que ce soit jusques a vingt ans ; et pour ce faire tant led. Sénégua père et lesd. sieurs religieux ont obligé, savoir led. Sénégua ses biens, et lesd. sieurs religieux les biens d'icelui chapitre. » — Etude de Bize.

« ... A l'heure de midi, moi notaire royal, en personne, M⁰ Barthélémy Sénégua, procureur au siège présidial de Béziers, lequel de son bon gré a promis et promet a frère Jean Bouquejay Camérier et Jacques Barthès, infirmier en lad. église, de les tenir quittes du vestiaire et droit d'infirmerie envers Aphrodise son fils, savoir du vestiaire envers led. Camarier, et envers led. Barthès, en cas il viendrait malade et c'est tand que lesd. Bouquejay et Barthès jouiront de leur bénéfice et pour ce faire, en a obligé tous et chacuns ses biens présents. »

BALTHAZAR DE THÉZAN DE SAINT-GENIÈS

L. — 27 juin 1617. — L'an... devant moi notaire et témoins M⁰ Jacques Goubet, prêtre et recteur dud. lieu a sommé et requis les rentiers des droits décimaux que le Véné. Chap. de Quarante a et prend aud. Argeliers, parlant à Antoine Bénézech et Bernard Viguier dud. Argeliers ; deux d'iceux, ou du moins y associés, à lui bailler et rendre la moitié des légumes recueillis et amassés cette présente cueillette au décimaire dud. lieu, par eux perçus des habitants ; ne pouvant ni devant ignorer que la moitié desd. légumes et la moitié des millets, lui ont de tout temps et à ses prédécesseurs, appartenus. Lesquels ont répondu que ne lui en veuillent bailler que le quart. Sur quoi répliquant il a offert de prendre pour un cependant led. quart, avec protestation qu'il fait par cet acte de ne se préjudicier en rien à l'instance qu'il est résolu de poursuivre en justice pour faire condamner led. Chap. a lui rendre l'autre quart pour faire lad. entière moitié, protestants aussi des despens, dommages et intérêts, qu'à ces fins lui conviendra faire. Et de ce acte, etc. (Etude de Ginestas).

ANTOINE DE THÉZAN DE SAINT-GENIÈS

LI. — 8 septembre. — Ordre de l'abbé de Quarante de rendre les grains saisis :

« Guilhaume Bourges, notaire royal à Ginestas ai retenu

au Sʳ Bernard Viguier dud. Argeliers, ai inséré au long le mandement étant de teneur « Bernar dviguier du lieu d'Argeliers, sequestre des gerbes saisies à ma requête, appartenant à Mᵉ Jacques Goubet recteur d'Argeliers, je consens à la main levée des gerbes et quantités de grains provenant d'icelles, que comme sequestre vous avez retiré, et autres en votrepouvoir, car je suis d'accord avec led. Goubet et partant, vue la présente décharge, vous ne ferez faute de lui délivrer tous lesd. grains provenus de ses gerbes, à peine de lui répondre de tous dépens, dommages et intérêts.

« Fait à St-Geniès le vɪᵉ jour de sept. 1617. Anthoine de Thézan, signé. »

Cet acte prouve l'erreur de dom Vaissette, donnant le titre d'abbé à Antoine, seulement en 1621, etfaisant gouverner son prédécesseur jusqu'en 1621.

SENTENCE ARBITRALE

AU SUJET DES DIFFÉRENTS SURVENUS ENTRE LES RELIGIEUX

7 septembre 1619. — Nous Guillhaume de Juillard, docteur en sainte théologie et chanoine en l'église Saint-Just de Narbonne, et Messire François de Bonnet, sieur et abbé de Fontcaude, official de Capestang, arbitres arbitrateurs et amiables compositeurs prins et respectivement accordés, savoir, nous, de Juillard pour Frères Jacques Barthès, sacristain, Jean Bouquejay, camarier, Amans Landes, infir-

mier et André Bécardit aumônier, et nous de Bonnet pour
Frères Huc Prades précempteur, Pierre Allary bachellier au
St Canon, Jacques de Doutre ouvrier et Claude Comes, tous
chanoines et religieux en l'église abbatiale de Quarante,
veu le contrat de remission contenant notre pouvoir, reçu
par moi dit notaire soussigné en date du septième jour du
mois de Novembre mil six cent dix-huit, acte de proraga-
tion de dellai datté de ce jourd'hui et en seul escript, ayant
entendue respectivement le dire et réquisitions desd. parties en ce qu'elles ont voulu dire, produire et alléguer de
ung costé et d'autre et estant dans le terme de la proroga-
tion, avons fait et ordonné notre sentence arbitrale sur les
débats desd. parties en la forme suivante :

1° Ordonnons que lesd. chanoines rendront compte de
leur administration du temps qu'ils auront géré et négocié
les affaires du Chapitre de quatre en quatre mois, et autrement a la volonté dud. Chapitre et pour le présent que lesd.
Barthes, Bouquejay, Landes et Becardit rendront compte
des fruits et revenus et autres choses qu'ils ont négocié de
l'année 1618 et présentement 1619, et ainsi les autres s'y
ensuivront, ceux qui feront les afferes dud. chapitre. Ordonnons en outre que dorénavant seront posées et mises
des clefs aux portes des greniers dud. chapitre, dans lesquels on a accoustumé tenir les grains, huiles et autres
denrées dud. chapitre, qu'on fera la clef cinquième, laquelle
sera tenou par l'ung des quatre plus jeunes et religieux
cloistrés et tel comme par lesd. quatre sera advisé ; et pour
le regard du sacraire dans lequel sont les saintes reliques,
argenterie, coffres et documents dud. chapitre ; l'une des
clefs de la première porte d'icelui sacraire sera semblable-
ment tenue et guardée par l'un des quatre relligieux plus
jeunes et cloistrés, et les uns ne pourront entrer aud.
greniers, ny sacraire sans l'acystance des autres ou l'ung
d'eux. Et pour ce qui est des meubles qui ont appartenu a
feu Frère Etienne Redon sacristain en lad. église, après

avoir ouy frère Huc Prades précempteur aud. chapitre en serment, ordonnons que moyennant la somme de douze livres tournois a ce comprins, cinq livres tournois et quelques souls, qu'il doit avoir payés a la descharge des deptes dud. feu sacristain, il demeurera déchargé entièrement des demandes et pétitions a lui faites par led. chapitre pour raison desd. meubles qui ont appartencu aud. frère sacristain. Lesquelles douze livres, led. Prades acquittera envers led. chapitre ou tel autre que par icelui lui sera ordonné, sy faict n'a été. Et quant aux autres religieux chacun aura sa part et portion des meubles dud. feu sacristain, ce quoy entre eux sera convenu et satisfait. Et moyennant ce led. chapitre payera en propre ce qu'ils ont déjà destingué faire que led. feu sacristain pouvait debvoir légitimement, auxquels dits meubles restants led. Prades participera comme un des autres esgalement, et quant aux frais par les susd. parties respectivement faits jusques a présent pour raison dud. différend entre eux, pendant en la cour de Nosseigneurs des requêtes du parlement de Tholoze seront remboursés sur les revenus du chapitre, sur les roolles que chasqune ded. parties en pourra bailher respectivement. Et moyennant ce avons mis lesd. parties hors de cour et de procès, sauf le bon voulloir et plaisir de lad. cour et sans autres dépans. c'est notre relation laquelle avons faite suivant Dieu et notre conscience. Témoins et moi Anthoine Amalry notaire de Cruzy, minutes transportées à Bize.

1618, 2 Novembre. — Bail à nouveau fief d'une terre à Quarante, par messire de Thézan de Saint-Geniez, seigneur et abbé de Quarante.

10 Décembre. — Bail à ferme par les religieux du moulin à huile qu'ils ont sur chemin allant de Quarante à Cruzy. Durée du bail un an, montant de la vente 50 livres et une charge d'huile.

1619, 25 Juin. — Arrentement par les Religieux à Rigaud-Decazis de Cruzy des dîmes de graines qu'ils perçoivent au terroir de Sériège, 90 setiers de blé, 25 setiers avoine et 15 setiers d'orge, le tout rendu à Quarante.

ACCORD DES RELIGIEUX

25 Septembre. — Claude Comes, décide que la cinquième clef sera cette année (jusqu'au 25 Septembre 1620) entre les mains du frère Alary, et ainsi continuant annuelement, rang pour rang, entr'eux, l'administration desdites clefs, comme le conviennent un chacun, a la charge que led. frère Alary sera tenu porter le compte et reliquat de lad. administration en même temps que les autres sieurs religieux qui tiennent les autres clefs dud. chapitre les rendront ainsi consécutivement année par année, les autres en son rang faisant lad. administration. Etude de Bize.

1620, 10 Juin. — Arrentement par Jean Bouquejay, camérier de l'abbaye, à Amans Landes, infirmier et prieur de la même abbaye, de la dîme des biens du lieu de Quarante, appartenant à sa camarerie. Prix de la vente annuelle 90 livres. Fait à Quarante.

CURIEUX BAIL ENTRE UN MÉDECIN ET SON CLIENT

8 Août. — Acte par lequel M° Jean Francajal, opérateur du lieu de la Faurie, près Fangeaux, prend « à guérir, panser et médicamenter Guilhaume Marty, de Quarante, de la maladie de laquelle il se trouve a présent agité. Francajal promet avoir coupé le cours à la maladie dud. Marty entre ici et la prochaine fête de la Toussaint, ainsi que sera vu et certifié tant par les dispositions de sa personne, que des personnes idoines et capables à telles affaires. En cas de guérison Marty payera à Francajal la somme de 100 livres. S'il ne guérit pas, Marty n'aura à payer à Francajal que ce que bon lui semblera pour le récompenser de sa peine et sensations.

Fait à Quarante.

1621. — Jean III a donné à l'église deux grands reliquaires en argent marqués de son blason. Il blasonnait : écartelé d'argent et d'azur, avec la devise « pro aris » et « focis »,

Ces deux reliquaires, d'une grande valeur archéologique, viennent d'être classés comme objets d'art.

Un bas-relief en marbre blanc avec encadrement a tores, en marbre gris de 2 mètres 50 de long sur 1 mètre 60 de large représente en relief la scène de Léonard de Vinci. C'était précédemment le rétable du maitre autel. Ce travail parait remonter au XIV° siècle.

1622, 16 Mars. — Cession d'un décret par Jean Darnac, viguier de Quarante, à Etienne Guiraud d'Argeliers, sur deux pièces de terre appartenant à Guilhaume Garriguenc, d'Argeliers, sises au terroir d'Argeliers. Montant de la cession 40 livres.

Fait à Quarante, étude de Cruzy.

4 septembre. — Sous-afferme de l'Equivalent de Quarante pour le prix de 12 livres 10 sols et un gigot de mouton pesant 3 livres chaque 3 mois.

Fait à Quarante, étude de Cruzy.

ACCORD ET TRANSACTION SUR PROCÈS

ENTRE LES CONSULS DE QUARANTE ET UN RELIGIEUX

1622, 27 Septembre. — Comme suit ainsi que procès criminel aurait été mû, intenté, encore pendant et indécis en la cour de M. l'official métropolitain de la ville de Narbonne à la requête et poursuite des consuls du lieu de Quarante pour et au nom de la communauté contre Frère Claude Comes Ch., a cause de certaines paroles injurieuses, verbales et réelles proférées par led. Comes contre la fame, honneur et réputation de tous les habitants du lieu, et par ce moyen devoir être condamné en réparation d'honneur, dépens de l'instance, dommages et intérêts d'une part. Et led. Comes déniant n'avoir jamais porté tels injures, ni proféré aucunes paroles au préjudice de l'honneur et réputation d'aucun des habitants dud. lieu, en particulier ni en général; ains que ce sont d'impostures calomnieuses inventées par ses ennemis, vu qu'il prétend s'en faire innocenter par justice avec dépens contre lesd. consuls et communauté d'autre part. Mais prévoyant lesd. parties respectivement l'incertitude et dénuement du procès, pour obvier aux frais et dépens qu'il leur aurait convenu exposer en la poursuite d'icelui, ferait a ce l'entremise de ses communs amis, ont convenu accordé et transigé ce qui s'en suit. Ce jourd'hui 27° de Septembre 1625 au lieu de Quarante avant midi régnant etc., par devant moy notaire Roque soussigné, présents Honoré Salvaire, Jean Pagès et Rigaud Guary consuls dud. Quarante, lad. année présente, procédant de l'avis et conseil de tous les habitants dud. lieu comme ils ont dit et déclaré d'une part ; et led. Frère Comes d'autre part, que de leur bon gré et franc vouloir respectivement ont renoncé et renoncent aud. procès des circonstances et dépendances avec promesse de ne plus a l'avenir faire aucune poursuite d'icelui.

Fait et récité dans la boutique de moi notaire, Anthoine Amalry, notaire à Cruzy.

Cette plainte était-elle une susceptibilité outrée ou une malveillance ?

1623, 17 Avril. — Cession d'un décret par Jean d'Arnac, viguier de Quarante, à Marc et Philippe Blanc d'Argeliers, sur deux pièces de terre appartenant à Jean Goduilhe d'Argeliers, prix 109 livres 12 sols 4 deniers.

Fait à Quarante, étude de Cruzy.

17 Mai. — Jean Bouquejay camérier, arrante à M° Amans Landes, infirmier de ladite abbaye et à Bernard Bouquejay la dîme de la laine du lieu et terroir de Quarante.

30 Juillet. — Bail à ferme par les religieux des terres appartenant à l'abbaye. Daniel Mouret de Quarante est

adjudicataire du bail pour cinq ans, moyennant la rente annuelle de 69 livres 10 sols.

1er Août. — Jean Bouquejay, camérier, arrente à Anthoine Azaïs, de Cruzy, les droits de prémices qui lui appartiennent au terroir de Sérièges, au prix de 120 livres pour un an.

Fait à Quarante, étude de Cruzy.

1624, 11 Mai. — Jacques Goubet, recteur d'Argeliers, et Pierre de Saint-Etienne, recteur de Saliès, experts nommés par les parties évaluent à 80 livres le prix de la cire que peut avoir fourni Jacques Barthez, sacristain du chapitre, aux obsèques, neuvaines et bout d'an de noble Jean de Redon, seigneur de Saint Frichoux, viguier de Quarante et de sa femme Philiberte de Fontbonne.

Fait à Quarante, étude de Cruzy.

5 Octobre. — Obligation de 170 livres 13 sols 6 deniers dûs par Thomas Cabanes d'Argelliers au chapitre en sa qualité de rentier de la métairie des Pradels appartenant aud. chapitre.

5 Octobre. — Bail de fonds de table de la métairie des Pradels donné par les Religieux, à Guiraud Sabathier, d'Argeliers, leur fermier depuis le 4 Juillet dernier, doit 100 setiers de blé, 20 setiers de seigle, 9 setiers d'orge, 9 setiers paumelle, 10 setiers avoine, 10 bœufs.

Fait à Quarante. Etude de Cruzy.

1624, 5 Septembre. — Les Religieux ont baillé au sieur Goubet, recteur d'Argeliers, la troisième partie de tout le vin qui se récolte à Argeliers, y compris le droit de douze vignes desquelles le sieur recteur voulait prendre la dîme valant à peu près deux ou trois charges de vin par an;

plus l'entier dime des légumes, chanvres, millets et lins dud. terroir, sans comprendre la quatrième partie des susd. fruits, appartenant au recteur : Les Religieux ont cédé au recteur la somme de 153 livres 7 sols contenus en deux taxats du juge des premières appellations de la cour spirituelle de Narbonne, provenant lesd. taxats et condamnations des sentences données tant par la cour de Messieurs l'official métropolitain de Narbonne, 17 Janvier 1619, que par sentence des autres juges, 23 Février 1619, par lesquelles sentences led. sieur Goubet comme recteur d'Argeliers demeure condamné a nourir et entretenir, depuis les premières vêpres de Saint-Vincent jusqu'au deuxièmes vêpres du lendemain de lad. fête, annuellement et a perpétuité, de la dépense de la bouche, deux Religieux, leurs serviteurs et leurs chevaux, led. sieur recteur aquiesce a la teneur de cet accord... le sieur Goubet, pour led. échange des dîmes, baille aux Religieux acceptants un fief du terroir d'Argeliers, consistant en champs, vignes, olivettes. (Etude de Bize).

5 décembre 1627. — Nous Chanoines, consentons que Pierre Barthe, Rollin Bénézech, Roques et Raymond Calvet, députés de la communauté d'Argeliers, puissent faire paître leurs troupeaux gros et menus dans notre terroir et juridiction de Sériège. Comme aussi consentent que ès cas notre syndic aura les dépens contre la communauté de Cruzy, a raison des procès que nous prétendons intenter en la souveraine cour des aides. — Signature des Religieux.

11 avril 1628. — Les Religieux par un bail à nouveau fief, donnent à Mathieu Vernet d'Argeliers, cinq sétérées de garrigues, au terroir d'Argeliers à l'usage annuel d'une géline, et à la demi tasque d'olliviers payables à la Nouel. Pour le droit d'entrée Vernet donnera une géline.

Bernard Tarboriech notaire de Cruzy, habitant de Quarante.

NOMINATION D'UN PRIEUR CLAUSTRAL

7 Novembre 1628. — L'an...., chanoines réguliers en lad. église, faisant la plus grande et saine partie des Religieux et chanoines, auraient représenté par l'organe dud. sieur Infirmier que suivant les statuts et constitutions canoniques, le chapitre est obligé chaque année de créer un Prieur claustral qui ait le soin de régir, suivant le pouvoir que lesd. statuts lui attribuent, non seulement les Religieux novices, mais encore de se prendre garde pour la conservation de la police..... des mœurs et façons de faire de chacun des chanoines. Et d'autant que led. Chapitre sait très-bien que la charge de prieur claustral que led. Chapitre avait donné à Frère Jacques Barthes sacristain est finie depuis le mois de septembre dernier, et que même il fut résolu par led. Chapitre en la dernière assemblée capitulairement faite de pourvoir à la nouvelle création et élection d'un nouveau Prieur claustral pour une année tant seulement, il trouverait bon de déclarer aujourd'hui, la charge de Prieur claustral avoir pris fin en la personne du sacristain, lequel il remerciait des soins qu'il a pris pendant l'année de lad. charge, si mieux n'aime led. Chapitre confirmer icelui sacristain et le continuer pour une année tant seulement en lad. charge de Prieur claustral, et à ces fins dépêcher un des chanoines du corps dudit Chapitre pour savoir du sieur sacristain prieur claustral, s'il désire assister aud Chapitre pour voir assister a nouvelle élection d'un prieur claustral, ou d'être continué en lad. charge, prient led sieur infirmier un chacun desd. sieurs Chanoines de vouloir délibérer la dessus l'un après l'autre. Lesquels susd. Prades, Alary, Doutre, Comes et Sénégua ayant

opiné l'un après l'autre ont été d'avis de procéder à nouvelle création d'un prieur claustral suivant l'opinion dud. sieur Infirmier, néanmoins avant de faire députer led. Sénégua, pour aller prier led. sieur Barthes, sacristain prieur, de se vouloir transporter aud. Chapitre pour procéder à la nouvelle création.

Et led. Sénégua suivant la susd délibération, étant allé parler au dit sieur Barthes de la part dud. Chapitre et lui ayant fait entendre ce qui était de sa commission, aurait rapporté aud. Chapitre que led. sieur Barthes, a cause de certaines affaires qu'il a présentement, ne pouvoir assister aud. Chapitre lequel il prie fort de le vouloir excuser s'il ne s'est pas acquitté si dignement qu'il était obligé de la charge de prieur claustral pendant lad. année, à laquelle charge il prie instamment led. chapitre de vouloir pourvoir d'un autre chanoine idoine et capable.

Quoi entendu par led. Chapitre après avoir recueilli les voix et suffrages d'un chacun aurait été délibéré de procéder à la nouvelle création d'un prieur claustral pour une année tant seulement et en même temps lesd. chanoines auraient chanté à haute et intelligible voix le *Veni creator spiritus*, et icelui parachevé lesd. chanoines chacun remis à sa place auraient nommé l'un après l'autre led. sieur Prades précempteur pour Prieur claustral pour une année tant seulement, la charge duquel commencera, ce jourd'hui, et finira à même jour de l'année suivante 1629, auquel chacun d'eux, et l'un après l'autre ont donné le baiser de paix et chanté le *Te Deum laudamus*.

Fait et récité... à Quarante le, etc., témoin M° Pierre Loys régent des écoles, les religieux signés et moi notaire.

Le même jour et an que dessus, lad. nouvelle création a été notifiée à Jacques Barthes ancien prieur, à André Bécardit aumônier et à Guilhaume Marragon religieux trouvés dans leur chambre, afin qu'ils n'en puissent prétendre cause d'ignorance, après protestations réservées, qu'ont répondu s'entendre empêcher lad. délibération du Chapitre pour le profit et utilité d'icelui : signature des témoins. — (Etude de Bize).

1628, 8 novembre. — L'an... constitué en personne Fr. Aphrodise Sénéga prêtre et religieux, chanoine régulier du monastère dud. Quarante et syndic du chapitre de lad. église, lequel en la qualité qu'il procède, assisté de tous religieux et profès et chanoines réguliers en la même église faisant la plus grande et saine partie dud. chapitre ; lequel en la présence de Messire Balthazar de Thézan, prêtre Abbé commendataire aud. monastère, lui a représenté qu'il est venu a la notice du chapitre que led. Sr abbé, veut par attentat et entreprise pourvoir d'un religieux novice, en la place et pension monacale vacant par le décès de feu Fr. Jean Bouguejay camarier et religieux aud. monastère, quoique le Sr abbé n'ait point ce privilège ni faculté de pourvoir aux places monacales vacantes aud. chapitre, ainsi que cela appartient aud chapitre, privativement aud abbé, tant par la teneur des statuts, que par de tout temps, dont n'est mémoire du contraire ; led. chapitre avoir pourvu auxd. places monacales, de personnes idoines et capables, et non comme led. sieur abbé qui aujourd'hui sous prétexte des menaces et intimidations qu'il a faites à la pluspart desd. religieux et singulièrement des Frères Jacques Barthes, sacristain, Guillaume Marragon qui a dit avoir été pourvu de lad. camarerie ce jourd'hui par led. sieur abbé et André Bécardit aumônier, veut pourvoir à la place monacale vacante par le décès dud. sieur Bouquejay, camarier, de la personne d'un nommé Charles Daubius ; la qualité, ni les moyens duquel ne sont point connus aud. chapitre mais bien l'indisposition du corps dud. Daubius, qui est grandement boiteux et incapable d'être jamais prêtre, et lequel s'il était jamais reçu, servirait plutôt de scandale et de risée, non seulement aud. chapitre, mais encore à tout le peuple.

A cause de quoi et pour beaucoup d'autres raisons à déduire en temps et lieu sera d'empêchements canoniques pour ne recevoir led. Daubius, religieux aud. chapitre et que led. Sr abbé n'a aucun pouvoir de pourvoir auxd. places, outre que led. Sénégua, syndic lui déclare que led. chapitre y a déjà pourvu d'une personne connue aud. chapitre et qualifiée suivant la teneur des constitutions canoniques, et desd. statuts, il a protesté et proteste contre led. Sr abbé d'avoir recours où il appartiendra. Lequel Sr abbé trouvé en personne, six heures du matin, a répondu que la nomination de toutes places de lad. abbaye lui appartient privativement aud. chapitre et religieux d'icelui comme abbé, etc., partant qu'il a fait nomination le jour d'hier d'une personne suffisante et capable, protestant contre lesd. religieux de nullité de la prétendue nomination et réception, d'aucune autre personne et de tous dépens, dommages et intérêts et de tout ce qu'il peut et doit de droit protester requérant copie. Led. sieur Sénégua, syndic, persistant comme dessus en ses dires et protestations a requis moi, notaire lui en retenir acte. Présents : Antoine Coujet, huissier de Puisserguier, Fraisse Not de Puisserguier. — Etude de Bize.

1628. 8 Nov. — L'an.. séant N. S. P. le Pape Urbain VIII°, et régnant... à Quarante par devant moi, notaire royal et témoins soussignés, ont été constitués en leur personne Frères Hugues Pierre, capiscol et prieur Amans Landes, infirmier, etc., tous religieux et chanoines. Lesquels capitulairement assemblés au son de la cloche et tenant le chapitre général, aurait été remontré par le sieur Prades prieur claustral qu'il est juste et raisonnable de pourvoir aujourd'hui matin à la place et portion monacales vacantes par le décès de feu Frère Jean Bouquejay, camérier et religieux dud. monastère, et ce de la personne de Pierre Bouquejay, clerc dud. Quarante, neveu du défunt, personne sage et qualifiée ; et ce pour éviter que le service de lad. Eglise ne soit amoindrie faute de pourvoir aux places qui viennent à vaquer, suivant l'obligation que le chapitre a de ce faire, puisque le même jour d'hier, le chapitre la délibéré ainsi à l'issue des vêpres, et puisque ledit chapitre voit que ledit Pierre Bouquejay désire de servir Dieu tout le temps de sa vie en qualité de religieux de l'ordre de Saint Augustin, suivant la règle que nous en avons. Lesquels susdits religieux Landes, etc., ont été d'avis, vu la volonté de Pierre Bouquejay, qui est ici présent, et qui l'a déclaré tout hautement, d'exécuter la déclaration qui fut prise le jour d'hier, ce faisant recevoir led P. Bouquejay en frère et religieux, en led. chapitre, et lui charger ce jourd'hui, l'habit de religieux, pour l'an de sa probation ainsi qu'il est accoutumé faire à la nouvelle réception d'un chacun. De quoi led. P. Bouquejay illic présent les a très humblement remerciés de la bonne volonté qu'ils lui témoignent et leur a promis et juré de bien et religieusement servir Dieu, honorer ses Prieur et chapitre tout le temps de sa vie et d'observer la règle de Saint Augustin.

Et au même instant tous les susd. prieur et Chanoines se seraient acheminés dans le cloître et capitoul, lieux accoutumés pour la réception des novices, où étant, se serait présenté de rechef led. P. Bouquejay, lequel genoux à terre, aurait prié tant led. sieur Prieur que les chanoines de le vouloir recevoir en frère et religieux de leur ordre de Saint Aug. et lui charger l'habit blanc et roquet aussi blanc, lequel sieur Prades prieur claustral, assisté desd. Landes, Alary, Doutre, Comes et Sénégua auraient pris par la main led. Bouquejay, auquel il aurait chargé l'habit de religieux et lui ayant fait la couronne l'aurait reçu en Frère dans leur Chapitre après avoir gardé et observé les autres solennités en tel cas requises, néanmoins l'auraient conduit devant le grand autel de lad. église pour entendre la messe du Saint-Esprit que led. Sénégua hebdomadier devait célébrer à haute et intelligible voix ainsi que fut fait, assistant les susd. religieux qui psalmodiaient à la messe, laquelle parachevée, le chœur dud. chapitre aurait chanté, le *Te Deum Laudamus* et rendu grâces à Dieu.

De quoi ont requis tant lesd. Religieux que led. Bouquejay a moi notaire leur en retenir acte pour leur servir où il appartiendra, ce que ai fait. Présents et signés, Noble Jean François de Redon de Saint-Frichoux, Pierre Cros Mᵉ chirurgien de Quarante et Jean Frayssé notaire de Puisserguier. (Etude de Bize).

La maison Sangui, porte sur la façade du midi un bloc de marbre avec ce blason: d'azur a trois faces de gueules et en chef trois molettes d'éperons à cinq pointes. N'est-ce point l'écu de François de Redon? puisque cet écu est accompagné des deux initiales F.R et de la date 1626.

Tandis que Antoine de Thézan de Saint-Geniès, était abbé, on plaça une cloche avec l'inscription suivante: *Sit nommen Domini bénédictum* DF-1630. Cette cloche refondue en 1901, pour l'harmoniser avec le carillon, reproduit la même note, le mi, la même inscription et les mêmes décors.

2 Janvier 1632. — Frère Bouquejay, novice au Monastère, parlant aux religieux dit qu'il avait été pourvu par led. chapitre de la place et portion monacales vacante par le décès de feu F. Jean Bouquejay religieux aud. monastère, paisible et dernier possesseur d'icelles et fait noviciat par led. chapitre ainsi qu'appert de l'acte et délibération du 8 novembre 1628. A suite de quoi et pour assurer d'avantage son droit, ayant fait l'année d'approbation, et rendu l'obéissance qu'il devait tant en général qu'en particulier à Mʳˢ les Chanoines, voyant qu'ils ne daignaient pas de recevoir sa profession, il serait été contraint d'obtenir signature de Notre Saint-Père le Pape portant nouvelle provision desd. portions et place monacales, ensemble ordre et mandement aud. chapitre ou prieur claustral de recevoir sad. profession, laquelle signature se

trouve pour le jourd'hui fulminée par Monseigneur l'illustre et révérant Archevêque et Primat de Narbonne, ainsi qu'appert du forma dignum, suivant lequel il a suplié très humblement led. chapitre, parlant, comme est dit, auxd. sieurs Marragon camarier et Prades capiscol, de vouloir recevoir tout présentement sa profession, conformément aux règles de St-Aug. ; autrement et a faute de ce faire, les a priés d'agréer qu'il se retire, ainsi qu'est dit par le forma dignum, au premier Ch. Rég. après lui avoir de nouveau répondu des fruits desd. portion et place monacales.

Lesquels sieurs Marragon et Prades religieux ont requis copie du présent acte et dud. forma dignum pour la communiquer à leur chapitre, pour après faire réponse dans une heure, ce que leur a été concédé, et led. F. Bouquejay requis acte pour lui servir ainsi qu'il appartiendra, ce qui a été fait.

Anthoine Amalry, notaire de Bize.

Même année et même jour que plus haut… constitué en personne F. P. Bouquejay novice au Monastère de lad. église, lequel dressant ses paroles à M° Jean Sarda prêtre et prieur de l'église de Truilhas, aud. diocèse, nous aurait exposé en conséquence de la signature apostolique par lui obtenue de Notre Saint Père le Pape portant nouvelle provision de la place et portion monacales à lui conférée par ci-devant le vénérable Chapitre du Monastère de Quarante, vacante par le décès de feu F. Jean Bouquejay dernier et paisible possesseur d'icelles, comme aussi par l'inhabilité de certain Charles Dalbine, avoir obtenu lettres de visa, forma dignum, de Monseigneur l'Archevêque et Primat de Narbonne, sur lad. portion et place monacales, et comme plus a plain est contenu dans led. forma dignum signé de mondit Seigneur et de son secrétaire avec le grand sceau de cire rouge y apposé en date du xii de décembre dernier de teneur telle ; Claudius de Rébé etc. Et de tant que par lesd. provisions de mondit Seigneur Archevêque, le commandement pour mettre led. Bouquejay de nouveau en la possession de lad. place et portion canonicales est commis au premier prêtre réquis, et que nous sommes de la qualité porté par icelle, après avoir reçu led. forma dignum avec l'honneur et respect dûs, lecture d'icelle faite par nous a haute et intelligible voix dans le chœur de lad. Eglise, aurions offert, faire notre devoir, ainsi qu'il nous est mandé. Et ce faisant sans divertir a autres actes, en présence de moi dit notaire et témoins, aurions pris led. Bouquejay novice, par la main, et icelui mis en la réelle, actuelle et corporelle possession de lad. place et portion monacales, par l'assise de la chaise du côté droit dud. chœur affectée à lad. place et portion monacales, avec inhibition et défense tant au prieur claustral religieux et chanoine dud. chapitre, que autres qu'il appartiendra, de lui donner aucun trouble en la possession de lad. place monacale, honneurs, prééminences, fruits profits, revenus et émoluments d'icelle sur les peines de droit. Présents et témoins : M. Jean Bernard prêtre et vicaire en lad. Eglise de Quarante, Cros Mᵉ Chirurgien, Amalry notaire de Bize.

16 Août 1632. — Bouquejay et ses collègues nouvellement élus consuls de Quarante requièrent Etienne Darnac, consul ancien de leur délivrer la clef des portes dud. lieu, ensemble les titres et papiers de la communauté « douze mousquets avec (les mortiers) sic, qu'il a en son pouvoir pour iceux délivrer au sieur de Lac gouverneur de Narbonne ainsi que la communauté y demeure obligée pour prêt que led. sieur en avait fait ». Darnac réplique qu'il refuse d'obtempérer à la réquisition, parce qu'il y a appel à la nouvelle élection des Consuls.

Fait à Quarante, Etude de Cruzy.

16 Mai 1633. — Prix fait pour réparations importantes s'élevant à 2,100 livres à l'Eglise de Quarante par Messire

Jean Anthoine de Thézan, abbé. Il se réserve de réclamer une petite partie de cette somme à la commune de Quarante qui d'après lui, en était tenue. Il est question dans le prix de l'autel des 40 martyrs. — Fulconis Narbonne.

1633, 17 octobre. — Messire Jean Antoine de Thézan, abbé, est parrain au baptême de la fille d'André Huc, marraine, noble damoiselle Marguerite de Caillam, veuve à feu le baron de Fescuit.

1635, 23 juillet. — Il est dic une messe à la chapelle du Crucifix. — Libre de mortuorum.

1636, 23 juin. — Procuration donnée par frère Claude Comes, religieux de Quarante pour s'opposer à l'admission de messire Bousquet, prêtre de Narbonne, en faveur duquel il avait résigné sa place monacale. Le frère Comes expose que : « fait environ deux ans, il est agité d'une extrême maladie qui le vexe et tourmente, sans espoir de convalescence, de quoi prenant avantage Messire Bousquet, prêtre de Narbonne, fut sept mois ou davantage sur le plus grand effort de sa dite maladie et le fit solliciter à lui résigner et remettre sa dite place monacale, sans la promesse verbale qu'il pourvoirait à ses urgentes nécessités et lui concéderait une pension annuelle sur la dite place monacale.
Ayant résigné la place monacale led. frère Comes se trouve malade, sans ressources, il casse et annulle tous actes de résignation et abandon et fait défense au syndic du chapitre de rien délivrer à messire Bousquet.
Le 5 juillet 1636 le frère Comes casse et annulle la procuration donnée le 23 juin.

1636, 16 août. — Déclaration de frère Claude Comes, religieux, s'opposant à l'admission au chapitre, à sa place, de messire Gabriel Bousquet, prêtre de Narbonne, et portant qu'il appelle au parlement de Toulouse de la sentence provisionnelle rendue par le sénéchal de Béziers en faveur dud. Bousquet.

1637. — Un acte de mariage en date du 24 février 1637, désigne comme témoin Messire Jean Antoine de Thézan, seigneur et abbé de Quarante. L'auteur de la *Gallia christiana* a donc commis une erreur, en lui donnant un successeur en 1636. L'acte suivant, nous montre l'erreur encore plus grande.

1641. — Messire Jean Antoine de Thézan, seigneur et abbé de Quarante, est parrain le 31 May, solennité du Corpus Domini en 1641, de Jeanne Antoine Gilabert et de Catherine de Huc, marraine noble Marie de Thézan de Saint-Giniès.

BARTHÉLEMY DE RENOUARD

LII. — 1641. — Barthélemy de Renouard, avait assisté aux conseils de Narbonne le 16 mai 1627, en qualité de représentant du chapitre Saint Just de Narbonne, il fut nommé abbé en 1641.

Le 30 Juin de cette même année il est parrain de Marie Guérin.

1642, 11 avril. — Cession de créance de 1400 livres par frère Jacques Barthes, religieux à Simonne Bouquejay, sa belle-sœur, veuve de Messire Jean Barthes quand vivait procureur juridictionnel de Quarante ne pouvant payer en argent la somme de 1400 livres due à sa belle-sœur, frère Jacques Barthes lui abandonne les droits qu'il peut avoir sur divers fermiers du chapitre et fait son testament.

15 avril. — Après avoir signé son front de la croix, recommande son âme à Dieu, le priant de lui pardonner tous

ses péchés, par le mérite de la passion de N.-S. et prières de la glorieuse Vierge Marie, sa mère, voulant que lorsqu'il plaira à Dieu, séparer son âme de son corps, icelui être inhumé et enseveli dans le cloître dud. Quarante, où ses confrères sont ensevelis et pour éviter qu'après son décès il ne fasse rien perdre à ses créanciers ordonne et veut que tous les meubles de sa maison lui appartenant soient vendus par frère Jean Jacques Barthes, chanoine et sacristain en ladite abbaye, son neveu, pour être de l'argent en provenant, payé au sieur Méquil, marchand de Béziers, huit livres ; au sieur Calvet aussi marchand, douze livres, à Antoine Albuze, environ de trois à quatre livres à Giraudot maître tailleur, quelques restes de façons d'habits ; à Jean Maupel, maître cordonnier, neuf livres ; à Guiraude Espitalier veuve de Jacques Cathala, quarante et un sols, quatre deniers pour quelques restes de marchandises ; à Pierre Chaperic, marchand de Cruzy, son beau-frère, à Marthe de Barthes, veuve à feu Messire Pierre Boisset, sa sœur, quelques restes de son adot qu'il n'est mémoratif, et du restant veut led. sieur Barthes, par légat et disposition de dernière volonté qu'il soit employé pour ses honneurs funèbres et pour faire prier Dieu pour son âme, auxquelles honneurs funèbres veut qu'il soit donné huit cannes drap à huit pauvres nécessiteux qui assisteront aud. enterrement et honneurs funèbres avec une torche chacun, veut qu'il soit appelé aud. enterrement les prêtres et chapelains des lieux de Cruzy, Montouliers et Argelliers et qu'à chacun d'iceux soit donné dix sols avec une réfection corporelle, et le surplus qui restera desd. meubles, veut qu'il soit employé à sa neuvaine haute, bout d'icelle et bout d'an, et à faire dire des messes basses qui seront dites par le prêtre ou religieux que bon semblera aud. sieur sacristain, son neveu, qu'il fait procureur de son âme ; et au bout d'an de son décès, veut qu'il soit dit un obit par led. chapitre, et distribué quatre setiers blé froment en charité aux pauvres nécessiteux dud. Quarante, Cassant par cet acte le testament quil avait fait par devant messire Jean Pagés, notaire dud. Quarante, avec les légats pris et mentionnés, et tous autres qu'il pourrait avoir fait, comme se trouvant dressés et dépourvus de commodités pour pouvoir faire aucune disposition, ni légat en faveur de ses parents et amis, lesquels il prie vouloir prier Dieu pour son âme, requérant nous, notaire, lui en retenir acte, concédé. Fait et récité dans la chambre dud. constituant ; Témoins : Jean Guary, Messire chirurgien, Jacques Paillhès, regent des écoles, habitants de Quarante et sieurs Pierre et Raymond Etienne, fils de François de Cruzy.

(Th. Fraisse de Puisserguier, Etude Bize).

1642, 20 mai. — Le chapitre passe un concordat avec les chanoines réguliers de Sainte Geneviève pour établir la réforme. Le sieur de Maussal, grand archidiacre de Béziers accorda toutes les dispenses.

A la dernière page du *libre mortuorum* en forme de note se trouvent les faits suivants :

1642. — Le 20 may, le connétable de Bourbon, duc d'Enghien, passa à Quarante où logeait son régiment, de là, il alla à Cruzy, où logeait le régiment de Conty, son frère, lorsque messire de Ambres était au siège de Perpignan.

Le huitième jour de juin, 1642, feste de la saincte Pentecoste est décédé, âgé de 48 ans environ, Monseigneur Jean Bousca, chanoine et sacristain du chapitre de ce lieu de Quarante il endura depuis trois ans des extrêmes douleurs à cause de la pierre qui fut trouvée dans son corps, (1) après

---

(1) Cette expression rappelle l'épitaphe du tombeau de l'Eglise de Saint-Lizier « Hic Jacet, Dominus Gierosolymus de Lingua eps Conscranorum qui calculo oppressus, etc. »

son décès, avant lequel le 20 janvier ou environ, il signa le concordat de la réforme des Pères de Sainte Geneviève de Paris, il consentit que sa place fut unie à la réforme, et la première que les Pères chanoines réformés ont heu dans le chapitre du dit lieu. Il demanda au frère Brunet, réformé et prieur pour établir la réforme dans Quarante, de se vouloir agréger dans la congrégation réformée, promettant d'observer la règle si Dieu lui donnait vie ; ce qui lui fut accordé. Il fut enseveli au cloître, au tombeau des sacristains ses prédécesseurs : il reçut tous les sacrements nécessaires, lequel j'assistais à se disposer durant la maladie a bien mourir. Son office de sacristain lui fit faire des aumônes honorables pour habiller quelques pauvres. Me suis signé.

Segné, Recteur.

1643, 1ᵉʳ mai. — Obligation de 197 livres, 10 sols, dûs par frère Jacques Barthes, chanoine et sacristain, à Bertrand Callas, d'Ouveilhan, pour une paire de mules achetées en pleine foire aud. Bizan ; mules âgées de 6 à 7 ans.

Fait à Bizan, (étude de Cruzy).

1643, 3 juin. — L'an..... constitué en sa personne frère Aphrodise Sénégua, Chanoine, faisant pour et au nom de Messire Barthélemy de Renouard, Seigneur et abbé de Quarante, ayant charge d'icelui pour faire le présent acte, lequel ayant la présence de Bernard Fromentouze, consul esleu la présente année aud. Quarante, lui a dit et remontré que bien que par arrêt de la cour de Parlement de Tholose, il soit ordonné que tant led. Fromentouze, Bernard Bouquejay et Jean Turc aussi consuls esleu presteront de nouveau le serment entre les mains dud. sieur abbé, et dans la maison claustrale qu'il leur indiquera, toutefois, lesd. Bouquejay, Turc et Fromentouze continuant leur mépris contre led. sieur abbé, auraient longtemps exercé la charge de consul sans hobéir aud. arrêt, si bien que led. sieur abbé aurait été obligé leur faire fere inhibition d'authorité de la cour de continuer l'exercice de lad. charge consulaire jusques avoir hobéi, ce que prévoyant lesd. Bouquejay, Turc et Fromentouze ne pouvoir esviter auraient le trentième du mois de mars dernier fait signifier led. arrêt aud. sieur abbé, et d'autant que à cause des grandes pluyes. il n'a pu venir au présent lieu, à l'effet de la prestation dud. serment, lundy et mardy derniers, ny ce jourd'hui mesmes à cause de la Feste-Dieu. estant il obligé en qualité de chanoine et archidiacre en l'esglise Saint Just de Narbonne, et d'officiant, de se trouver aux premières vêpres de lad, feste, lesd. Bouquejay, Turc et Fromentouze auraient ce matin sur les neuf à dix heures uzant de surprinse, requis led. Sénégua par acte reteneu par ung nommé Delfau, notaire de Cruzy de leur bailher sa maison claustrale, a l'effet de prester le serment ordonné par led. arrêt devant Messire Bernard Tarbouriech, et auraient empéché que led. Delfau n'a inséré la responso dans led. acte que led. Sénégua leur a faite de la part du sieur abbé, ce qui tesmoigne grandement le mespris, qu'ils continuent tous les jours contre la personne dud. Sieur abbé, en outre que, led. Tarbouriech n'est point officier, la prestation dud. serment ne peut être faite qu'entre les mains du sieur de Renouard, abbé. C'est pourquoi led. Sénégua, au nom qu'il procède a déclaré et déclare auxd. Bouquejay, Turc et Fromentouze, parlant aud. Fromentouze que led. sieur de Renouard. abbé se trouvera à Quarante et dans les cloitres, vendredi prochain 5ᵐᵉ du courant, à deux heures après midi, pour leur bailher le serment conformément à l'arrest, aud. jour et heure dans la maison claustrale dud. Sénégua. Et au cas lesd. consuls ne se trouveraient, aud. jour lieu et heure a protesté et proteste aud nom de tout ce qu'il peut et doit protester contre eux, et de la contenance aud. arrêt, au cas où ils exerceraient la charge consulaire jusques avoir presté led. serment, le tout sans préjudice des frais de l'instance pendante en lad. cour de Parlement, pour raison d'autre contravention faite au mesme arrest, requérant réponse. Lequel Fromentouze, consul, en personne trouvé a répondu que ce matin sur l'heure de neuf à dix, tant il, que Bouquejay et Turc, consuls, ont prêté le serment devant Messire Tarbouriech, officier dud. sieur abbé, en défaut comme led. sieur abbé ne s'est pas trouvé au présent lieu, a point nommé, conformément à l'arrêt du Parlement. Lequel serment ils ont presté dans la chambre de frère Bousquet, religieux dans ledit cloistre en défaut par led. sieur Sénégua de n'avoir voulu prester sa chambre, comme il a été requis. Repplicant led. Sénégua aud. nom, n'appartenir point le dit Tarbouriech pour officier, et que c'est aud. sieur abbé de bailher led. serment et persiste en ses précédantes réquisitions et a requis acte estre retenu pour servir aud. sieur abbé ainsi quil appartiendra. Témoins, signés et Amalry, notaire. — (Etude de Bize).

1643, 29 août. — L'an .... Messire Raymond Galtier, prestre et bénéficier en l'église de Narbonne, faisant por Messire Barthélemy de Renouard, seigneur abbé dud. Quarante. Lequel parlant au Révérend Père René de la Forêt, chanoine réformé de l'ordre Saint Augustin nouvellement fondé dans led. chapitre, parlant à lui por les autres religieux réformés, leur a prohibé, qu'ils n'ayent point sans appeler led. sieur abbé et avoir son consentement faire une agrégation à la dite congrégation réformée ny disposer des droits et facultés attribuées aud. sieur abbé; soubs prétexte de la prétendue concorde faite par monopolle, et sans l'appeler ou son vicaire général, que par ung notable préjudice aux droits de lad. abbaye, ce que ne peut tollérer. C'est pourquoi autant que sera besoing leur déclare être opposant à lad. prétendue concorde, comme nulle et faite par des personnes qui n'avaient nul pouvoir, proteste de se pourvoir contre icelle et de tout ce qui s'en est ensuivi par devant où il appartiendra et de faire réparer en substances, tout ce comme sera fait, au mépris et préjudice de lad. opposition, requérant réponse Led. Révérend Père René de la Forêt, en personne trouvé a requis copie du présent acte pour y répondre ; et led. sieur requérant por led. sieur abbé a aussi requis acte être reteneu por faire ainsi que appartiendra ; ce qui a esté concédé en présence de témoins, etc.

Le temps amène avec lui des abus, même dans les meilleures sociétés humaines. Le Père Faure, supérieur général et religieux le plus vénérable des chanoines Génovéfains, voulut, commé Sainte Thérèse pour les carmes, rappeler les religieux à la règle primitive. N'est-ce point là une entreprise, très louable ?

On ne s'explique point l'opposition relatée dans cette plainte de l'abbé. Serait-ce, comme le dit le texte, parce que ses religieux auraient agi en dehors de son autorité, et de celle de son vicaire général ? ou à cause des legs exposés à passer à d'autres mains ?

1646, 15 février. — Nomination d'arbitres par frère Jacques Barthés, sacristain, religieux et Messire Mathieu Gallinie, prêtre et recteur de Mailhac : différend au sujet des dîmes du prieuré de Saint Jean de Cas, au territoire de Mailhac, possédé par frère Jacques Barthés. Arbitres pour Barthés : Goubet, recteur d'Argeliers ; pour Gallinié : Louis Amiel, recteur de Ginestas.

1647, 10 décembre. — ...feu Messire Joseph Bertrand, curé de Saliés étant venu à décéder le 2 novembre, Messire Louis Esprit Viennet prêtre et conducher, de Saint Just et Saint Pasteur, de la ville de Narbonne avait été nommé par Messire Raimond Almenis chanoine de la dite église, à la dite cure et vicairie de Saliés, approuvé par Messire de Villa député. Rambaud prévot, Martin secrétaire, le dit jour 9, et comme le dit sieur Viennet se trouvant aux états en calité de porte-croix de Monseigneur l'archevêque, n'ayant peu se rendre, a délégué pour prendre possession Alexandre de Lavit, prêtre et bénéficier de l'église métropolitaine.

1648. — Le 25 mai est décédé Guillaume Espitalier, âgé de deux mois, il a été trouvé suffoqué dans son lit. Ses parents étaient allés à Narbonne, à la pénitence publique de neuvaine ; et ainsi chaque fois qu'un enfant était trouvé suffoqué dans son lit. La prudence était ainsi réclamée par l'Eglise. — (Archives de Quarante).

1648, 19 juin. — Accord et transaction sur procès entre le recteur de Mailhac et le sacristain de l'abbaye de Quarante, prieur de Saint Jean de Caps, au décimaire de Mailhac. Le recteur de Mailhac et le sacristain de Quarante, prieur de Saint Jean de Caps, se disputaient la dîme de la laine et des agneaux pour la dépaissance du menu bétail sur le territoire de Saint-Jean. Une sentence arbitrale du 30 juin 1646 décida que le prieur percevrait seul la dîme, à condition que le bétail dépaîtrait pendant un mois. Le recteur de Mailhac fit appel de cette sentence au parlement et en même temps assigna devant l'official le sacristain de Quarante, en payement de la portion congrue des fruits décimaux perçus sur le territoire de Saint Jean de Caps, attendu que l'administration des sacrements est faite par le dit recteur. Pour éviter un nouveau procès, les parties transigent le 19 juin 1648. Messire Mathieu Galinier, recteur de Mailhac, pour lui et ses successeurs, ne pourra plus prétendre à aucune portion congrue sur le prieuré de Saint Jean de Caps. Le sacristain de l'abbaye, renonce à la dîme de la laine et des agneaux qui lui avait été adjugée par la sentence arbitrale du 30 juin 1646. Cette dîme sera perçue à l'avenir par le recteur de Mailhac qui paiera à chaque fête de la Noël une somme de huit livres au sacristain de Quarante.

1649, 9 mai. — Bail à ferme par le sacristain de Quarante des dîmes qu'il perçoit au terroir de Mailhac, comme prieur de Saint Jean. L'arrentement est fait pour quatre ans à Pierre Saisset de Mailhac pour la somme annuelle de 280 livres sous la réserve de la somme de 8 livres payée par le recteur de Mailhac au sacritain de Quarante suivant la transaction passée entr'eux.

1653, 5 avril. — Gontran de Cruzy, reconnait avoir en emphytéote perpétuel de Messire Barthélemy de Renouard, abbé, les pièces suivantes : . .à l'usage annuel et perpétuel de quatre punières et un quart ne punière, froment beau et marchand, mesure de Béziers, payable annuellement et à perpétuité chaque fête de Notre Dame d'août.
Fait à Quarante, en la maison des religieux.

1660, 3 janvier. — Louis XIV, surnommé Dieudonné, Roy de France et de Navarre, passa à Quarante au chemin Roumiou, allant à Béziers accompagné de sa mère..... et du duc d'Anjou son frère, menant environ 12 mille hommes.

1660, 22 février. — Jour du Saint dimanche le Te Deum fut chanté dans l'Eglise de Quarante pour la paix générale et mariage du Roy avec la sérénissime Infante d'Espaigne Marie, Thérèse Alphonse d'Autriche et de Bourbon, qu'on peut appeler Reyne de la paix.

1662. — Le compoix mentionne 319 propriétaires tant bourgeois que forains, l'allivrement s'élevait à 785 livres, 13 sols 8 deniers. La valeur totale après la recherche générale faite au nom du Roi, sur la plainte des propriétaires qui se considéraient comme trop imposés, cette recherche générale faite par Gilbert Vilabrund de Pézénas et Jean Martin de Villeneuve-lès-Béziers, nommés par le Roi, donna une valeur totale de 344.164 livres, 13 sols, 4 deniers ; la livre tournois valant en 1690 1 franc 68 centimes la valeur totale du Terroir de Quarante était à cette date de 578,196 francs 80 centimes, mais il est à remarquer que ce compoix ne fait pas mention des biens nobles qui augmentaient la valeur.

1663. — En février et mars, il y avait un décès chaque jour, occasionné par la petite vérole.

1666. 12 août. — Est décédé le Révérend Père Jean Rusquié, âgé d'environ 31 ans, chanoine régulier de notre Eglise et le premier des Enfants du lieu qui prit l'habit de la Réforme, où il a vécu 14 ans en fort bon religieux et prestre, il prêcha le carême de la mesme année dans notre église. Son corps repose dans le cloître.

Requiescat in pace.

Je l'avais baptisé le 17 octobre 1635. (Séguier, recteur).

ETABLISSEMENT
DE LA CONFRÉRIE DU SAINT-SACREMENT

1666, 20 Décembre. — Etablissement par René Forôt, docteur en théologie, chanoine régulier.

1667. — Le 16 janvier 1667 les paroissiens sont instruits

et engagés à se faire enroller dans la dite confrairie. Les premiers membres reçus furent :

Jeanne Siramion, veuve de Rolland Rivière.

Damoiselle Gabrielle de Redon.

Louis de Tarbouriech. — Anne Martin. — François Boulon, etc.

Sont nommés officiers de la Confrairie, pour un an, par élection à partir du 4 juin pour finir à pareil jour, l'année d'après :

Révérend Père René Forêt, Prieur au Monastère.

Frère Barthélémy Fornairon, chanoine et infirmier.

Balthazar Séguié, Recteur.

Recettes 77 livres 13 sols

Dépenses 61 livres 16 sols

provenant de la vente de trois setiers, une cartière de bled que led. comptable a amassé en faisant la quête de la dite Confrairie.

(Registre de la Confrérie).

1668, 2 Janvier. — Décès de Françoise de Rague, fille du sieur Etienne Daunac, bourgeois du lieu, elle a fait le devoir d'une bonne chrétienne; son corps est déposé dans le cloître; par testament reçu par le sieur Pagès notaire, elle a donné pour annuel de messes pour son âme, 75 livres; le jour des honneurs funèbres, on bailla à 12 jeunes filles de Cadrie bleu et toile et un cierge cire blanche, de plus par son testament, elle a donné 100 livres pour un ciboire, payables après le décès du sieur Pierre Daunac, au curé. Sa ceinture d'argent fut donnée à la confrérie du Saint-Sacrement.

Requiescat in Pace. — Seguié, recteur. — Archives de Quarante.

Saint Jérôme rapporte, au sujet des funérailles de Sainte Paule, à Bethléem, que les veuves, les pauvres montraient les vêtements que la sainte leur avait donnés : « tota ad funus ejus turba viduarum et pauperum, vestes ab ex prœchitas ostendebant. » Ne serait-il pas permis de voir ici des traces de cette vieille coutume chrétienne ?

LOUIS DE LA VERGNE DE MONTENAR DE TRESSAN

LIII. — Le 27 Février 1627, François de la Vergne, seigneur de Tressan et de l'Estang, colonel du régiment de Madame Royale de Savoie, épouse Louise de Montenar, héritière de la branche des seigneurs de la Tour, dont le troisième fils fut Louis chanoine comte de Lyon, abbé de Quarante, aumônier du duc d'Orléans, frère de Louis XIV. Il fut nommé à l'évêché de Vabre au mois d'avril 1669 et sacré à Vincennes par l'archevêque de Bourges le 19 Octobre 1670 et prit possession le 18 Juillet 1671. De Vabre, Louis alla prendre possession du siège du Mans, en Novembre de la même année.

Louis mourut le 27 Janvier 1712 très aimé de la noblesse du pays Manceau.

Louise de la Vergne de Tressan, sœur de Louis notre abbé, succéda à sa tante abbesse de Gorjean à Clermont-l'Hérault en 1672 ; elle n'eut pas seulement la dignité d'abbesse, mais ce qui vaut mieux encore les mérites et les vertus.

Tressan et l'Estang sont situés à quelques kilomètres de Canet-l'Hérault, et La Tour est une propriété séparée de Canet par la voie ferrée.

Le château de Tressan, devenu la propriété de M. Gilodes porte à une clef de voûte, le blason du seigneur de la Vergne : d'argent au chef de gueules, chargé de trois coquilles du champ : tenants deux guerriers.

La famille de la Vergne garda le château de Tressan

jusqu'en 1743. Nous devons cette communication à l'amabilité de notre cousin M. Louis Gilodes.

1671, 4 Octobre. — Le sieur Antoine Leseur, marchand orfèvre de Narbonne, a receu cent livres de damoiselle Jeanne de Seguié ma sœur et veuve du sieur Etienne Daunat, bourgeois de ce lieu, pour un ciboire que damoiselle Françoise de Rocque, femme de Rusquié, d'après le sieur Daunat aurait légué a l'honneur du Saint Sacrement de l'autel à l'église de Quarante, de laquelle somme de cent livres le dit Leseur a fait quittance a sa dette devant le P. Prieur René Forêt. Les chanoines ont fait aussi quittance à sa dette versée dans le jour que dessus. — Séguié, recteur.

1672, 6 avril. — Décès de Louise Tourmentouse. Elle a été accompagnée au cloître de l'abbaye par neuf jeunes filles qui portaient sur la tête un couvre chef de toile et sur les épaules, de cadric blanc et a la main un cierge. — Archives mairie de Quarante.

ANNE TRISTAN DE LA BAUME DE SUZE

LIV. — 1672. — Anne Tristan, fils du comte de Suze et de Rochefort et de Catherine de Lacroix de Chevrières, naquit en Dauphiné, eut pour parrain Louis François de la Baume de Suze, évêque de Viviers. Il fut nommé abbé commendataire de Quarante en 1672, passa à l'évêché de Tarbes en 1675 ; il mourut en voyage à Paris le 4 Mars 1705 et fut inhumé à l'église de Saint-Paul.

De la Baume de Suze portait : d'or a trois chevrons de sable au chef d'azur ; chargé d'un lion issant d'argent couronné et lampassé de gueules. — Cartulaire d'Auch.

1673, 15 Octobre. — Chanoines réguliers faisant estimation pour le dédommagement dud. avoir des Pradels et des dîmes d'Argeliers et Sériège promise et prinse par le canal du Midi, la somme de 562 livres 4 sols 3 deniers de lad. estimation que Lenoir aurait acquis le 23 septembre dudit contrat dressé par moi Pierre Ramel, ham. de Cruzy, deux camps à Sériège de deux sétérées, deux punières, et l'autre au chemin de Cruzy, de cinq arpents de punières pour le prix de 452 livres. — Archives Préfecture Montpellier.

1677, 6 Novembre. — ...est décédé frère Barthélémy Fornairon prêtre chanoine infirmier, âgé d'environ 63 ans, son corps inhumé dans le cloître. Il a reçu durant sa maladie les sacrements avec de grands sentiments de piété. Sa vie a été exemplaire en toutes choses, mais particulièrement par sa charité envers les pauvres. — F. Guérin, curé. — Libre de mortuorum.

1678, 6 Juillet. — ...est décédé M⁰ Balthazar Fil, recteur de cette paroisse, âgé de 30 ans, fils de Jean Fil du lieu de Montouliers, de Marie Séguié de Narbonne, il a reçu les derniers sacrements et est enseveli dans le cloître du côté de l'église, il est mort en bon ecclésiastique dans l'estime des gens de bien. — Fr. Pothier pour M. le recteur.

1683, 27 Janvier. — Avec la permission du seigneur abbé. il y eût le mariage de noble René du Breuil de la Gené avec Mademoiselle Pagès Marguerite, dans la chapelle Sainte Magdeleine de Sériège, annexe de la paroisse de Quarante.

1684, 30 Novembre. — ...tous Religieux réunis pour délibérer en présence de M⁰ Pierre Tarboriech docteur et advocat au parlement de Toulouse, citoyen de Quarante, sur les fondations de messes faites par divers parents de Tarboriech. Pour assurer l'intention de ces messes, les Religieux hypothèquent leur métairie du Rougyeiras, dans laquelle ils ont fait plusieurs batiments et réparations. — Arch. Préf. Mont.

1684, 30 Décembre. — ...le Père Moquot, prestre et religieux, au nom de tous les chanoines, baille en locaterie perpétuelle de 29 ans en 29 ans a M° Pierre Tarboriech docteur ez droit dud. Quarante, la metterie de Rougiéras, près de Roubiol complantée de 143 pieds d'olivier, les couverts de la maison et les pigeonniers. Sera tenu led. Tarboriech de la tenir en bon ménager et père de famille. et donnera 50 livres, comme rente annuelle payable a chaque fête de Saint Michel. Led. Tarboriech a déjà payé au R. P. deux livres pour être employées a des œuvres pies comme le R. P. le trouvera à propos.

ÉTAT DE RÈGLEMENT

DES OFFICIERS DE L'ABBAYE DE QUARANTE, RELATIVEMENT A LA MANIÈRE D'Y RENDRE JUSTICE, APPROUVÉ PAR MONSEIGNEUR TRISTAN DE LA BEAUME DE SUZE, ARCHEVÊQUE D'AUCH, ABBÉ ET SEIGNEUR DE QUARANTE.

13 mars 1687. — Sur le règlement requis en votre cour de M° le Sénéchal de Béziers, par M° Pierre Bénézech de Quarante, contre M° Jean Estienne, docteur et avocat, en la temporalité de l'abbaye dud. Quarante et par M° Martin Rusquier, procureur juridictionnel en lad. temporalité, contre led. M° Bénézech.

SAINTE-MARIE DE QUARANTE

Par es soussignés, arbitres nommés par Monseigneur de Béziers ordonnant pour les intérêts de Monseigneur l'Arch. d'Auch, abbé et seigneur de Quarante, d'Argeliers et autres lieux en dépendant. A été arrêté que les jurés sont échangés sous le bon plaisir de monseigneur d'Auch, en attendant que sa grandeur puisse donner des ordres et règlement définitif, à ses officiers, il sera par eux observé ce que s'en suit.

Que le lieu de Quarante où est l'abbaye et les prisons sera tenu pour le siège principal de la juridiction, où les audiences seront menées les jours de mercredi et de vendredi de chaque semaine, suivant ce que lesd. sieurs viguier et juge l'ont réglé, à leur ordonnance du 15 mai 1686, qui sera exécuté ainsi, par la nomination des postulants, sans qu'il soit permis d'en prendre d'autres que ceux qui sont nommés et alternants Et seront tous les procès civils et criminels jugés aud. Quarante, de plus les decrettés ouis et interrogés aud. Quarante et tous les élargissements rapportés par le sieur juge, faits sur les conclusions dud. sieur Rusquié, procureur juridictionnel qui conclura lui-même sur les droits, se pourra prendre de substituer, qu'en cas d'absence de ....., ou de maladie dud. sieur Rusquié; aud. cas led. substitut appartiendra, au plus ancien des postulants nommés, et pour les autres instructions desd. cours civiles et criminelles, comme réception de plaintes, informations, décrets, enquêtes, prestation de serments, lesd. instructions pourront être faites sur les lieux. Les audiences seront présidées par led. sieur viguier et juge ; en leur absence ou empêchement, par led. sieur Lieutenant, et en l'absence de tous les trois, par led. sieur Procureur juridictionnel, pourvu toutefois que le Seigneur et le .... n'aient pas intérêt auxd. matières et qu'elles ne soient pas convenables, auquel cas par dévolution, la faculté passera au plus ancien des postulants nommés. Le sieur Viguier, aura la parole, suivant l'usage du lieu et prononcera néanmoins au pluriel, en disant : nous ordonnons ; et les actes de juridiction, seront exposés au nom ded. sieurs Viguier et juge, sauf à Monseigneur d'accorder à faire état sur la présente requête, par le dit sieur juge pour son doctorat, sur led. sieur Viguier, comme sa Grandeur le trouvera à propos ; et il sera usé de même, au nom desd. sieurs Viguier et juge de juger, au point auquel serait seul, à part le Lieutenant, Procureur juridictionnel, le postulant.

Par conséquent lesd. sieurs Viguier et juge au rapport des procès civils et criminels, les dires des oppinants extraits, que led. sieur juge rapportera et led. sieur Viguier y présidera, et en matière civile, non communicable, le procureur juridictionnel, sera juge, comme le lieutenant l'est en tous les lieux, et ne seront lesd. procès jugés, qu'en siège privé c'est-à-dire à Quarante.

Et à l'égard des instructions desd. procès, comme enquêtes, jurements prestations de serments, réception de plaintes, informations et décrets, lesd. sieurs Viguier et juge y présideront indistinctement sans délibération, et en seul, le Procureur occupant, chacun à leur profit.

Les récusations seront jugées aud. Quarante par lesd. Viguier et juge avec les officiers de Quarante et postulants par la voie de la récusation ; led. sieur procureur juridictionnel sera   fonction de sa fonction, lesd. sieurs Viguier et Juge seront obligés de mettre à la substitution, le plus ancien postulant au tableau aud. Quarante, comme a été ci-desssus marqué et non ailleurs, et à son défaut à celui qui vient après lui.

Le greffier qui est celui de Quarante, escrira toutes les pièces et expéditions, qui se feront à Quarante, celui d'Argeliers lui remettra les pièces d'instruction qui pourront être faites aud. lieu, à laquelle intimation est limité l'exercice dud. greffe d'Argeliers. Fait et libellé aud. sieur Viguier, l'autre au sieur Juge, l'autre au Procureur.

Fait à Béziers, le 23 mars 1687.

Nous approuvons le règlement ci-dessus, à Béziers, le 17 juin 1867. Monseigneur d'Auch (signé).

Archives de la Mairie d'Argeliers (Aude).

1687, 8 Décembre. — ..... dans le cloître de l'abbaye, Bernard Raimond et Jean Castel, chanoines, députés du chapitre donnent, à Messire Jean de Guibal, l'entière directe que le chapitre possède au lieu d'Argeliers, consistant en censives, tasques, usages, lods et ventes et autres droits et deniers publics, avec la maison noble, que le chapitre possède dans le lieu. Obligation pour Guibal de la prestation de fisc et hommage au syndic de l'abbaye, lorsqu'il en sera requis. La directe donnée à Guibal sous l'albergue annuelle et perpétuelle de 400 livres, payables à chaque fin d'année, plus une livre cire blanche à l'hôtel de Notre-Dame chaque année.

Mairie Argeliers (Aude).

ANTOINE DE RENOUARD

LV. — Antoine de Renouard, archidiacre de Narbonne, était abbé de Quarante en 1686.

Octobre, 1688. — Par notre édit de décembre 1686... les consuls et les habitants de Quarante nous auraient fait remontrer que pour jouir du bénéfice d'iceluy ils ont rapporté le dénombrement des biens droits et facultés qu'ils possèdent consistant en la faculté d'une foire qui se tient aud. lieu, le 29 août de chaque année. Plus la moitié des herbages et lautre moitié appartenant au sieur abbé dud. chapitre ; plus la faculté de la chasse, paturages et abbreuvages de leurs bestiaux, tant gos que menus dans le terroir de Sérièges, a la réserve de certains droits dud. sieur abbé ;

plus la faculté de faire dépaistre leur bétail gros et menu dans le terroir de Saint-Jean-de-Conques et prerie dud. Seigneur abbé de Quarante de tous lesquels biens cy dessus mentionnés la dite communauté en jouit comunément depuis temps immémorial..... Après avoir fait en notre conseil les édits des mois d'avril et de décembre 1686, et le dénombrement des biens, droits et facultez possédés par lesd. sieurs consuls et habitants de Quarante, cy attachés contre scel de notre chancellerie, de nostre grâce spéciale, pleine, puissante, et autorité royale ; Nous avons promis et promettons aud. consuls et habitants de Quarante et à leurs successeurs de tenir de posséder les héritages, droits et facultez cy dessus exprimées... Nous les affranchissons de tout payement, sans préjudice toutefois des droits des seigneurs et des particuliers.

Donné à Fontainebleau au mois d'octobre l'an de grâce 1688.

Louis, roy de France et de Navarre.

1691. — Le 4 Décembre, acte est passé, par le syndic de l'abbé, pour l'abonnement des droits seigneuriaux moyennant la somme de cinq cents livres.

1700, 30 octobre. — Les consuls de Quarante délibèrent sur les réparations à faire au clocher, au mur du cimetière Saint-Jean, changer la porte de l'église près de l'abbaye à l'endroit que l'on nomme Capitouls ; réparations ordonnées par Monseigneur le Grand Vicaire de Narbonne, menaçant d'interdire l'église si les réparations ne sont pas faites dans six mois.

Il est communiqué une demande du Syndic du chapitre qui réclame à la communauté la somme de 210 francs pour la ferme du droit de chasse dans les bois, à raison de trente francs par an et que la communauté n'a pas payé depuis sept ans.

A cette époque le droit de chasse revenait donc à un franc

par chasseur et encore on ne s'empressait point de le payer. Le 5 décembre, les consuls acceptent la proposition faite par MM. les chanoines de se charger de l'ouverture de la porte d'entrée de l'église du côté du Capitoul, que la communauté est obligée de faire en vertu d'une ordonnance de Messire l'abbé Le Franc de Lagrange, vicaire général de Narbonne.

1701, 10 avril. — Par les soins des consuls est dressée la liste nominative pour le tirage au sort, des jeunes gens et hommes non mariés, de l'âge de 22 ans à 40, propres au service des miliciens. Monseigneur de Lescure, délégué et Monseigneur l'Intendant, après avoir présidé au mesurage, fera tirer au sort et en retiendra trois.

21 septembre. — Il est déposé une demande concernant les moyens à prendre pour prévenir la stérilité de la fontaine, surtout à l'époque de la foire du 29 août, la plus grande partie du monde étant obligée de s'en retourner sans boire de l'eau, ni sans abreuver son bestail.

1702, 6 août. — Election consulaire. Les nouveaux élus ont promis de faire autant pour les pauvres que pour les riches, la pauvre veuve et l'enfant orphelin, d'être bons et fidèles soutiens du Roi.

25 novembre. — Le sieur François Chavardés, maître maçon du lieu de Ginestas se charge de faire les réparations aux brèches, aux prix suivants : 3 livres la canne carrée de muraille de quatre pans d'épaisseur tant haut que bas ; réparation à faire à la tour de la prison 40 livres ; la petite tour vis-à-vis la maison Caillé : 8 livres ; les prix sont pour la main-d'œuvre seulement ; les habitants seront chargés de fournir et porter à pied d'œuvre les matériaux nécessaires aux dites réparations, tant ceux qui ont des

charettes et bêtes à bat que brassières. Il sera loué des gens pour faire les travaux de ceux qui refusent et celà à leurs frais. Le sieur Dominique Vidal, maître charpentier de la ville de Carcassonne, s'est chargé de fournir le bois et faire les portes des portails Saint-Michel, Saint-Antoine moyennant 140 livres. De nos jours les portails ont été démolis : Une statue de Saint Antoine placée dans une niche, montre l'emplacement de ce dernier.

Il est emprunté pour celà 200 livres à Pierre Espitalier.

RACHAT DE SÉRIÈGE

1703. — Un long mémoire des archives de la préfecture de Montpellier, fournit les raisons des adversaires, l'abbé de Quarante et Messire de la Gardie, que nous résumons ainsi :

En 1571, l'abbé de Quarante vendit cette seigneurie pour payer une taxe de 96 escus d'or, l'escu valait 53 sols, celà faisait 254 livres, 8 sols.

En 1603, l'abbé voulant profiter d'une déclaration du Roy permettant aux ecclésiastiques de rentrer dans leurs biens, vit venir à lui les detenteurs de Sériège, lui donner cinquante escus pour n'être pas inquiétés.

En 1613, après la mort de l'abbé, l'économe de l'abbaye poursuivit ce retrait, et les detenteurs furent obligés de vendre aux prix de l'achat, sauf aux détenteurs à se pourvoir contre le nommé Joseph Redon, viguier dud. Quarante, père dud. abbé, pour être remboursé des 50 escus.

En 1630, l'abbé et le chapitre firent un partage de leurs biens, l'abbé, céda au chapitre, Sériège, se réservant la seigneurie haute, moyenne, basse et le droit de dépaissance pour son propre troupeau. En acquérant Sériège en 1571, les ancêtres de Messire de Lagardie, ne purent acquérir que ce que l'abbé possédait. Or, le chapitre fit remarquer que l'abbé ne s'était réservé de faire paître son propre troupeau et non ceux des autres. Les ancêtres de Lagardie furent condamnés à trois tribunaux, sur les instances du chapitre. Enfin des arbitres réglèrent que les Lagardie pourraient en commun avec le chapitre, faire paître leur troupeau, moyennant 52 livres et à titre de successeurs et acquéreurs des biens que possédait à Sériège l'abbé de Saint-Chinian.

Malgré ses efforts pour juger et estimer la seigneurie de Sériège, l'abbé de Quarante ne put y parvenir, Lagardie refusa de déclarer les dépenses faites pour en augmenter la valeur. L'abbé fit déposer une somme en consignation, Lagardie la refusa la déclarant insuffisante. Cette consignation fut de nulle valeur, puisqu'elle n'eut pas lieu d'autorité de justice en sorte que les religieux furent condamnés en 1702, au parlement de Toulouse.

Voici à quelle occasion et comment les religieux furent taxés d'usurpation. Lagardie ne fit aucune démonstration après que la somme offerte par les Pères fut consignée ; mais il arriva qu'en 1702 « il y eut une batterie dans le ressort de la dite seigneurie. Le battu au lieu de porter sa plainte aux officiers de l'abbé, la porta au juge du détenteur qui lança un décret de prise de corps contre celui qui avait battu, auquel décret néanmoins il n'obéit pas. L'abbé impétra des lettres du Parlement pour demander le renvoy de cette affaire devant ses juges. » D'où procès qui montre la prétention des religieux ; ils étaient censés avoir exercé la juridiction de Sériège sans en avoir le droit, depuis qu'ils avaient consigné leur somme, car pendant ce délai, il ne s'était produit aucun cas méritant sanction, sauf celui qui a soulevé le présent incident.

Le conseil conclut que le Parlement avait bien jugé. Mais comme l'abbé a satisfait à la déclaration de 1675 (ayant même payé la nouvelle taxe), ce qui reste à faire c'est de faire donner les nouvelles assignations au grand Conseil pour le désistement avec offre de remboursement, faire ensuite liquider et payer ou consigner de l'authorité de ce tribunal, car toutes les offres extra judiciaires sont inutiles quand elles ne sont pas acceptées.

Délibéré à Paris, le 20 novembre 1703.

Signé : Evrard. (Archives, Préfecture Montpellier.)

Depuis 1704, le sieur Jean Petit avait été investi de la charge de quêteur dans la paroisse de Quarante, pour l'œuvre de la Terre Sainte, établie dans cette paroisse. Cette charge fut enregistrée devant les officiers ordinaires dud. lieu, 29 juillet 1715.

NOMINATION DU CHAPELAIN

PAR LE MAIRE, LES CONSULS ET LES PARTICULIERS

1704, 20 avril. — Nous, maire et consuls, patrons de la chapelle Sainte-Anne, fondée en l'église Notre Dame du dit lieu par feu Jean Bonnet, attendeu que la dite chapelle est vaquante et que la nomination et présentation d'icelle nous appartient suivant la dernière volonté du dit Bonnet. Estant bien et duemant informés des bonnes vie et mœurs et capacité de maitre Joseph Marragon prestre et recteur de Saliés : à ces causes nous avons nommé et présenté, nommons et présentons par ces présantes le dit maitre Marragon icy présent et acceptant de Monseigneur l'archevêque de Narbonne ou son viquaire général pour lui faire le titre et collation de la dite chapelle Sainte Anne avec les fruits profits et émoluments en dépendant ; en foy et témoins de quoi nous dits Maire et conseillers et particuliers habitants nous sommes soussignés et fait avec maitre André Pagés, greffier consulaire, qui a de nostre mandement escrit et signé les présentes.

Fait au dit lieu, le 20° jour du mois d'avril de l'année mil sept cent quatre.

Redon. consul ; de Gourbal ; Rusquier ; Viguier, maire ; Barthez, Procureur juridictionnel ; etc., etc.

Par mandement des dits sieurs,

Pagès, greffier.

GRATUITÉ DE L'ENSEIGNEMENT POUR LES PAUVRES

1705, 11 mars. — Par la proposition de Monseigneur l'Archevêque il a été accordé 120 livres au Régent et 80 à la Régente, à condition que ledit Régent apprendra et enseignera tous les enfants des pauvres qui n'auront pas le moyen de payer pour l'éducation de leurs enfants, gratis sans rien payer : sur le certificat de Monsieur le curé et de Messieurs les moines et consuls qui certifieront l'impossibité de ces gens-là. Ceux qui auront le moyen de payer, les enfants seront enseignés gratis par le Régent jusqu'à ce qu'ils commencent à lire en français, après quoi ils payeront cinq sols par mois tant qu'ils retourneront à l'école pour apprendre à écrire.

La mention des écoles dans Quarante, date de 1628, en cette année c'était Pierre Loys qui était Régent. La maison d'école est reconnue de nos jours, au portail bas, par une grande pierre placée sur la porte d'entrée d'une cour avec cette inscription : « Ecole Jean Gaches, mai quatrième 1668. »

Les Régents étaient choisis par les consuls et ne pouvaient enseigner qu'avec l'approbation de l'archevêque.

1705. — Le traitement des régents n'a pas toujours été le même.

En 1733 le régent Guilhaume Verdier recevait par mois, pour chaque enfant, six sols, depuis l'alphabet jusqu'à ce qu'il commençât à lire, dix sols pour ceux qui commençaient à lire, jusqu'à commencer à écrire, et quinze sols, pour ceux qui écriront et chiffreront.

En 1736, on délibère qu'il est plus avantageux pour les habitants de payer la dépense dud. Louis Anduze régent, en bled : scavoir deux quartiers bleds, pour chaque garçon par année, a condition que ladite pantion ne sera payée que de six en six mois, par avance, revenant à une quartière par chaque six mois à l'égard de ceux qui apprendront le latin.

La gratuité d'alors était bien préférable à celle de nos jours, gratuité seulement de nom, et ne favorisant pas l'étude du latin. — (Archives Quarante).

18 juillet. — Est décédé Marc Chabert prêtre et ancien curé de Sallés, dans sa maison à Quarante, âgé de 79 ans,

il a été posé dans l'église de Saliés près de l'autel près de l'épitre, selon la recommandation faite par le défunt, par nous curé de la paroisse assisté de messire Jean Constant archiprêtre de Capestang, messire Jean Gaudelle, prêtre et curé d'Ouveillan, de messire Louis Bonhomme, prêtre et curé de Cruzy et de messire Ségui d'Anglas, vicaire de Cruzy.

Requiescat in pace.

André, curé de Quarante ;
Marragon, curé de Saliés.

1705. — Acquisition faite en cette année par Messire le Recteur du présent lieu de deux chambres appartenant à Monsieur Decazis de Cruzy, et d'une boutique qui se trouve au-dessous des dites chambres confrontant tout le presbytère et pour le prix de 100 livres fournies par la communauté.

Plainte des habitants de Quarante au sujet de la négligence que met le chapitre dans la décoration de l'Eglise et l'entretien de six lampes ; les religieux diminuent le service divin, privant la paroisse des messes qu'ils sont obligés de célébrer ; et qu'au lieu de dix chanoines qu'ils sont obligé de tenir pour la célébration des saints offices, ils ne disent souvent qu'une messe basse sans diacre ni sous-diacre, pas même pour les morts, et cela parce que les chanoines ne sont qu'un petit nombre ; de plus quoique leurs revenus soient augmentés, ils ont supprimé l'aumône extraordinaire de six quartiers de bled qu'ils avaient coutume de distribuer à la fête de tous les saints et pareille aumône le jeudi saint avec quelques setiers de légumes cuits avec de l'huile et du sel.

Bail par lequel le sieur Barthémy Pradal, du présent lieu aura le droit de débiter de la viande de pourceau, à partir du 1er octobre jusqu'au dernier jour de carnaval, aux conditions suivantes . 2 sols deux deniers la livre ; le lard et les graisses 2 sols 8 deniers « la dite boucherie sera pendant ce temps bien et dûment pourvue et le dit Pradal ne pourra égorger lesdits pourceaux qu'en public.

ETIENNE-ANTOINE DE JOUAN

LVI. — Etienne Antoine de Jouan, bachelier de Paris, abbé le 11 avril 1705.

1706, 7 novembre. — ... Le conseil assemblé en la forme ordinaire par devant messire Rusquier Viguier, maire de Quarante, composé de messire Joseph André, prêtre, recteur de Quarante, Henry Barthez Procureur jurisdictionnel, de noble Jean François de Redon sieur de saint Martin et autres, tous habitants de Quarante, a été proposé que Monsieur le Recteur leur a demandé plusieurs fois que la communauté lui fasse une écurie pour son cheval et aussi un endroit pour tenir le bois pour son chauffage ou de convenir ensemble de la valeur de la dite écurie et endroit pour tenir le bois et qu'il se chargerait de le faire sans que la communauté y prenne aucun soin que pour le payement de la somme qu'on conviendra, en sorte que Monsieur Rusquier Viguier et maire et Monsieur de Saint-Martin, ont pris le soin de traiter avec le dit sieur Recteur et ont convenu que la communauté lui donnerait cent livres pour toutes ses demandes et que moyennant cette somme le dit sieur recteur se chargerait de faire l'achapt de ladite écurie et de l'endroit pour tenir son bois sans que la communauté soit obligée d'aucune autre fourniture, soit matériaux, manubrage, ny charroi, le tout étant compris à ladite somme de cent livres; et pour l'assurance de la communauté le dit sieur Recteur, achepte les deux chambres qui appartiennent a Monsieur Decazis de Cruzy qui confrontent avec la maison presbytérale dont les fenêtres regardent du côté de la place publique ; ensemble il achepté une boutique qui est au dessous des dites chambres confrontant aussi le sellier de la maison presbytérale, la porte étant du côté de la dite place, lesquelles chambres et boutique, seront offertes à la dite communauté jusqu'à ce que le dit sieur recteur ait fait construire la dite écurie et endroit pour le bois ; cette précaution étant pour l'assurance de la dite communauté, en cas le dit sieur Recteur ne fît pas l'achapt convenu dessus. Le tout étant pour éviter procès entre la dite communauté et le dit sieur Recteur ; c'est la convention faite.

Le Maire demande à Monseigneur l'Intendant la permission d'imposer cette somme : ainsi conclu, le Viguier y a apposé son décret et authorité judiciaire.

Rusquier, viguier, maire ; André Recteur ; Saint Martin ; Collac ; Redon ; etc.

1707. — Un long testament déposé aux archives de la Préfecture de Montpellier en date du 26 octobre porte la transaction suivante entre Dame Marthe d'Abdon des Fourjeux, marquise de Bressieux, de la Baume de Suze, nièce et héritière de Monseigneur de la Baume de Suze (Tristan, abbé de Quarante, mort à Paris, ab intestat le 5 mars 1705, et messire Roussin, religieux et syndic du chapitre de Quarante par laquelle l'héritière renonce aux revenus laissés par son oncle et dûs par led. chapitre, à la condition que la dite Dame pourra exiger et recevoir dud. économe sequestre la somme de cinq cent cinquante livres. Condition acceptée par led. sieur Raussin au nom des religieux.

Un autre acte du 5 décembre, de Messire Anne Louis François de la Baume de Suze, héritier d'une quatrième partie, approuve l'abandon fait par sa mère, d'une grande partie de l'héritage de son oncle l'abbé de Quarante.

1708, 1er avril. — Tous les religieux, étant aux droits de Messire Antoine, Etienne Jouan, étant devenus héritiers par transaction des parents, constituent le sieur Raussin comme procureur général pour réclamer les sommes qui doivent revenir au chapitre, des biens laissés par Anne Tristan le précédent abbé.

BAUX PAR LE CHAPITRE

2 juin 1613. — La dime des légumes que ledit chapitre a accoutumé de prendre et lever annuellement dans le territoire dud. Quarante non compris la dime des légumages de la métairie des Pradels : le fermage est payable en geisse, vesses, esses et lentilles.

13 juin 1634. — Dimes des légumages : chanvre et lin.

11 juin 1651. — Dime de tout le légumage du même terroir ; du dit jour la dime de chanvre et lin, des noix, des aux et des oignons.

HIVER DE 1709

12 may. — L'hiver fut si rude qu'homme vivant n'avait vu pareil le thermomètre marquait 18 degrés au dessous de zéro. Les oliviers furent tués, les bestiaux moururent. Les consuls considérant que le grain devenait encore plus rare à cause des accapareurs, nommèrent Monsieur le Recteur

et quelques uns d'entr'eux pour prier Monsieur le maire de Narbonne de fournir la quantité nécessaire exposant le tableau de la récolte annuelle :

Blé : année moyenne : 38000 ; an 1709 : 873.
Seigle : année moyenne : 1000 ; an 1709 : 336.
Avoine : année moyenne : 1000 ; an 1709 : 920.
Huile : année moyenne : 350 ; an 1709 : 0.

Octobre. — André, recteur, est de nouveau envoyé à Narbonne pour demander que l'on prête la semence jusqu'à l'année d'après, personne ne pouvant payer. 10.000 livres sont accordées pour acheter le blé de semence, il est distribué à ceux qui ont préparé leurs terres. Coliac et Pradal sont chargés de veiller si le blé est réellement ensemencé.

Il est accordé une remise sur les tailles de 599 livres, 9 sols et 10 deniers ; et 900 livres pour la perte des oliviers.

C'est dans ces calamités que nous devons apprécier l'esprit fraternel de nos devanciers, la communauté était une véritable famille qui regardait le curé comme leur père.

Hugues Cassan s'offrit à faire le charroi du pain de Narbonne à Quarante, moyennant deux deniers de profit pour chaque pain de deux livres, et un denier pour chaque pain d'une livre. L'offre fut acceptée.

1709, 15 août. — Le Vénérable chapitre aiant le droit de Seigneur abbé de la ditte abbaye capitulairement assemblés, salut.

Etant bien et duement informé de la bonne vie et mœurs âgé de plus de 25 ans, de la profession religion catholique, apostolique et romaine, et expériance en l'exercice de la justice, de la personne de Jean Azéma, habitant d'Argeliers et d'ailleurs l'attachement qu'il a toujours eu aux intérêts dud chapitre et le voulant récompenser :

A ces causes et autres considérations, à ce moment led. chapitre a donné et consédé, donne consède aud. Azéma, l'état et office de substitut de procureur juridictionnel en la justice dud. Argeliers, et ses dépendances pour en jouir avec les honneurs, privilèges, profits et revenus en dépendant, enjoignant à tous les justiciables dud. Argeliers de le reconnaître en la dite qualité de substitut de procureur juridictionnel dud. Argeliers, révoquant et annulant toutes autres substitutions, au cas il s'en trouverait aucune ; à la charge dud. Azéma de prêter le serment en tel cas requis ; à l'instant fait, ses mains mises sur les saints Evangiles.

Donné à Quarante pour en jouir tant qu'il nous plaira.

Dremas, prieur.

Du mandement dudit chapitre.

FRANCS FIEFS

BIENS NOBLES EN MAIN SÉCULIÈRE

1711. — Pierre Calas possède la condamine de la ville, une terre dite Lapeyrouse, à Saint-Michel, sous l'albergue à l'abbé de 90 livres. Jean Mouret, la condamine de la Joie pour 20 livres ; Pierre Chambert, une condamine à la Chapelle, pour 30 livres ; André Roque, une terre à la Tignasse pour 7 livres, à l'abbé Nicolas Pol, et Louis Redon de Saint-Fréchoux, une olivette à la Broutade et la Condamine de Bedos sous l'albergue de 100 livres.

Bertrand Héral, une olivette à Aprat Auques pour 13 livres.

Jean Francois de Redon de Saint Frichoux une olivette et le fief de Saint-Frichoux, pour 60 livres.

Hercule de Brettes de Terrin une métairie à Saliés de deux paires de labourage.

BIENS DE MAIN MORTE

L'abbé est seul Seigneur haut, moyen et bas de Quarante, Saliés, Argeliers, possède un château ruiné avec ses fossés à Saint-Martin, terroir de Quarante et une terre noble, la condamine du puits de la ville, et une garrigue au dit terroir, plus Saint-Jean-de Conques, deux devois à la Gourgouilla et Cabanes indivis avec le chapitre, la moitié de la pêche de l'étang de Quarante. Le chapitre possède les deux pièces sus nommées indivis avec l'abbé, la métairie des Pradels, avec la moitié de l'étang avec l'abbé, deux moulins à huile, le tout noble, le Rougyeiras, et autres pièces.

1725, 5 janvier. — Les consuls votent 60 livres pour la maison où Monsieur le curé Bedos renferme son cheval et son bois et délivrent ainsi cette maison des hypothèques dues à messire O'Héron de Saint-Chinian.

1727. — Le 11 juin est décédé Messire Joseph Marragon, ancien curé de Quarante et de Saliés, âgé de 74 ans, après avoir reçu les sacrements, sauf celui du Saint-Viatique à cause des fréquents vomissements, enseveli dans la nef de la paroisse de Saliés. Huit confrères assistaient à ses funérailles, Messire Portal curé d'Ouveillan, Messire Fabre, chanoine de Capestang, Bedos, curé de Quarante, Messire d'Oustiguier, prieur de Puisserguier, Messire Achez, prieur de Truilhas, Messire Guitard, curé de Creissan, Messire Gauthier, chanoine régulier de Quarante, Messire Bertrand, vicaire d'Ouveilhan ; il est mort dans la maison presbytérale de Saliés à Quarante.

La maison curiale se trouvait dans le fort vieux ; sa situation est ainsi désignée : la cure confronte cers, rue du midi ; héritiers Jean Cros ; mari, la muraille du fort vieux ; aquilon, Antoine Gaiche, contient dix-sept canes.

1729, 23 octobre. — ..... il est communiqué une lettre de Monsieur Rome subdélégué de Monseigneur l'Intendant qui ordonne à la communauté de témoigner la joie quelle a de l'heureuse naissance d'un Dauphin par des réjouissances publiques pour témoigner le zèle et l'attachement pour la personne du Roy, comme la communauté n'est pas en état de faire des dettes, étant presque ruinée depuis la grelle et la rigueur de l'hiver dernier, il est délibéré que le garde-terres sera révoqué durant six mois, à compter du 15 novembre et avec les fonds votés dans ce but, on célèbrera les fêtes de la naissance. (Archives de Quarante).

1731, 11 mars. — Le conseil réuni..... il est exposé que la présente paroisse se trouve entièrement négligée depuis trop longtemps, faute d'avoir des prêtres pour administrer les sacrements et les prédications nécessaires Monsieur le curé étant seul confesseur, lequel ne saurait avoir assez de temps ni assez de force pour y réussir, une grande partie des paroissiens étant obligés d'aller courir dans les villes et autres endroits pour confesser et se préparer à la Sainte Communion ; il est députe deux habitants auprès de Monseigneur l'évêque ou vicaires généraux pour demander un vicaire pour assister Monsieur le curé pour la confession et l'administration des sacrements et autres fonctions. La communauté de Quarante continuera ses prières pour la santé et prospérité de Monseigneur. (Archives Quarante).

1736, 4 avril. — Nous, André Augé, prieur, grand vicaire

et procureur fondé de Messire Antoine Jouan, abbé et seigneur haut moyen et bas de Quarante, Argeliers et autres lieux. A tous ceux qui ces présentes verront. S'étant bien informés des bonnes vies et mœurs, religion catholique, apostolique et romaine et expériance et pratique en justice du sieur Jean Azéma d'Argeliers, nous lui procurons la charge de procureur juridictionnel en la justice dud. Argeliers dépendant de l'abbaye de Quarante avec prérogatives privilèges et autres droits..... Lequel a juré sur les Saints Evangiles de remplir les devoirs de sa charge en Dieu et en consiance

Enjoignons à tous les justiciables d'Argeliers de le reconnaître comme Procureur.....

Avons fait expédier ces présentes signées, ... et scellées du sceau de nos armes.

Augé, Prieur.

1739, 28 juin. — Les consuls réunis.... plusieurs hauts leur ont représenté qu'il était très nécessaire de député quelque principal hant pour aller à Narbonne, supplier Messeigneurs les Supérieurs de nous donner un vicaire, la communauté se trouvant, environ depuis dix mois avec un seul confesseur, ce qui cause qu'une partie des paroissiens n'a pas peu satisfaire à son devoir pascal, mais ayant plusieurs fois requis de leur procurer un autre confesseur, attendu qu'une paroisse de plus de six cents âmes de Communion ne saurait se passer de deux confesseurs.

Jean Rusquier et Antoine de Redon de Saint-Frichoux sont députés auprès de Monseigneur. (Archives Quarante).

1740, 28 septembre. — ..... il est résolu de nommer de rechef deux des principaux hants pour aller à Narbonne suplier très humblement les Supérieurs de vouloir nous accorder un vicaire, et qu'à défaut de ce, il soit donné plein pouvoir aux dits députés d'en appeler devant nos Seigneurs du Parlement de Toulouse.

1740. — Il est voté cinquante livres pour messire Grés, médecin, a condition qu'il sera tenu de se rendre au présent lieu, toutes et quantes fois qu'il sera requis dans les 24 heures, au plus tard, faute de quoi il sera permis aux hants, d'envoyer chercher un autre médecin à ses frais et dépans, auquel sera payé seulement par les particuliers qui l'enverront chercher, une livre pour chaque voyage et dix sols de chaque visite, et tout le reste sera supporté par le dit sieur Grès. (Archives Quarante).

Dans l'inventaire de Ducarouge nous apprenons que Saliés, 1° faisait partie de la mense capitulaire de Narbonne. Cette cure était conférée de plein droit par le chapitre de Saint-Just en vertu d'une possession immémoriale et suivant transactions passées avec les archevêques ; 2° Le chapitre Saint-Just possédait à Saliés un petit fief.

1742, 30 janvier. — Acte signifié par huissier aux consuls de la requête et ordonnance et d'avoir imposer au lieu de la taille, à la prochaine imposition la somme de 600 livres en faveur du chapitre, en représentation de tous droits de tasques, usages, lods, ventes et droits de chasse, au lieu de celle de 400 imposées depuis quelques années. Rappelé l'acte du 8 Décembre 1687 en vertu duquel les Religieux de Quarante donnèrent la Seigneurie d'Argeliers à messire Jean de Guibal conseiller au Parlement de Toulouse natif de Saint-Pons. Sur quoi les consuls et les habitants d'Argeliers se pourvoient devant la cour du Sénéchal de Béziers pour faire arrêter lad. imposition. A quoi répondant led. messire de Guibal déclarait avoir de même acquis à titre d'inféodation suivant acte du 8 avril dernier retenu par messire Hérail de Béziers, de messire Anne Tristan de Labaume de Suze, archevêque d'Auch et abbé de Quarante, la justice du lieu d'Argeliers, contre lequel acte les consuls allaient aussi se pourvoir.

De plus est cité l'acte, dans lequel expose le syndic à Monsieur de Basville, Intendant du Languedoc, l'inféodation faite par le chapitre à messire de Guibal, et le traité passé avec les habitants d'Argeliers et led. de Guibal pour l'abonnement de 600 livres qui seraient annuellement imposés avec les deniers royaux avec votre agrément : de plus un arrêt du 29 juillet 1690 rendu à Toulouse et condamnant la communauté d'Argeliers. En conséquence lad. communauté est obligée de payer 600 livres et non 400.

Fait à Montpellier le 18 octobre 1691.

1744, octobre. — Les consuls de Narbonne, et les religieux de Quarante nomment des représentants pour plaider au sujet de la maison que le Chapitre possède dans l'île de l'hôpital de la croix à Narbonne.

1745, 15 mai. — Imputation sur les frais de procès remboursés à la ville par le syndic du chapitre de Quarante du rôle des frais et honoraires dus à M. Cabanes, procureur de la ville de Montpellier.

1746, 24 juillet. — Archives de Quarante, la grande cloche étant cassée et attendu que cette cloche est très utile à la communauté pour faire les offices, pour les biens de la terre et que c'est présenté le sieur Joseph Barbet de Chaumonten Champaigne près de la Lorraine, qu'il c'est offert à fondre la dite cloche, a fourni tous les matériaux nécessaires pour y parvenir, la faire de la même rondeur, épesseur et hauteur ; de la remettre à sa place en bon état, le tout à ses frais et dépens : et comme cette cloche est très utile pour la conservation des fruits de la terre, par rapport aux brouillards, grêles et autres orages, supplie humblement Monseigneur l'Intendant de permettre d'emprunter cinq cent livres.

1746, 16 novembre. — Archives de Quarante. Que la paroisse ne saurait être plus mal servie depuis environ quatorze mois, n'ayant pas de confesseur, le tout à la seule faute de M. Pierre Bedos curé, pour ne point tenir un vicaire comme il en est d'usage ne pouvant pas seul desservir la paroisse par rapport à la grande quantité des paroissiens qu'il y a, dont le nombre à sept cents communiants ou environ ; il fut envoyé un Augustin approuvé par M. Denis vicaire général, pour desservir la paroisse conjoinctement avec M. le Curé. Lequel Augustin est renvoyé par M. Bedos curé, des députés sont envoyés à l'archevêché, pour cette plainte.

1747, 10 décembre. — Archives de Quarante, Feu M. Joseph Bertrand curé de Saliès étant venu à décéder le 2 novembre, Mᵉ Louis Esprit Viennet, prêtre et conducher de Saint-Just et de Saint-Pasteur de la ville de Narbonne, aurait été nommé par Messire Raimond Almenis, chanoine de la dite église, à la cure et vicairie de Saliés, approuvé par Mʳˢ de Villa député et Rambaud prévot, Martin secrétaire le dit jour 2, et comme le dit S. Viennet, se trouvant aux états, en calité de porte croix de Monseigneur l'Archevêque, n'ayant peu se rendre, a délégué pour prendre possession, Alexandre de Lavit, prêtre et bénéficier de l'église métropolitaine, nous aurait représenté un testament fait par Mᵉ Jean André Pagès, notaire de Quarante, le 8 janvier 1703, par lequel testament ledit sieur Chabert fait donation a ses successeurs curés de Saliés à l'advenir, d'une maison avec ses appartements sise à Quarante, suivant les désignations et confrontations assignées par le compois et cadastre du lieu pour s'en servir et ses successeurs à l'advenir, à condition toutes fois que les curés dud. Saliés résideront dans la dite maison et au cas où ils seraient obligés de résider dans la paroisse de Saliés; a cet effet la maison ferait retour aux héritiers.

Frère Jean-Maria Evesque de Preneste, Robert cardinal du titre de S¹ Appollinaire ; Georges, cardinal du titre de S¹ Jean Porte-Latine ; Barthélemy, du titre de S¹ Barbe ; François, du titre de S¹ᵉ Anastasie ; Jérôme, prêtre du titre de S¹ Martin ; Ements Nicolas, du titre de S¹ᵉ Marie en a lata ; Jean du titre de… Hippolyte du titre de S¹ᵉ Marie et S¹ Jacques, diacre du titre de S¹ Côme et S¹ Damien, tous cardinaux par la grâce de Dieu, de la sainte église romaine, a tous les fidelles de J.C. qui verront les présentes, salut éternel en notre Seigneur, afin que les fidelles de J. C. accourent plus volontiers par dévotion (à l'église de Quarante) pour favoriser la très humble prière qui nous est faite par le dit Claude, de notre puissance et nous confiant en l'autorité et pouvoir des bienheureux apôtres S¹ˢ Pierre et Paul nous accordons cent jours d'indulgence a tous les fidelles de l'un et de l'autre sexe qui après avoir demandé pardon à Dieu sincèrement de leurs péchés et après les avoir confessés visiteront ladite Eglise, savoir aux festivités de Noël, Pâques, Pentecôte, Assomption, Toussaint, depuis les 1ʳᵉˢ et 2ᵉˢ vêpres inclusivement, et qui par les aumônes aideront à entretenir ladite, etc. En foi de quoi nous avons fait expédier les présentes lettres munies de nos armes. Donné à Rome dans nos maisons, l'an 1750, le 10 janvier, le Saint Siège étant vacant.

1750, 17 février. — … a été proposé par M' Louis Gauzy, consul moderne qu'ayant favorisé instance a la requête du syndic de l'abbaye de Quarante prétendant exercer les droits de M. Jouan abbé commandataire de ladite abbaye, devant le sénéchal de Béziers contre Antoine Vidal fournisseur de la boucherie du dit Quarante a ce qu'il soit condamné a remettre au syndic, toutes les langues et les pieds de bœuf qui s'égorgent dans la boucherie de Quarante. Et comme le dit sieur abbé n'a jamais été dans ce droit, qu'il lui est même défié d'apporter aucun titre qui le lui donne; que les habitants de la communauté ont au contraire pris les langues, le tout en payant, de même que le syndic en qualité d'habitant du présent lieu, le dit Vidal avait fait assigner la dite communauté pour intervenir dans ladite instance, sur laquelle assignation la dite Communauté se serait présentée et aurait insisté a sa relaxe, et de plus le syndic dudit chapitre qui n'est pas personne légitime pour former pareille instance, ni ayant que le dit Abbé, qui fut le seul en droit, a supposer même qu'il porterait un titre valable ce serait pourveu devant Mgr l'Intendant y aurait présenté requête remplie de faits faux et supposés sur laquelle il aurait obtenu un ordre de fait communiqué pour y répondre dans la huitaine, laquelle ordonnance a été communiquée aujourd'hui, attendu que le syndic du chapitre n'est pas personne légitime pour former une pareille demande, le dit Chapitre n'étant pas le Seigneur du présent lieu, n'y ayant que le Roi qui puisse plaider par procureur ; que d'ailleurs dans le fond quand bien même le dit sieur Jouan, abbé commandataire du dit Quarante formerait lui-même la demande en condamnation de la remise des langues et pieds de bœuf, il serait irrecevable en cette demande, parce que les habitants ont toujours été dans le droit de le percevoir en payant, ce qui ne rapporte aucun titre... il est délibéré de demander a Mgr l'Intendant d'emprunter la somme de deux cents livres pour soutenir le procès. (Archives de Quarante).

1751, 24 octobre. — ..... en conséquence de la lettre escrite par Mgr l'Intendant a M. Rome subdélégué, du 23 dernier laquelle fait mention d'une lettre de M. le comte de Saint Florentin a M. l'Intendant dans laquelle on peut remarquer que la disposition des sommes qui doivent être employées a des réjouissances publiques à l'occasion de la naissance de Mgr le Duc de Bourgogne a esté changé par la ville de Paris et que les dites sommes ont servi a doter et marier des filles pauvres, ce qui a esté agréable au Roi qui paraît souhaiter que les autres villes suivent l'exemple de la capitale. La Communauté a été très sensible à la nouvelle quelle a reçue de la naissance de Mgr le duc de Bourgogne, dont elle rend des actions de grâces à Dieu qui continue de verser ses bénédictions sur le royaume dont elle assure la tranquilité aussi bien que la félicité des peuples. La dite communauté souhaiterait estre en bon état de témoigner par des marques non équivoques la joye extraordinaire quelle a ressenti, et pour se conformer aux désirs de sa majesté elle a résolu de donner cinquante livres pour marier une pauvre fille du lieu, sur l'indication de M. le Curé, consuls et principaux habitants.

La Communauté est mortifiée de ne pouvoir faire davantage, par suite de la perte de la plus grande partie de ses oliviers, ce qui l'empêche de suivre ses bonnes intentions, mais elle ne cessera d'adresser ses vœux et ses prières au ciel pour la conservation et la prospérité de leurs majestés et toute la famille royale. (Archives Quarante).

1753, 24 Juin. — ..... les confrères du Saint-Sacrement assemblés au son de la cloche en l'église, en présence du Révérend Père Etienne Pons prieur du monastère et de Monseigneur Mᵉ Pierre Bedos curé de la paroisse, il est représenté qu'il serait beaucoup de faire lorsqu'on porte le Saint Viatique aux malades, il serait à propos que la petite cire ne sortit pas, et que au lieu de deux fanaux, la Confrérie en fournira quatre, et quatre torches et les deux chandeliers ordinaires ; ce qui a été accordé par tous les confrères. — Registre de la Confrérie du Saint Sacrement.

1753, 9 Septembre. — ..... il est délibéré de placer un bassin pour l'entretien de la chapelle Notre-Dame de Consolation nouvellement érigée. Cette note prise dans le registre de la confrérie de Notre-Dame, nous indique l'origine de cette chapelle.

1754, 24 Janvier. — .... Les consuls reçoivent, la prétention de M. Bedos curé du lieu, qui voulait obliger la communauté à réparer la maison presbytérale qu'il n'habitait pas depuis 27 ans et qu'il a affermé sans interruption à différens particuliers, et a perçu une rente considérable sans avoir jamais fait les réparations auxquelles il était tenu. — Archives de Quarante.

1754, 3 Novembre. — Installation de M⁰ Joseph Tarboriech prêtre natif de Quarante comme recteur et vicaire de Quarante.

Extrait du Fouillé de Narbonne fait par Monseigneur Caldaguez chanoine de Saint-Just ordonné par l'Assemblée générale du clergé 29 octobre 1755 :

« La rectorie de Quarante ayant 500 communiants, desservie par un curé vicaire perpétuel perçoit année moyenne 400 livres qui lui viennent de la dîme des grains, plus une pension du Chapitre de 21 setiers de blé, deux muids et demi de vin, demi charge d'huile, plus 50 livres de novales et 120 livres de casuel en tout 815 livres.

Le Purgatoire uni à la manse capitulaire est cotisé avec elle.

La Chapellenie Sainte-Anne jouit de 6 livres. La chapelle champêtre et votive de Saint-Jean est sans revenu. Le présentateur de la rectorie est Monseigeur l'abbé ; le collateur Monseigneur l'Archevêque de Narbonne.

L'abbaye jouit 1° de la majeure partie de la dîme et des olives .... 2.925 livres

2° droits seigneuriaux alloués 460. Indemnité du canal du Midi......... 752 »

3° Métairie noble de Saint-Jean-de-Conques 1050 et condamine 60....... 1.110 »

4° Dîme de Seriège 50 livres censive de Céricate 23 livres 10 sols........... 73 » 10 sols

_____

4.860 livres 10 sols

En 1707 M° Jouan abbé abonne ses revenus aux Religieux à 2200 livres par an, qu'il réduisit en 1709 à cause de la stérilité des oliviers à 1.800 livres.

CHARGES

L'abbaye doit à Monseigneur l'Archevêque de Narbonne 88 livres ; églénage 22 livres................ 110 livres

Prédicateur de Quarante et d'Argeliers 96 ; condamine 20 livres........................ 116 »

A l'Université de Toulouse 3 livres. Oblat 150.. 153 »

Au Curé de Quarante 66, au camérier 235, à l'infirmier 55......................... 356 »

A l'Aumônier pour les Passants 112. Entretien de 3 chevaux 250................. 362 »

Entretien des églises................... 100 »

_____

1.197 livres

Revenus............ 4.860 livres 10 sols
Charges............ 1.197 » 00

_____

3.663 livres 10 sols

En 1780 M° Gain de Montagnac abbé augmenta considérablement les revenus par un bail à vie avec les Religieux.

L'abbé confère tous les offices claustraux, ses revenus constituent la manse capitulaire.

Le Chapitre possède le Bosquat évalué à 20 livres et la Nef d'Argeliers, total....... 732 livres

Rentes diverses 98 livres 3 sols 40, dîme d'Argel. 1470   1.568 »   3 sols 4 deniers

Dîme de Seriège 628 feuille de murier 226............   854 »

Métairie noble des Pradeis, 12 muids vin rouge, 8 muids muscat etc.........   4.412 » 10 »

                       7.566 livres 10 sols 4 deniers

CHARGES

Culture 1.470 livres 16, 8, pensions, impôts, aumône aux pauvres d'Argeliers, entretien d'églises, intérêt de 39.000 livres empruntés pour bâtir le couvent à la moderne, etc................................ 2.739 livres 16, 8

Revenus............ 7.566 livres 10 sols 4 deniers
Charges............ 2.739 » 16 » 8 »
                    4.835 » 00 » 6 »

La Camarerie jouit de divers lots d'une valeur de 925 livres.

CHARGES

Vestiaire de sept chanoines à 40 livres chacun plus un denier aux grandes fêtes à chacun, messes des dimanches et fêtes de Seriège, etc..................... 525 livres

Reste net..................... 400 livres

La Sacristie jouit de la moitié des olives à Quarante, 540 livres, quelques fiefs du prieuré de Saint-Jean-de-Caps 140, etc........................... 800 livres

CHARGES

Fourniture de l'huile pour les lampes, la cire pour

l'église, blanchir le linge, pain et vin d'autel évalué à
70 livres, etc.................................... 480 livres
    Revenu net................... 320 livres

L'Infirmerie perçoit les prémices de tous les grains dans
le territoire de Quarante et autres revenus.... 400 livres

CHARGES

Est tenu de fournir le barbier 30 livres, d'entretenir
7 chanoines dans leurs maladies et fournir médecin remèdes, feu, etc.................................... 300 livres
    Revenu net................... 160 livres

L'aumônerie jouit de divers lots évalués à.. 320 livres

CHARGES

Il doit faire l'aumône toute l'année aux pauvres du lieu,
aux Passants, et le Jeudi Saint aux enfants à qui l'on fait
le lavement des pieds, et un domestique pour servir au
réfectoire.. 280 livres
    Reste net..................... 50 livres

L'abbé à la collation de tous ces offices claustraux qui
ne peuvent être possédés que par des religieux du même
ordre.

1756. — Les consuls d'Argeliers, reprochent aux Religieux
de Quarante d'avoir surpris du Parlement de Toulouse un
arrêt du 26 février dernier dans lequel lesd. religieux
prennent la qualité de seigneur d'Argeliers alors qu'elle
réside en seul sur la tête dud. seigneur abbé..... Ils empruntent 300 livres pour soutenir ce procès à Toulouse.

1757, 23 janvier, 2 février. — Le syndic des religieux
assignent les communautés de Quarante pour le trouble

apporté dans la possession de l'étang de Comérac, alors que cet étang appartient seul à l'abbé et aux religieux.

1757, 19 Juin. — ..... baillant à afferme au sieur Pierre Espitalier de Lézignan, diocèse de Narbonne la métairie de Saint Jean de Conques, pour six années, avec toutes les terres dépendantes situées dans la paroisse de Saliés et consulat de Quarante, moyennant la somme de mille cent quinze livres de rente, et six paires bons chapons et six paires poulets pour chacune des six années, la rente payable moitié à la Saint Jean Baptiste et moitié aux fêtes de la Noel, les poulets au 28 août, et les chapons à la Saint Michel de chaque année. Les religieux ont agi au nom de leur abbé Etienne Jouan, présent le sieur Joseph Espitalier, habitant de Quarante lequel s'est rendu plaige, caution, solidaire et principal payeur et observateur.

(1) Copie d'un imprimé portant les thèses qui durent être soutenues à Avignon sous la Présidence nobilissimi et illustrissimi Dni Josephi de Paulle, sacræ Rotæ avenionensis Auditoris Academiæ Avenionensis Tertium Primicerii Rectoris Judicis et privilegiorium Conservatoris, Erœside, etc.

Quas thèses, Deo duce tuebitur Nob Petrus Joannes d'Azema loci d'Arzelliers, Dioc. Narbonæ die IV julii, hora 7ᵃ matutina in aula Academiæ avenionensis.

---

(1) A juste titre, la mairie d'Argeliers est une de celles où les manuscrits ont été conservés et catalogués avec un soin jaloux. Dût la modestie de M. Alcime Cabanes en souffrir, nous lui adressons, avec notre reconnaissance, nos sincères félicitations, car c'est lui-même, qui Maire d'Argeliers a considéré comme un point d'honneur, de conserver précieusement les notes suivantes.

PRO BACCALAUREATU

Ad Cap, in litteris de testibus et attestatione.

I

Testium in judiciis authoritas summa est, ut propre fidem scripturæ vincant.

II

Regula generali constituitur omnes posse testes esse ; nisi forte speciali ratione quis prohibeatur.

III

Intestibus requiritur ut omni criminis labe careant, ut fide est authoritote cœteros prœcellant, ut non odio, metu, gratia, pecuniave corrupté ad testimonium accedant.

IV

Non audiuntur testes nisi jurati... Item nisi prœsentes rei fidem faciant ; ideo nec per epistolam testimonium dicere possunt. (143 lib. C, Capit. Caroli magni ne testimoniis sed ipsis tantum testibus credatur.

V

Domesticum quoque reprobatur testimonium, ratio ea est, quo domesticis imperari possit ut testes fiant ; in his tamen quæ domi geruntur, eorum testimonium admittitur, præsertim si domestici probatæ essent vitæ, quæ tolleret omnem parjurii suspicionem, et maximè deficientibus aliis probationibus.

Pro cujus legi intelligeutia, casum sic propono : Titus centum aureos apud se consignatos, amico credidit, nomine proprios, et sic furtum facit, quia depositarius, si re deposita utatur, furtum facit. Quæstio fuit de corum repetitione et cuinam compacteret actio. Dominus condicere voluit, Titius quoque. Cuinam daretur actio fuit agitatum et rescriptum favore Titi, qui pecuniam tanquam propriam numeravit ; et hic est casus legis meæ, quan lego....

Ex hinc igitur notandum 1° quod in mutuo non inspicitur unde originem pecunia habuerit, sed an, qui credidit, nomine proprio exciderit et tunc actionem haberit 2° verum hoc esse, si pecunia consumpta fuerit ; extantis enim pecunia dominus, vindicationem habebit. 3° quod etiam consumptæ pecuniæ conditionem utilem habebit dominus, contra mutuatarium, si qui credicit, non sit solvendo : Que contra facere videntur, doctissimis arguentibus, relinquo propanenda.

EXAMEN PRIVATUM

D. — Quid est baptismus ?

R. — Baptismus est ablutio corporis exterior, quæ adhibita certa forma verborum, interiorem animæ ablutionem designat et operatur.

D — Quot sunt species baptismi ?

R. — Baptismi tres species constituuntur, sanguinis scilicet fluminis et flaminis.

D. — Quid est furtum ?

R. — Furti nomine quæcumque illicita, rei alienæ, usurpatis retinentur. Quomodo definitur furtum ? Definitur, contrectatio rei aliene quæ fit animo servandi, invito domino.

Point canonique à résoudre etc., etc.

POUR LE BACCALAURÉAT

A LA RECOMMANDATION DU TRÈS RÉVÉREND PÈRE DE GAUTIER

Il faut que la personne qui vient prendre le degré de bachelier, ait attention d'apprendre bien exactement par cœur tout ce qui est ci-dessus et de venir ensuite ici en apportant son extrait baptistaire légalisé ; on a eu soin de donner ces examens très courts pour faciliter cette affaire à la personne dont il est question et qui éprouvera combien est puissante la recommandation du Très Révérend Père de Gautier. Le Père Antoine pourra faire la réponse à la suite de cette feuille.

1757, 19 juillet. — ..... Nous Charles-Jean-Baptiste de Gleizes de La Blanque, lieutenant général, juge mage, et premier président de la sénéchaussée et siège de Béziers, dans notre hôtel au dit Béziers.

S'est présenté Maître Pierre-Jean Azéma, bachelier en droit, bourgeois, du lieu d'Argeliers, qui nous a dit qu'il a été expédié en sa faveur par Messire Etienne Pons, prieur, du chapitre et abbaye de Notre Dame de Quarante, seigneur d'Argeliers, des lettres de Lieutenant de la justice ordinaire d'Argeliers, avec ses prérogatives etc., a prêté serment en nos mains, nous remettant ses lettres de bachelier en droit de l'université d'Avignon, en date du 4 courant en bonne et due forme avec les lettres de lieutenant. Nous lui avons donné acte lui a juré sur les Saints Evangiles promettant de remplir les fonctions de sa charge en homme de probité et d'honneur.

1757, 15 septembre. — Nous Etienne Pons, prêtre, chanoine régulier, prieur de l'abbaye de Notre Dame de Quarante, Procureur fondé de Monsieur Etienne Antoine Jouan abbé de Quarante, étant bien et duement informé des bonnes vie et mœurs, religion catholique, apostolique et romaine et de la capacité et expérience de maître Jean Pierre Azéma, bachelier en droit, hant d'Argeliers, l'avons nommé et nommons lieutenant de juge pour exercer la justice dans le lieu d'Argeliers, pour en jouir avec tous les honneurs, prérogatives et privilèges y attachés et tous autres qu'en ont joui ou deu jouir ses prédécesseurs. En foi de quoi lui avons fait expédier ces présentes en la susdite qualité pour lui servir et valoir ainsi qu'il appartiendra et fait apposer le cachet et armes de l'abbaye après les avoir fait signer et contresigner par notre secrétaire.

Donné à Toulouse le 15 septembre. (Archives Argeliers.)

Ce cachet de l'abbaye représenté en relief, s'est affaissé et par conséquent devenu presque illisible. Nous avons distingué visiblement entre le pointillé et le bord un personnage debout enforme d'ange, tourné à droite, au milieu du pointillé, se trouve croyons-nous, une simple croix présentée de côté occupant tout l'espace compris dans le champ de forme ovale. Le reste opposé à l'ange est invisible tant il est applati.

Un mémoire de vingt pages, en date de juillet 1757 énumère les griefs portés devant le tribunal de Toulouse par les habitants de Quarante et d'Argeliers, contre les religieux. Voici un résumé.

TITRES NÉCESSAIRES
POUR RENDRE LA JUSTICE A QUARANTE

Quelques esprits ont la manie de mépriser tout ce qui revêt un caractère d'antiquité. Voici un document propre à prouver leur fausse croyance :

La communauté d'Argeliers, dépendance de l'abbé de Quarante, refusait comme procureur juridictionnel, Jean Azéma, parce qu'il n'était point gradué.

Le dit Azéma reçoit un certificat du prieur de Quarante, déclarant que le représentant de la justice abbatiale, était un homme de bonne vie et mœurs, de religion catholique, apostolique et romaine. En même temps on donne au candidat la matière de l'examen à passer, et quel examen !

Pour rendre la justice ordinaire, le candidat devait répondre à diverses thèses en latin, sur le droit civil et le droit romain, résoudre en latin les cas de justice, posés par les examinateurs (1) Après cet examen, le lauréat passait à Béziers et en présence de Gleizes de La Blanque, juge mage, les mains placées sur les Saints Evangiles, il promettait de rendre la justice avec conscience. Aussitôt, l'acte du dit serment, avec le titre de bachelier, furent contrôlés.

Il fallut donc pour un tribunal de simple police 1° être bachelier 2° obéir à la conscience. Deux lumières essentielles qui font de la justice de la terre, une image de la justice du Ciel. Quoi de plus nécessaire pour atteindre ce but que la science éclairée par les lumières de la foi ?

---
(1) A l'Académie d'Avignon.

ARRÊT DU PARLEMENT DE TOULOUSE

DÉLIMITANT LES DROITS DES RELIGIEUX ET DES CURÉS DE QUARANTE ET D'ARGELIERS ET DES COMMUNAUTÉS DE QUARANTE ET D'ARGELIERS.

1757, 13 septembre. — Louis par la Grâce..... entre maître Joseph Tarboriech prêtre et curé de l'église paroissiale de Quarante entre la communauté de Quarante, entre la communauté d'Argeliers, tous impétrants contre l'abbé et les religieux de Quarante.

La cour, vu les arrêts de 1155 jusqu'en 1756 etc., ordonne :

1° Que les curés recommanderont au prône et prières publiques l'abbé de Quarante seulement, en qualité et sous le titre de Seigneur de Quarante et d'Argeliers et non les dits religieux du chapitre, faisant défense et inhibitions aux religieux de se qualifier de seigneurs hauts justiciers, moyens et bas de Quarante et de seigneurs hauts justiciers d'Argeliers, mais seulement de se qualifier de seigneur direct d'Argeliers ; faisant en outre inhibition et défense aux religieux de nommer des officiers de justice dans l'étendue des juridictions ; faisant aussi défense à Jean-Pierre Azéma de prendre la qualité de Lieutenant et juge d'Argeliers et d'en faire les fonctions sous peine d'amende de 500 livres.

2° Ordonne que la nomination des officiers de justice ne pourra être fait que par l'abbé en seul, lui faisant défense de nommer tant à Quarante qu'à Argeliers des juges et des lieutenants de juge qui ne soient gradés.

3° Ordonne que le ban des vendanges sera publié au nom de l'abbé seul et néanmoins que les religieux pourront vendanger en même temps les vignes qu'ils jouissent comme fermiers de l'abbé et celles qu'ils jouissent en propre tant à Argeliers qu'à Quarante.

4° Ordonne que l'abbé et religieux ne pourront assister aux élections consulaires des communautés de Quaranté et d'Argeliers ; que les consuls des dites communautés élus prêteront le serment entre les mains de l'abbé ou en son absence entre les mains du juge, et en l'absence du juge entre celles du lieutenant de juge.

5° Ordonne que les Consuls élus par les communautés seront tenus de faire visite en chaperon a celui qui aura reçu leur serment.

6° Ordonne que la communication des ordres du Roi sera faite par les Consuls des Comunautés a l'Abbé et au juge et en l'absence du juge, au lieutenant seulement.

7° Que les Consuls des Comunautés iront chercher l'Abbé seulement lorsqu'il s'agira de la publication des ordonnances et d'allumer des feux de joie, et en l'absence de l'Abbé, le juge assistera aux publications aux ordonnances et allumera le feu de joie, auquel effet il se rendra à l'Hôtel-de-Ville les jours indiqués pour partir là, avec les Consuls, et en l'absence du juge, le lieutenant seulement.

8° Relaxe les Consuls de Quarante de la demande à ce qu'ils soient tenus d'assister en chaperon à la messe du Chapitre, à la charge par eux suivant leur offre d'assister aux messes de paroisse sauf légitime excuse.

9° Les relaxes également de la demande à ce qu'ils soient tenus les fêtes solennelles et jour du Patron, à la grand Messe du Chapitre.

10° Ordonne qu'à l'offrande, aux assemblées et a toutes les actions publiques le juge précèdera les Consuls de Quarante et d'Argeliers ; et en l'absence du juge le lieutenant seulement ; que dans aucun cas les juges subrogés ne pourront précéder les consuls et que le pain bénit et clerges seront distribués en la manière accoutumée, à l'abbé, au juge et en son absence au lieutenant avant les consuls des dites communautés.

11° A débouté les consuls et communautés de Quarante et d'Argeliers de leur opposition, à faire tirer sur les chiens : la dite cour fait défense à toute personne de passer et repasser à passer à pied, à cheval, et avec charette, dans les possessions des religieux sans leur permission par écrit, sous peine de 25 livres d'amende ; et réciproquement aux religieux, dans les biens des habitants auxmêmes conditions.

12° Défense aux dits consuls de faire tenir les bestiaux, ny tenir qu'en proportion de leur allivrement, et conformément aux facultés accordées en 1510, auquel effet il sera dressé un compois cabaliste ; il est accordé selon la transaction de 1710 de faire dépaitre les troupeaux, aux habitants de Quarante sur les communaux, vacants et terroir de Saint-Jean-de-Conques.

13° Ordonne la cour que les 28 setiers de grain destinés à l'aumône seront distribués par l'aumônier de Quarante, sur les mandements donnés et signés par le curé et consuls de Quarante, d'après le rôle fait par le curé et consuls.

14° Fait défense aux religieux de Quarante de faire aucune fonction de curé primitif en l'absence de l'abbé ; maintient par provision le dit Tarboriech, curé aux droits de dire la messe de paroisse et faire toutes fonctions curiales à l'autel de chœur, sauf aux religieux de se pourvoir devant l'ordinaire pour obtenir la construction d'un autel de paroisse.

15° Ordonne aussi que led. Tarboriech, curé, présidera aux confréries établies dans l'église de Quarante, à l'élection des prévôts et clôture des comptes, bassins de l'église et à toutes les assemblées des dites confréries et recevra le serment des nouveaux prévôts ou officiers. Faisons défense à l'abbé de s'immiscer dans les dites confréries maintient led. Tarboriech, curé à faire le service des bassins comme aussi d'exposer le Saint-Sacrement le 3ᵉ dimanche de chaque mois, de faire le dit jour la procession et de donner la bénédiction, et faire les autres processions concernant le service de la dite confrérie.

16° Maintient le curé au droit de bénir les cierges, rameaux cendres et fond baptismaux, sans préjudice au prieur du chapitre ou au plus ancien religieux de bénir les rameaux cierges et cendres qu'il distribuera aux autres religieux, sauf au chapitre de faire la preuve contraire, dans le mois après la Saint-Martin d'hiver prochain.

17° Ordonne que l'abbé fournira aud. Tarboriech, vicaire perpétuel, les ornements, pain, vin, cire, vases sacrés, pour le service perpétuel de la paroisse : à l'égard du clerc il sera fourni en la manière accoutumée.

18° Déboute le curé de la demande de deux religieux, ou deux prêtres payés par l'abbé sans préjudice au vicaire perpétuel pour aider à administrer la paroisse.

19° Maintient le pouvoir du curé à faire la levée des corps morts et de faire les enterrements, sauf dans l'intérieur du cloître ; maintient les religieux dans le droit de faire la levée des corps et les enterrements des personnes qui habitent et meurent dans le cloître, et dans le droit d'ensevelir dans leur église, chapelle ou cimetière, ceux des habitants de Quarante qui ont élu ou qui pourront élire sépulture.

20° Ordonne que les termes injurieux au prieur de Quarante, insérés dans les écritures des Consuls et communautés d'Argeliers demeureront supprimés.

21° Condamne l'abbé et religieux à un tiers des dépenses ; les deux autres tiers demeurant compensés, etc.

Les administrateurs du Bureau des Pauvres d'Argeliers députent Mᵉ Bonneau, prêtre licencié, curé dud. lieu, auprès de M. le Prieur et les chanoines de Quarante, pour les prier de faire dans Argeliers même, avec la mesure de Narbonne et non de Béziers, d'une qualité irréprochable, les 12 setiers de blé, que le couvent est obligé de faire, en grains ou en pains. — Mairie d'Argeliers.

1757, 20 Novembre. — Les religieux baillent en afferme à Jean Cabanes, de Quarante, avec le cautionnement de Jean André, ménager de Cruzy, la dîme du terroir de Sérièges avec les prémices, de la plaine de Rages, terroir de Sérièges, d'une olivette appartenant aud. sieur Jean Baptiste Andoque, de la borie des Calvets, la sixième partie de la dîme de laine des troupeaux de Montouliers, pour six années consécutives, moyennant le prix de six cents livres chaque année, payables la moitié le 29 septembre, et l'autre à la Noël, et quatre perdreaux payables à la même époque.

Et led. chapitre cède aud. Cabannes tous les usages courants dûs au chapitre par les habitants de Montouliers, d'Argeliers et de Cruzy, à raison des pièces qu'ils possèdent de la directe dud. chapitre dans tout le terroir de Sérièges. — Etude de Bize.

1761, 11 Novembre. — ...Les confrères réunies par devant Mr Me Joseph Tarboriech, curé de Quarante, les prévots et assistants ont représenté que malgré que le chapitre de Quarante ait fourni depuis la création de la confrérie, un soleil pour le service d'icelle au 3e dimanche du mois, il a plu au chapitre de refuser en disant que la confrérie doit être pourvue de tout ce qui est nécessaire pour le service, et attendu que la confrérie n'est pas en état d'intenter un procès pour obliger le chapitre de continuer à fournir un soleil, il est inouï que la paroisse de Quarante qui est une des plus considérables qui soit dans le diocèse soit privée de l'exposition du Saint-Sacrement pendant la messe et les vêpres de chaque troisième dimanche du mois... et comme les fonds de la confrérie ne sont pas suffisants, il faut prier Mgr l'Archevêque de permettre d'emprunter pour acheter un soleil convenable pour la grandeur de la paroisse ; lequel soleil toutefois ne sera que pour le service de la confrérie.

Plusieurs personnes répondirent à cet appel : entr'autres D^lle Anne Sermet, veuve du sieur Jean Guérin, a donné cent livres à condition que la confrérie lui payera annuellement cinq livres par an, sa vie durant, comme il conste par acte reçu par Me Pagès, notaire à Quarante, à quoi ils s'obligent : de plus de rembourser aux prévots de la confrérie de Notre-Dame de Quarante, 21 livres que le sieur Espitalier prévot, lui a empruntées, au nom de la confrérie, pour parfaire le payement dud. soleil, à moins toutefois que les confrères de Notre-Dame ne veuillent faire un pur don à la confrérie du Saint-Sacrement, ainsi que par le passé, ils l'ont fait à différentes fois... de plus le sieur Curé a amassé 52 livres 12 sols, lesquels seront employés à l'achat d'une niche avec frange d'argent. — Registre de la confrérie du Saint Sacrement.

L'abbé de Jouan mourut en 1763.

ETIENNE DE BOUSSANELLE

LVII. — 1763, 17 avril. — ...Après-midi le conseil estant assemblé en la forme ordinaire. Le dit sieur Jean Senaud, consul, qui dit avoir appris que M. de Boussanelle, archidiacre de l'église cathédrale de Béziers, avait été nommé abbé de Quarante et en cette qualité seigneur du dit lieu, que la communauté ne pouvant que se féliciter du choix d'une personne sy respectable et sy recommandable par les qualités de l'esprit et du cœur qui le caracthérisent, elle ne pouvait aussi que témoigner trop d'empressement pour lui en témoigner la vivacité de sa joye et pour lui rendre les devoirs dûs à son caractère et à sa personne, que lesd.

consuls empressés eux-mêmes de marquer au dit seigneur abbé leurs sentiments à cet égard et ceux d'une communauté qui est en possession d'être inviolablement attachée à son Seigneur, a proposé à l'assemblée de député quelques principaux habitants pour remplir un objet aussi essentiel qu'agréable à la communauté.

Sur quoi a esté unanimement délibéré par l'assemblée de députer Mrs les consuls et trois habitants notables à raison de quoi elle prie et députe lesdits sieurs consuls et noble Louis de Saint-Martin, Me Jean Pierre Tarboriech, avocat en parlement, et M. noble Louis de Comérac de Saint-Frichoux à l'effet de se transporter incessamment à la ville de Béziers pour, au nom de la communauté, assurer led. seigneur abbé du respect, du zelle et de la fidélité de tous les habitants de Quarante, ses vasseaux, et lui marquer en même temps la joye universelle desd. habitants, à l'occasion de sa nomination dont ils se félicitent avec les sentiments les plus vifs ; acquittés de ce dernier, lesd. députés supplieront très humblement led. sieur abbé de les maintenir dans tous les droits et privilèges dont ils ont joui jusqu'à présent, comme aussi de vouloir bien continuer l'abonnement des droits seigneuriaux qui subsiste depuis 72 années, en acceptant cet article de la ferme, si led. seigneur abbé le trouve bon et s'il veut en cela favoriser une communauté qui se dévoue à lui sans réserve, dès ce moment, et enfin lesdits députés représenteront audit seigneur abbé tout ce qu'ils jugeront convenable pour le bien de la communauté qui ne cessera d'adresser ses vœux au ciel pour la conservation de sa personne. Ainsi a esté délibéré.

1763, 7 Août. — Il est voté 40 livres pour le feu de joie à l'occasion de la publication de la paix, pour la réception de M. de Boussanelle nouvel abbé, etc., il est conclu avec lui l'abonnement pour 960 livr. payable annuellement au 1er janvier à partir de l'année 1764 pendant tout le temps que Messire Etienne de Boussanelle sera Abbé de Quarante M⁰ Sabathié lieutenant a interposé son authorité judiciaire.

1763. — Voici le résultat de la visite des délégués :

« Messire Etienne de Boussanelle vicaire général du diocèse de Béziers désirant donner à la Communauté des marques de sa bienveillance a offert de faire l'abonnement pendant tout le temps qu'il demeurera au pouvoir de la dite abbaye, en conséquence les consuls, noble Louis de Comerac, de Saint-Frichoux, M. Jean Tarboriech, avocat au parlement, députés par délibération de la Communauté se rendent auprès dudit Abbé pour traiter dudit abonnement, et pour le fixer a un prix convenable, ils font la vérification des reconnaissances desquelles il résulte que en réduisant la tasque a une pugnere par sestier et en faisant la valeur des censives ou tasques, savoir payable à 7 livres le setier, l'orge a deux livres, dix sols, le montant des censives ou tasques, revient annuellement a 848 livres. L'abbé se contentant de 960 livres, l'abonnement paraît avantageux a la Communauté, en conséquence un traité sera passé avec Messire Abbé pour l'abonnement des censives ou tasques, droits de lods et des ventes et autres droits seigneuriaux, comme il est convenu, dans lequel seront compris les locations, tasques que le dit Abbé est en droit de demander sur les terres qui lui appartiennent en qualité de seigneur justicier, moyennant 960 livres. »

Dans la liste des académiciens qui furent membres de l'Académie de Béziers depuis 1723 jusqu'en 1789 est nommé l'abbé Boussanelle, grand archidiacre.

RÈGLEMENT DES BOUCHERS

1764, 9 juin. — A esté proposé pour le fournissement de viande de boucherie durant le cours de l'année qui prendra commencement au 24 juin 1764 scavoir le mouton a 3 sols et neuf deniers la livre prime, l'antier foy du mouton a 3 sols et neuf deniers comme une livre de mouton, de même que les entrailles et le poulmon, testes et sang comme l'usage qui est trois sols chacun, le sang deux sols de chaque mouton, et le bœuf ou vache a 2 sols 4 deniers, le tout livre prime en donnant caution ; l'adjudication demeure faite audit Jean Pradal à l'extinction de trois feux qui ont été successivement allumés, à la condition que la livre de viande sera de 16 onces, qu'il ne sera fait aucune augmentation du prix de viande, sous quelque prétexte que ce soit sous peine de cinq livres d'amende, et en cas de récidive de prendre la voye criminelle pour fait de concussion contre ledit boucher.

De plus les dits consuls prient députent Jacques Calas et le sieur Pierre Mouret tous du présent lieu pour vérifier le bétail qu'on égorgera a ladite boucherie, et cela quand bon lui semblera et la dicte boucherie sera pourvue de viandes bonnes et de recepte depuis le samedi à midi jusqu'au jeudi a midy inclusivement.

Que nous sommes loin de l'intérêt que l'on avait autrefois pour l'avantage du pauvre ? Ce règlement serait un précieux modèle pour les administrations publiques.

1705, 13 Octobre. — Le 3 juillet les Chanoines avaient demandé au Roi, la permission de déssécher l'Etang de

Quarante avec l'exemption de tout impôt durant 20 ans sur les terres desséchées. Angles adresse son avis à l'intendant de Narbonne, disant que puisque les propriétaires du canal ont consenti à laisser construire un acqueduc sous le canal, et que les religieux s'offrent à couvrir les dépenses, et a conduire l'eau de la Nazoure dans son lit naturel, il n'y a aucun obstacle a accorder cette permission. Il est vrai les habitants de Quarante formeront opposition a ce dessèchement sous prétexte que ce terrain leur appartient, si non en totalité du moins en partie : qu'ils ont la faculté de faire paître leurs cabeaux et bestiaux, etc.

1765, 13 Octobre. — ..... a été proposé par le dit sieur Mouret qu'il conviendrait de nommer un greffier de la Communauté attendu que le sieur Jean Pradal qui en a été pourvu jusques à présent et reconnu suspect à la Communauté et totalement dévoué aux intérêts des religieux qui composent le chapitre de Quarante, intérêts qui sont incompatibles avec ceux de la communauté par les procès qui sont pendants c'est pourquoi ils prient le Conseil de délibérer, et les voix recueillies, il a été unanimement délibéré que le dit sieur Pradal est révoqué de la charge de greffier de la Communauté et qu'a son lieu et place M° Louis Pagès notaire du présent lieu est nommé avec prière d'accepter la dite charge de greffier et avec charge de la remplir en Dieu et en conscience lequel icy présent a accepté la dite nomination et a prêté le serment requis en présence de l'assemblée entre les mains de M° Sabathier lieutenant en la justice dudit lieu... les conseillers s'étant séparés à cause de l'heure des Vêpres survenue, et ayant été de suite indiqué pour après l'heure des Vêpres en présence de M° Sabathié et de Joseph Pupille procureur jurisdictionnel ce qui a été agréé par l'assemblée, se sont de nouveau rassemblés dans l'Hôtel-de-Ville dudit lieu.... M° Sabathié ayant déclaré en présence du Conseil qu'il n'y assisterait point attendu, a-t-il dit qu'il lui était prohibé d'assister aux délibérations qui devaient être prises contre les religieux.

1766, 6 janvier. — Après midi les conseillers... ayant été instruits par réquisition qui leur a été faite par le public des excès, commis les jours derniers, sur la personne de M. le prieur dans l'appartement duquel on a tiré un coup de fusil à bâle et contre Monsieur Sabathié lieutenant de justice dont on a brûlé entièrement une porte, ils croiraient devoir manquer à ce qu'ils doivent au public et à ce qu'il doivent à eux-mêmes, s'ils gardent le silence sur des faits aussy noirs et aussy graves que le sont ceux qui viennent de se passer. C'est pourquoi lesd. consuls proposent de renvoyer la délibération annoncée pour ne s'occuper que des faits dont il s'agit, sur quoi, ils requièrent de délibérer. Et les voix recueillies il a été unanimement délibéré, et l'assemblée prie lesd. sieurs consuls et conjointement avec noble Louis de Comérac et le sieur Viennet, ancien officier des dragons Languedoc de se transporter après la clôture de la présente délibération chez Monsieur le prieur pour luy témoigner la part que la communauté prend à l'accident qui luy est arrivé les jours derniers et pour luy offrir son ministère contre les coupables au cas ils soient connus, avec surance que la communauté va en écrire à Monsieur le commandant de province en suppliant Sa Grandeur, de ne pas confondre les gens ny les états dans les ordres qu'elle pourra donner à ce sujet et que desuite lesd. consuls et députés iront chez Monsieur Sabathié lui faire les mêmes offres et lui donner les mêmes assurances, et qu'enfin l'assemblée autorize lesd. sieurs consuls d'écrire à Monsieur le Commandant de province sur les excès qui viennent de se commettre..... ainsi délibéré.

20 mai, 1766. — Lettre du prieur Alléou se plaignant des habitants de Quarante, « gens mutinés contre leurs sei-

gneurs, républiquains et commettans journellement les crimes les plus grands et les plus inouis ; enhardis par l'ordonnance (rendue par l'Intendant) contre l'abbé et le chapitre le premier de ce mois au sujet du droit de pouvoir tenir des chèvres sur les garrigues de Quarante appartenantes à la dite abbaye » les dits habitants affectent maintenant de faire passer chaque jour à la vue de l'abbaye et dépaître 4 à 500 chèvres qui... dévastent les environs.

1766. 20 mai. — ... les membres de la confrérie, étant réunis sous la présidence de Monsieur Tarboriech, curé de Quarante a été proposé par les dits prévots que selon l'usage constamment observé lors de la prosetion que l'on fait chaque 3me dimanche du mois, autour de l'église, ils portent le dais et les confrères portent des flambeaux devant et derrière le dais : les officiers de justice e les consuls auxquels on ne présente que des chandelles restent à leur place ordinaire de la prosetion, et s'ils ont suivi quelquefois immédiatement après le dais, ça n'a été qu'autant qu'ils portaient des flambeaux ; le même usage a lieu, lors de la procession qu'on fait le 28 août veille de la fête de Saint Jean, pour porter le buste de ce saint à la chapelle érigée en son honneur, les officiers de justice et les consuls quand ils y assistent marchent immédiatement après ceux qui portent les flambeaux appelés (encegnes) ; ce sont ces flambeaux qui déterminent la précéance, destiné à honorer et à éclairer le Saint-Sacrement, s'il est permis de s'exprimer ainsi, il serait sans doute ridicule, qu'ils fussent placés à une certaine distance, et après les officiers de justice ; ainsi qu'il est notoire que le sieur Sabathier, lieutenant de juge, non plus que feu le sieur Rusquier, juge, et après lui Monsieur Tarboriech aussi juge ont suivi la procession et marché immédiatement après le dais qu'autant qu'ils portaient des flambeaux, que les prévots du Saint-Sacrement leur faisait présenter par politesse, non par devoir, ce qui n'est même arrivé que très rarement ; tel est encore l'usage dans toutes les villes du Royaume, les officiers de justice même en cour souveraine qui assistent aux procetions, ne marchent qu'après ceux qui portent des flambeaux; il n'est réservé qu'au dit sieur Sabathier de vouloir se singulariser en exigeant une précéance aussi contraire à l'usage général qu'au droit commun. Le 18 du dit mois le dit sieur Sabathier a affecté de se placer immédiatement après le dais quoiqu'il ne portât toujours qu'une chandelle, et comme l'ordre et la décence exigent que les flambeaux soient placés immédiatement devant et derrière le dais ; que les en écarter serait changer leur destination et les rendre en quelque sorte inutiles ; que d'autre part ce serait exclure la confrérie, d'une procetion qui lui est propre, que de renvoyer les officiers et les confrères à la suite des officiers de justice et des consuls qui exigeraient la même précéance ; que toute confrérie forme un corps ecclésiastique, ou tout au moins mixte que cela étant, ce corps a le droit d'occuper les places les plus distinguées ou les plus afférantes à son établissement, suivant l'arrêt porté par Vrillon, dans son dictionnaire, tome 2 page 341 ; que ces places doivent toujours être telles, parce que la dite confrérie fournit à la dépance de la cire.. Il est arrêté de faire un acte au dit sieur Sabathier et aux dits sieurs consuls pour leur protester de l'inutilité de leur prétention et leur déclarer que s'ils contreviennent au susdit usage et droit commun, il sera pris contr'eux une telle voye que de droit, attendu que leur prétention et attentat est une voye de fait à tous égards répréhensible.

Tous ont signé dans ce sens, excepté Pupille, Pradal, Malric qui ont apposé à côté de leur signature le mot *opposant*.

Le dernier procès-verbal de cette confrérie est daté du 21 août 1791 parce que l'élection des nouveaux officiers n'avait

pu se faire le dimanche dans l'octave du Saint-Sacrement, personne ne s'étant présenté.

ANTIQUITÉ
DE LA DÉVOTION A SAINT JEAN BAPTISTE

Ce buste en argent repoussé et en partie doré, nommé pour la première fois dans ce compte rendu, est l'expression de la douleur ; il mesure 0 mètre 38 centimètres de haut.

Une circulaire du 4 juillet 1903, signée Chaumié, ministre des beaux-arts nous informait que ce reliquaire, ouvrage du XIV° siècle, prenait son rang parmi les objets d'art historique. Cette déclaration de la science nous prouve la valeur artistique du buste reliquaire.

Nos voisins se disputent l'honneur de l'avoir donné à Quarante. Cruzy soutient que pour avoir ce buste, un abbé de Quarante aurait donné en échange à Cruzy les orgues et les boiseries remarquables par leurs vastes dimensions et par les cariatides en relief de grandeur naturelle. Il est certain que Cruzy était du décimaire de Quarante mais quoique lié à Quarante par beaucoup d'actes, aucun document ne cite cet échange. A son tour Malhac (Aude) possède une chapelle du titre de Saint-Jean-de-Caps (de Capite) où l'on célébrait autrefois en grande pompe la Décollation du Saint Précurseur. Les vieillards soutiennent, que le Recteur de Saint-Jean-de-Caps aurait cédé, cette tête de Saint Jean à Quarante.

Les documents trouvés à l'étude du notaire de Ginestas (Aude) nous prouvent qu'au 27 août 1507, cette chapelle de Saint-Jean, devait payer à Sainte Marie de Quarante la rente annuelle de 25 livres et en plus la dîme de la laine et des agneaux.

Un autre acte nous apprend que Gallinié, prêtre et recteur de Malhac prétendait en 1646 ne rien devoir à Quarante. Cité devant la justice, il est condamné à payer la rente reconnue vraie, et la rectorie de Saint-Jean-de-Caps lui fut enlevée et accordée par l'abbé au Recteur d'Ouveillan.

La privation de ce titre, n'est point un signe d'entente ni une preuve d'échange amical. Si ce buste avait été donné à Quarante par une paroisse voisine, l'histoire nous aurait signalé, ce don important, fixant l'époque, et nommant l'abbé auteur de cet échange.

Ce sont des opinions contradictoires qui se détruisent mutuellement.

Deux paroisses peuvent-elles se vanter d'avoir fait le même don ?

Plusieurs documents aptes à établir les étapes de cette dévotion font partie de notre histoire.

1° Un manuscrit de la bibliothèque de Narbonne rapporte que l'Archevêque et Primat de la Gaule Narbonnaise, en visite à Quarante, le 23 août 1404, vit dans cette paroisse une confrérie d'hommes, érigée en l'honneur de la Décollation de Saint Jean Baptiste.

2° Deux parchemins copiés par de Doat à Quarante, nous apprennent que les chevaliers de Saint Jean de Jérusalem possédaient dans cette commune deux propriétés, l'une à Saint-Jean-de-Conques, désignée plus tard sous le nom vulgaire de Grange basse. Cette propriété, dit l'original latin daté de 1262 était bornée Recco de Conquettas, d'où le nom de Conques ; l'autre propriété était Saint-Jean-de-Roueire.

Tout le monde connaît la dévotion de ces religieux pour

le Saint Précurseur. Serait-ce une opinion hasardée de soutenir que dans le but de développer cette dévotion, les religieux auraient fait ce don à la paroisse ?

3° Nous mentionnerons cette autre note de Doat, d'après laquelle le 14 des calendes de novembre 1053, l'archevêque de Narbonne accompagné des évêques de Béziers et d'Agde fit la dédicace de l'église de Quarante, en l'honneur de la Sainte Vierge, des Saints Martyrs de Quarante et de *Saint Jean-Baptiste*.

Il y a donc 853 ans que la dévotion à Saint Jean-Baptiste était en honneur dans cette paroisse. De nombreux pèlerins venaient de toutes les contrées vénérer le buste de Saint Jean et lui demander la guérison des maladies de la tête. Cette affluence a donné lieu à la foire du 29 Août.

1768. — Le registre de la paroisse Saint-Félix conservé aux archives de la Mairie de Béziers porte l'extrait mortuaire suivant :

« L'an 1768 et le treizième juillet a été enseveli dans cette église par le vénérable Chapitre de Saint-Nazaire, le corps de Messire Etienne de Boussanelle prêtre, ancien archidiacre du dit Saint-Nazaire, abbé de Crante (sic) et Vicaire général de Monseigneur notre évêque âgé d'environ quatre vingt ans, décédé le même jour et mois que dessus. Bernard et Lognos, prêtres vicaires; Farret, curé.

FRANÇOIS GAIN DE MONTAGNAC

1768. — LVIII. — François Gain de Montagnac né le 5 juin 1744, au château de Montagnac en Limousin, nommé à l'abbaye de Quarante en 1768 ci-devant aumônier du Roi et Vicaire général de Reims, sacré évêque de Tarbes le 20 Octobre 1782. Son blason portait, de sable au sautoir d'argent accompagné de quatre molettes d'éperon à six pointes de même.

1766, 24 Juin. — Le chapitre adresse un mémoire de huit pages dont le texte se trouve à la mairie d'Argeliers, à Messeigneurs des Etats du Languedoc, pour leur représenter qu'à l'occasion des travaux du Canal des Deux Mers, passant aux Pradels, on a changé le lit de la rivière et fait perdre deux moulins, et plus de 240 sétérées submergées par suite de l'impossibilité des eaux de s'écouler, puisque les travaux ferment le passage.

Le Chapitre demande à construire un pont sous le canal, à l'endroit du lit ancien de la rivière pour dégager l'étang de Comérac.

1766, 4 Juillet. — Acte notarié de Bize, portant que Paul Sabathier, lieutenant de Juge, Pupille, Pradal, Roussel, Caunes, Chamairac, Cassénac, Gairaud, Martin, Redon, Petit, Chapert, Malric, Tarbouriech, Pradal, Fabre, de Quarante, affirment que les consuls Mouret et autres auraient, avec le Syndict, adressé une requête à sa Majesté, pour le desséchement de l'étang. Les habitants ne s'y opposent point mais ils réclament leur droit de dépaissance, sur le terrain occupé par la nappe d'eau actuelle.

1767, 21 Juillet. — Avant de faire droit à cette requête, il est ordonné une vérification dud. étang aux frais des Religieux.

1769, 28 Avril. — M. de Saint Priest est d'avis, que l'opposition des communes voisines au desséchement de l'étang est injuste, et que par conséquent les Religieux doivent être autorisés.

(Arch. Préf. Montpellier).

1772. — M. de Saint Priest écrit de Versailles à M. Jean Jacques de Portalon, seigneur de Rosis, d'user beaucoup de prudence auprès du P. Alléou pour lui faire rendre des papiers importants sur Quarante. Le P. résidant à Béziers depuis neuf mois, rendit aussitôt ces papiers, déclarant n'avoir pas d'argent.

1773, 21 juin. — …. en l'absence de M. Tarboriech juge et de M. Cabanes procureur jurisdictionnel, il est proposé par lesdits consuls qu'ayant reçu l'avis royal des impositions, il convient de les régler ainsi, sçavoir la somme de 13,633 livres 2 sols 8 deniers dont les principales divisions sont :

6° au sonneur de cloches 18 livres ;
8° gages du Régent 100 livres ;
9° pour le loyer de sa chambre 10 livres ;
12° pour l'ustencile du Prédicateur 20 livres ;
13° au Médecin 50 livres.

28 Novembre. — …. a été proposé par lesdits Consuls que le sieur Cambon Régent des écoles du présent lieu a quitté son poste depuis trois mois et qu'aujourd'hui les Pères et Mères des garçons se trouvent par là privés des soins de l'éducation. . sur quoi il serait à propos de se procurer un autre Régent pour faire les dites fonctions. En conséquence se serait présenté le sieur Valentin Gabriac originaire de la ville d'Estaing diocèse de Rodez qui a offert de faire la Régence des écoles de garçons du présent lieu en commençant aujourd'hui jusqu'au 24 juin prochain, moyennant prix de quinze livres qui reste dû, des cent livres imposés en faveur du Régent. Il a été délibéré que, led. V. Gabriac serait proposé à l'approbation de Messieurs les Vicaires Généraux de Monsieur l'Archevêque de Narbonne par l'intermédiaire de Monsieur le Curé du présent lieu. Il sera payé en sus audit Régent par ceux qui enverront leurs Enfants savoir : ceux qui commencent, huit sols, ceux qui liront le latin et le français douze sols, ceux

qui écriront quinze sols, ceux qui chiffreront vingt sols par mois et à la fin de chaque mois.

1775, 28 Novembre. — Les Religieux au décès de Jean de Solinihac major dans le régiment de la Reine, renouvelant en faveur de sa veuve, l'obligation de lui payer 300 livres à perpétuité, comme intérêt des 6.000 livres prêtées au sieur Douarche, huissier, communique aux Consuls un acte du parlement de Paris obligeant l'Abbé à faire les réparations aux cloches et au clocher, mais lui réserve le recours contre les Consuls.

Le sieur de Rousset (1) montre le dénombrement de Guilhaume de Brettes en 1551, dans lequel il déclare tenir place terre et juridiction de Malviès, tout noble, exempt de taille, de Mr l'Abbé de Quarante.

1776, 1 Septembre. — .... il est réglé que la dépense de deux cent cinquante livres affectées aux réparations de la maison curiale, approuvée par Monseigneur l'Intendant seront employées et que ledit Joseph Bascoul, maçon dudit lieu, ayant fait l'offre la plus avantageuse est chargé des travaux, lequel a signé au registre.

24 Novembre. — .... la Communauté autorisée a emprunter et n'ayant trouvé personne pour prêter la somme pour les dites réparations faute de prêteur a été taxé :

François Gleizes...	24 liv.	Barthélémy Pradal.	18 »
Joseph Pupille.....	12 »	Bernard Pradal....	18 »
François Collac....	12 »	Jean Petit, bourrelier des Fargoussières............	24 »
Joseph Espitalier...	24 »		
Jean André Pradal..	18 »		
Jean Malaterre.....	18 »	Jean Fontès........	24 »

---

(1) Propriétaire de Malviès.

M. Decazis de Lasparets	36	»	Jean Pradal-Bouissy	18 »
M. Itier	24	»	Joseph Petit Cébaza des Fargoussières	24 »
Tarboriech	12	»	Denis de Cabanes	24 »
Guilhem Rieux	12	»	M. Massal de Lassemèges	35 »
Jean Pradal	12	»		
Nicolas Malaterre	12	»	Sabathié de la Métairie haute	12 »
Jean Viennet	12	»		
Jean Cathala	12	»		

1777, 27 Avril. — M. Tarboriech, curé de Saliès, d'après l'édit de 1695 obligeant les Communautés a loger à leurs dépens Messieurs les Curés, avance que Salliès est taillable de Quarante et les Consuls obligés en conséquence a lui fournir une maison, ou a payer le loyer de la maison occupée.

1777, 20 Septembre. — Les Consuls par un acte du 21 juillet sont obligés, a réparer la nef de l'Eglise, le clocher, et a faire refondre les cloches. A leur tour ne voulant pas s'incliner devant cette obligation, prétextant que l'Eglise de Quarante étant une église abbatiale, ils demandent l'autorisation de se défendre.

1778, 5 Février. — Plainte des Consuls contre le Syndic qui a démoli une partie des remparts ; plainte contre les Religieux qui n'accordent que deux Messes le dimanche et les Fêtes ce qui n'est pas suffisant pour une paroisse aussi considérable. Au lieu de dix Religieux, deux seulement habitent le couvent, et alors les offices ne se font pas avec décence convenable : un placet est adressé à M. l'Abbé.

19 Juillet. — Le conseil prie et députe noble Louis de Redon de Comérac, citoyen du lieu de Quarante dese transporter à Toulouse pour le procès que la Communauté, a

pendant contre le Chapitre de Quarante au sujet des réparations cloches et clocher pour instruire M. de Cerat avocat et lui vote pour le voyage et le retour 42 livres, plus trois livres par jour, de séjour... Ledit sieur de Comérac n'a pas voulu adhérer à la susdite députation, ainsi qu'il conste de la déclaration qu'il nous a exhibée dont la teneur suit : « Je n'adhère point à la délibération qui fut prise le 19 courant par laquelle j'ai été nommé député à la poursuite du procès pendant au parlement entre ladite Communauté et le Chapitre du présent lieu et cela à raison des procédés *indécents* du Conseil assemblé. Je m'empresse de donner la présente déclaration, afin qu'ils puissent députer à ma place tel sujet qu'il avisera pour que les affaires ne souffrent point du retardement. A Quarante le 27 juillet 1778. Redon de Comérac, signé.

1778, 27 Juillet. — Vu le refus de M. de Comérac, et attendu que l'affaire dont il s'agit demande célérité, le conseil nomme immédiatement le sieur Jean Pradal aux mêmes émoluments.

Il est aussi donné pouvoir aux Consuls de faire marquer les montres solaires qui sont au plan de la porte, aux frais de la Communauté et pour ce, il est accordé 12 livres à Bascoul, maître maçon.

1779, 2 Février. — ... l'avocat de la Communauté ayant examiné mûrement les dits titres et n'ayant point de contraire de la part de la Communauté aurait déterminé lesdits consuls d'offrir de faire les dites réparations, sauf la fonte des cloches cassées. La Communauté ayant intérêt d'éviter un arrêt contraire qui lui serait défavorable, il conviendrait de profiter du nouveau Prieur bien disposé pour arrêter les affaires et voter un emprunt.

1 Mai. — ... a été proposé que la Communauté se trouve sans avoir un Hôtel-de-Ville pour tenir les Assemblées de

la Communauté et que souvent on ne trouve aucune maison à louer, de même pour les écoles de garçons et de filles ; en conséquence. M. Hérail, procureur, fondé de M. l'abbé de Montagnac, seigneur du présent lieu, a offert d'inféoder un local d'environ 20 canes de sol pour construire un Hôtel-de-Ville au plan de devant l'Eglise, dit l'Abbaye, la communuté doit profiter de l'occasion.

1781, 16 Avril. — Messire Charles Mathieu, Prieur syndic du vénérable chapitre de Quarante et Procureur Général d'illustrissime François de Gain de Montagnac, aumônier du Roi et abbé de Quarante, voit la communauté acquiescer à faire les réparations aux nefs latérales de l'église, à la refonte des cloches, au cimetière de l'église de Saliès. Les Consuls votent 1660 livres. Le chapitre accepte de payer la moitié de la refonte des cloches et des dépenses pour les remettre en branle, à la charge de rembourser au chapitre, les deux tiers de la dépense ; accord qui rend nul le procès à Toulouse.

1781, 15 Juin. — ... des experts sont nommés pour vérifier le travail de la refonte des trois cloches, adjugé au sieur Valetin Lambert, fondeur. Ces experts sont Joseph Communeau, maitre serrurier de Cruzy et Joseph Pupille, maitre menuisier, pour vérifier le boisage, ferrements et les cloches. La somme ne sera payée qu'après une année de garantie. Tarboriech, recteur de Creissan, prête 339 livres, 6 deniers, 6 sols pour payer la moitié de la refonte et la matière ajoutée aux cloches. Messieurs les Commissaires du Roi et ses Etats autorisent la somme de 300 livres et ordonne que le surplus demeurera rayé, faute de rapporter un certificat du peseur public qui constate le poids des cloches avant et après la refonte. Jugement du 1 Avril 1781.

... Le curé de Saliès ne voulant plus payer les censives à M. le Sacristain du chapitre de Quarante consistant dans dix pugnères orge, demi pega huile, trois deniers argent, parce que la Communauté veut l'obliger à payer les grosses réparations de sa maison presbytérale ; attendu que cette maison a été donnée pour logement à perpétuité au curé de Salles ; le donateur entend que la dite maison fasse retour aux héritiers, dans le cas où elle ne serait pas occupée par le curé de Salles, et qu'il serait trop dispendieux à la Communauté de faire construire une autre maison, vote les fonds pour payer les censives avancées par M. le Curé l'an dernier et pour l'année présente.

RECTIFICATION DE NOM

1785. — Dans son ouvrage intitulé « Jean Louis Gouttes », page 5, M. de Charmasse, président de la Société Eduenne d'Autun, cite un fait capable de donner une idée de la puissance de l'abbé de Quarante tout en commettant une erreur sur le nom de l'Abbé.

Au décès de M. Bonnaud curé d'Argeliers, arrivé le 14 Octobre 1785, le lendemain 15 courant, le nommé J. L. Gouttes fut nommé titulaire de cette paroisse par l'abbé de Quarante. En même temps l'archevêque de Narbonne, donnait un autre titre, pour cette même paroisse, a M. Jouy. Cette double nomination donna lieu entre les deux titulaires a un long procès terminé seulement, par un arrêt du Parlement de Toulouse en date du 20 mars 1787, qui trancha la question en faveur de M. Gouttes, et reconnut ainsi, le droit de collation a l'abbé de Quarante.

C'est ainsi que M. Gouttes en prenant possession, a confié au registre de la paroisse, ce compte rendu. « Par arrêt du

20 Mars 1787 M. Jouy, a été évincé, malgré ses trois titres, de gradué, préventionnaire et de jure libero, collation libre, de Mgr l'Archevêque, et j'ai été maintenu en vertu de mon titre de présentation de l'Abbé de Quarante.» Gouttes, curé d'Argeliers.

D'après M. de Charmasse, cet abbé portait le nom de Michel, François Couet du Vivier. Or les archives de la mairie portent le nom de François Gain de Montagnac, dans tous les actes de cette époque.

LETTRE DE M. L'ABBÉ, ADRESSÉE AU MAIRE DE QUARANTE ET AUX CONSULS

17 février 1790. — Le désir que j'ai Messieurs, de me conformer le plus tôt possible au décret de l'assemblée nationale, concernant la déclaration a faire de mes revenus de l'abbaye de Quarante au diocèse de Narbonne, fait que j'envoye par le courrier ma procuration à M. le Prieur de cette abbaye pour qu'il en exécute le contenu, il ne m'est pas possible de faire moi-même la déclaration détaillée des revenus ni des charges parce qu'il n'a jamais été procédé au partage entre l'abbaye et les religieux qui en sont restés les administrateurs. Mes accords avec eux sont qu'ils doivent me payer annuellement pendant ma vie la somme de six mille livres de rente exempte de toutes charges, retenues et impositions quelconques, et qu'ils sont en outre tenus de m'envoyer ou payer annuellement un baril d'huile

d'olive de cinquante livres pezant, et une pièce de vin muscat de cent vingt bouteilles, le tout franc de port, et de tous droits, sans diminution du prix du traité. J'espère que mon fondé de procuration, répondra à mes vœux en reportant la déclaration qu'il doit faire tant pour les Chanoines que pour moi, la teneur de notre traité.

J'ai l'honneur d'être Messieurs, avec une parfaite considération votre très humble et très obéissant serviteur.

Signé † Fran. évêque de Tarbes, abbé de Quarante.

A Tarbes, le 3 Février 1790.

DÉCLARATION DU CURE DE QUARANTE

28 Février. — Voici d'autres déclarations trouvées à la Mairie de Quarante :

« Je soussigné déclare avec vérité que la somme de
« 216 livres dont je contribuerai aux besoins de l'état est
« conforme aux fixations établies par le décret de l'assemblée
« nationale de fin octobre 1789 concernant la contribution
« patriotique. Je m'engage à acquitter la dite somme de
« 216 livres en trois paiements savoir, soixante et douze
« livres le 1ᵉʳ avril 1790, soixante et douze livres le 1ᵉʳ avril
« 1791, soixante et douze livres le 1ᵉʳ avril 1792 fixés par
« l'article XI de l'assemblée nationale. Je désigne Pierre-
« François Pagès mon neveu de Saint-Chinian pour être a
« mes droits à l'époque du remboursement de la contribu-
« tion patriotique, pourra l'effectuer en annulant tout autre
« déclaration par luy faite. »

Cy devant a Quarante 28 février 1790.

Pagès, curé de Quarante.

Déclaration semblable du curé de Saliès et du Père Bouchard supérieur des minimes de Narbonne pour une rente de 120 libres a retirer de l'intérêt de 5.000 livres prêtées aux religieux de Quarante.

Les trois abbés suivants sont désignés par Dom Estiennot, sans pouvoir leur assigner un rang.

LIX B. Piano dont le nécrologe de Quarante place la mort au 3 Novembre.

LX Ebrardus dont le nécrologe de Cassan indique la mort au 14 Avril.

LXI Severus dont le même nécrologe fixe la mort au 22 Avril.

INVENTAIRE DES BIENS [1]

PROCÈS-VERBAL DES REGISTRES ET COMPTES DE RÉGIE DE L'ARGENTERIE ARGENT MONNAYÉ, EFFETS DE LA SACRISTIE DES CHANOINES RÉGULIERS DE QUARANTE.

L'an mil sept cent quatre-vingt-dix et le douzième jour du mois de may, huit heures du matin, nous Jean-Pierre-Thomas Tarboriech, avocat en Parlement, maire ; Martin Rusquier, Jean Cabanes, Joseph Espitalier, Joseph Colliac, officiers municipaux et Louis Pages, procureur de la commune du présent lieu de Quarante, nous nous sommes rendus de

---

[1] La reconnaissance nous fait un devoir d'exprimer ici toute notre vive gratitude à M. Camille Laforgue, pour les nombreux documents contenus dans ce second livre, et mis à notre disposition avec la plus grande obligeance, ainsi qu'à M. Vidal, maire, pour les archives communales, toujours offertes avec empressement.

l'Hôtel de Ville à la maison occupée par MM. de l'ordre de Sainte Geneviève au dit lieu, en vertu des lettres patentes du Roy, données à Paris le 26 mars dernier sur les décrets de l'Assemblée Nationale du 20 février, 19 et 20 mars de cette année, publiées le 9 du mois courant au prône de la messe de paroisse, et parvenus dans la dite maison précédés du valet de ville et suivis du sieur Alexandre Bricussel, secrétaire-greffier pris d'office duement assermenté, à cause de l'indisposition survenue au sieur Jean Barthes, secrétaire-greffier de la commune, nous avons trouvé MM. les Chanoines rég. qu'y l'habitent, auxquels ayant fait part que le sujet de notre décente est de nous conformer au décret dont nous leur avons fait faire lecture par le directeur secrétaire-greffier.

En conséquence, nous leur avons demandé de nous représenter tous les registres et compte de régie sur quoy les dits S⁼ Chanoines nous ont introduit dans un appartement qui est au rez-de-chaussée appelé la procure, nous y avons trouvé une grande armoire bois blanc ferrée et fermée à clef, dans lequel sont enfermés tous les titres et papiers de la dite maison ; plus un bureau, une petite table, un sopha et deux chaises de saule garnies de paille, et les dits sieurs Chanoines nous ayant exibé le livre de recette et de dépense faite par M. Rastoul, prieur du dit chapitre qu'il a fait depuis le 1 mai 1787, jour auquel il a commencé l'administration de la maison de Quarante et inclus au premier mai de la présente année 1790, il se trouve que la recette qu'il a faite se porte à 66272 livres 3 sols 6 deniers, 62726 livres 4 sols 2 deniers, il reste 3545 livres 19 sols et 4 deniers, laquelle somme le dit sieur prieur a gardé entre les mains pour en rendre compte à qui de droit.

Et de suite nous avons arrêté de ce jourd'hui le dit livre tant en recette qu'en dépense et avons trouvé que la partie du livre concernant la recette contient quarante trois feuillets et celle de la dépense contenu dans le même livre contient cent sept feuillets y compris les recettes et dépenses des anciens prieurs.

Après quoi ayant vérifié le sommier des biens, droits et revenus du chapitre qui consiste savoir :

RECETTES EN ARGENT

	Livres	Sols	D.
Argeliers doit pour les droits seigneuriaux...	600		
Les fiefs de Quarante, Ouveillan, Sériège et Cuxac....................................	11	16	5
Différents particuliers au 15 Août............	372	15	
Province du Languedoc doit..................	74	11	3
Les fermiers de Saint-Jean de Caps...........	610		
La dîme d'Argeliers..........................	2825		
Id. de Sériège suivant acte passé à Lacaze	1500		
Le fermier du domaine de Quarante..........	180		
Métairie des Pradels.........................	312		
Le fermier de deux jardins...................	75		
	6359	12	8

Le Chapitre fait valoir plusieurs lots :

Les fiefs de Quarante, Argeliers, Sériège, Ouveillan, Séricate et Cuxac produisent 85 setiers 8 pugnières de froment et nonante et un setiers 6 pugnières orge.

DÉPENSES

Le Chapitre doit à Mgr l'Archevêque de Narbonne, à M. le Vicaire de Quarante, aux prédicateurs de carême de Quarante et d'Argeliers, St-Marcel et à M. le curé de Malhac..	522	4	
Au bureau des décimes de Narbonne..........	3505	0	9
A l'Abbé commendataire.....................	6050		
A M. l'abbé Bruget pensionnaire de la dite abbaye...................................	280		
	10357	4	9

SAINTE-MARIE DE QUARANTE

RENTES CONSTITUÉES

A l'hôpital Saint-Jacques de Béziers, pour emprunt de 5000 livres..................	250		
A la maison Cassan pour dette de 4000 livres..	166	13	4
Au séminaire de Narbonne pour dette de 7100 livres........................	310		
A M. le curé de Ginestas pour dette de 249 liv. 6 sols 8 deniers à 3 %................	7	10	
A M. Gizard de Saint-Chinian pour dette de 1200	48		
A Mlle Olive Fabre de Béziers pour 1350......	67	10	
Au régent de Creisse pour 1000............	40		
A l'hôpital Saint-Eloi de Montpellier pour 2780	111	4	
A M. Lavit de Saurignac de Magalas pour 9000	450		
A M. Rey Pailhade, avocat du Roy pour 2000..	100		
A M. Galle avocat à Béziers pour 3000........	160		
A M. Rey prêtre à Béziers pour 1000.........	50		
Aux dames Ste-Marie de Béziers pour 10400	520		
A M de Mazerac de Béziers pour 6000........	300		
A Mlle Mouillé Planés de Béziers pour 1500...	50		
Aux dames Ursulines de Béziers pour 3000...	150		
A M. Azéma d'Argeliers 3200...............	160		
A M. François Martin de Lodève...........	600		
A M. Louis Boudery......................	175		
Au Chapelain de Saint-Barthélémy à Cessenon	108		
Au bureau des pauvres du diocèse de Béziers.	120		
A M. Delpon.............................	160		
Aux révérans Pères minimes de Narbonne....	250		
Au Bureau des pauvres de Nissan..........	150		
A deux autres...........................	1050		
	5522	37	4

Dépense annuelle........ 16374 livres 50 sols 17 deniers

Outre cette somme d'argent les Religieux devaient payer en nature à M. le curé de Quarante, 40 setiers bled pour luminaire et salaire du clerc, 2 muids et demi de vin et six mesures huile : aux pauvres de Quarante et d'Argeliers 38 setiers de méteille, à l'Archevêque de Narbonne 16 setiers bled et 16 d'orge.

INVENTAIRE DES CONTRATS ET BAUX

Une liasse de 51 pièces concernant la directe de Monsieur l'abbé, — une liasse de 189 pièces — 103 pièces de Sérièges, 17 registres de reconnaissance du fief de Sériège, deux compoix d'Argeliers, cinq rouleaux de parchemin de la même commune, des pièces d'Ouveillan, des fiefs de Narbonne, de Cuxac, de Puisserguier, de Ginestas, de Saint-Jean-de-Caps, l'étang des Pradels, 150 albergues de l'abbé, une liasse concernant l'Eglise et la cure d'Argeliers, etc., etc., procès, une liasse concernant la nomination des abbés, une au sujet de la métairie de Lalle 44 plans de Quarante, plans de Puisserguier et Fontcouverte, etc., fiefs de Puisserguier, Saliés.

11 pièces en parchemin du xe siècle, — 23 pièces du xie — 64 du xiie, — 128 du xiiie, — 61 du xive et 54 des autres siècles.

« Nous regrettons vivement le décret de la Convention du 17 juillet 1793 ordonnant que tous les cy devant seigneurs et nobles, notaires ou autres détenteurs de titres féodaux seraient tenus de les déposer pour les brûler. »

Par un zèle mal compris, dans un même feu de joie, beaucoup d'autres documents furent jetés, sous prétexte qu'ils rappelaient l'ancien régime. Cet acte barbare nous prive ainsi des documents si précieux parmi lesquels, dit l'inventaire, se trouvaient onze pièces en parchemin du xe siècle, 23 pièces du xie siècle, 64 du xiie et 128 du xiiie, etc.

Tempus edax, homo edacior ; le temps est destructeur, l'homme encore plus !!!

INVENTAIRE DES ORNEMENTS ET VASES SACRÉS

Dix chappes et onze chasubles de couleur différente etc., etc., un ostensoir, un saint ciboire, deux calices, le buste de Saint Jean, un encensoir avec sa navette, une paire de burettes avec le bassin, le tout en argent.

BIBLIOTHÈQUE

... Les chanoines nous ont introduits à la bibliothèque qui est au premier étage dans laquelle nous y avons trouvé les livres suivants :

Saints Augustin, Thomas, Suarez, Saint Cyprien, etc.

Nous avons trouvé plusieurs autres ouvrages concernant l'écriture sainte, commentaires sur l'écriture sainte, ouvrages des saints Pères, sermons des différans autheurs, plusieurs ouvrages de théologie et de moralle, plusieurs ouvrages de droit, de philosophie, d'histoire, d'auteurs classiques, plusieurs ouvrages des différants hérétiques; des différants formats, plusieurs des ouvrages sus-mentionnés sont bien et duement reliés, les autres mauvaises relieures en parchemin et enfin les différantes éditions.

Le total des différants volumes contenus dans la dite Bibliothèque(1) est de mil sept cent quatre vingt seize volumes.

Nous avons inventorié les susdits livres en présence des dits sieurs chanoines.

---

(1) Il ne nous reste qu'un grand antiphonaire écrit à la main avec plain chant ; vignettes et culs de lampe. Un lot de sermons, véritables thèses dogmatiques qui devaient nécessiter une heure pour le débit.

INVENTAIRE DU MOBILIER.

Le quinzième jour de mai 1790, 7 heures du matin. Nous, Maire, etc., nous ont introduits à la première chambre appelée fruitière qui prend jour sur une cour et nous y avons trouvé un secrétaire et un prie-Dieu, laquelle chambre est au premier étage, à la seconde chambre nous y avons trouvé un lit à baldequin sans garniment avec sa paillasse, mathelas, traversin et une couverture fort vieille d'indienne. A la troisième nous y avons trouvé un lit à baldequin avec son garniment de toile de coton peint en vert, avec sa paillasse, deux mathelas, un lit de plume, traversin et couverture blanche piquée, une table de nuit, autre table au pied de biche, une commode et deux tiroirs Sortis de la dite chambre avons trouvé dans le colidor une pandulle à poids avec une boitte en bois.

A la quatrième nous avons trouvé un lit à lange, avec son garniment toile de coton vert, quatre matelats, un traversin, une couverture laine, deux chaises fort vieilles et un bureau.

A la cinquième nous avons trouvé un bois de lit à la duchesse avec son garniment toile de coton à flames avec sa paillasse, deux matelats, un traversin et une couverture indienne, piquée, quatre chaises, une table de nuit, une table à pied de biche, une comode et un rideau à la fenêtre avec sa tringle.

A la sixième nous y avons trouvé un lit à lange, avec son garniment de cottonade à flammes, une paillasse, deux matelats, un traversin et une couverture laine, quatre chaises, une comode, une table à pied de biche et deux rideaux de fenêtre indienne avec sa tringle.

Des meubles et effets comme ceux sus-nommés ont été trouvés dans les neuf autres chambres. Tarboriech Maire, etc... signés...

Nous nous sommes transportés à l'écurie où nous y avons trouvé un cheval et une jument avec leurs scelles et brides de la nous avons été dans la bergerie où nous avons trouvé cent bêtes à laine, dix agneaux. Ensuite sommes allés au moulin à huile dit de Saint-Antoine dans lequel nous y avons trouvé un pressoir servant à facturer l'huile, avec ses appartenances, un grand chaudron cuivre.

Plus avons trouvé un autre moulin dit des Chanoines servant aussi à facturer l'huile, un pressoir avec ses appartenances.

De suite nous sommes revenus à la maison des sieurs Chanoines en passant dans leur enclos divisé en deux et complantés d'arbres fruitiers, où *étant arrivés nous avons interpelé les dits sieurs Chanoines de nous déclarer leur nom, leur âge et la place qu'ils occupent et si dans la dite maison ils ont d'autres chanoines réguliers qui soient absents ou affiliés.*

Il nous a été répondu par les dits sieurs Chanoines qu'ils s'appellent l'un : Jean-Pierre Rastoul, prieur du dit chapitre, âgé comme a dit de 46 ans et l'autre Joseph Seillon prêtre-chanoine régulier âgé comme a dit de 48 ans, qu'au surplus ils forment eux seuls la communauté de la dite maison et qu'il n'y a pas d'affiliés.

De plus, *nous les avons interpellés de nous déclarer s'ils veulent rester dans leur ordre,* en corps de communauté, ou s'ils entendent *en sortir pour vivre avec liberté dans le siècle.*

Le *dit M. Rastoul* prieur a déclaré ne vouloir s'expliquer sur son intention de sortie des maisons de son ordre, ou d'y rester et le dit *N. Seillon* a esté *du même avis* du sieur prieur.

Nous avons inventorié....

Le lundi 17 du mois de may et an que dessus à 7 heures du matin... nous nous sommes transportés dans la maison des sieurs chanoines réguliers, et les y ayant trouvés, nous avons vérifié les batimens de leur maison et il en résulte qu'il pourrait contenir le nombre de 150 religieux et nous nous sommes signés avec les dits sieurs Chanoines.....

L'aile principale du Couvent compte 62 mètres de long, sur 34 de large, il serait bien difficile de loger 150 religieux, dans ce monastère qui ne comprend que le rez-de-chaussée et un étage.

Les documents nous enseignent que l'Abbaye était complète, lorsqu'elle comptait dix-sept religieux, ajoutant que les revenus ne pouvaient suffir pour un plus grand nombre ; deux motifs qui prouvent combien est fausse la déclaration des officiers vérificateurs.

VASES SACRÉS DE LA PAROISSE

Procès-verbal tenu par la municipalité de Quarante, district de Béziers

Du septième prairial l'an II républicain.

La commune de Quarante ayant abdiqué au culte religieux. A comparu à la maison commune, lieu ordinaire des séances de la municipalité, le citoyen Pagès, curé de la dite commune, lequel nous a remis les clefs de l'église et des sacristies, dont il en était détenteur, et nous a demandé trois jours de temps pour vuider la maison presbitérale, et qu'après ce délay, il nous en remetrait les clefs.

Le conseil de la commune de Quarante ayant égard à la demande du dit citoyen Pagès, curé, luy a accordé trois jours pour vuider la maison. Après quoy, nous nous sommes transportés de suitte à la dite église, nous avons placé à côté de la porte d'entrée un écriteau en grosses lettres, comme suit :

*Le peuple français reconnaît l'Etre supérieur
et l'immortalité de l'Ame*

De suite, nous nous sommes transportés dans la dite église, nous avons procédé à l'inventaire de tous les ornemens, meubles, effets et généralement de tout ce qui est dans la dite église, comme il suit : Ayant ouvert la sacristie de la dite église, nous avons trouvé :

Un calice d'argent avec sa patène. Un ciboire en argent, six chandeliers, quatre dalmatiques, une niche en bois, onze chasubles de diverses couleurs, sept voiles de couleurs différentes, une écharpe, quatre étoles, une cinquième en or, neuf bourses, treize écharpes de couleurs différentes, quatre rideaux, trois couvre autels, six aubes, trois surplis et trois rochets, quatre soutanes violettes pour acolytes, cinq cordons, huit napes d'autel, deux napes pour la sainte table, sept corporaux, etc. etc.

Jean Martin Petit, marguiller de la confrérie de N.-D., nous a présenté le coffre et cabinet, fermés avec bande de papier et contenant : une chape, une chasuble avec dalmatiques, trois étoles, cinq manteaux de serge, un drap d'onheur, une banière blanche et une autre banière appartenant aux Pélerins, etc. etc., un coffre contenant de la cire, onze sous d'argent et quarante deux livres, dix sols en propo.

La confrérie du Saint-Sacrement possédait deux chapes, une banière, une niche, des torches, un ostensoir, chandeliers, vingt et six livres chandelles et cinquante six sols en assignats trouvés dans la caisse de la confrérie, Cabanes, maire.

Les Pénitents, possédaient neuf chasubles de couleurs variées, une chape, encensoir, etc., etc.

La chapelle de Saliez possédait cinq ornements, un calice d'argent, une boite d'argent pour le viatique, vieux cabinets cy devant confessionnaux, etc.

Tous ces effets seront portés au directoire du district, etc.

Saint-Barthélémy de Saliés, loin de subir le malheureux sort des autres chapelles a été restaurée par Monsieur Alphonse Viennet. Une toiture nouvelle la met à l'abri des intempéries de la saison. Une cloche fait revivre dans la contrée la voix de Dieu, annonçant que dans cette chapelle comme autrefois, le Saint Sacrifice est offert.

Monsieur Charles Viennet continue à enrichir, cette même chapelle devenue aujourd'hui le tombeau de famille des Viennet.

Au point de vue archéologique, la porte d'entrée de style roman, est un véritable monument par ses diverses sculptures.

La paroisse de Saliés comprenait quatorze métairies : Fontcouverte, Saint-Jean-de-Conques, Lale, les Semèges, Vorio blanque, Souloumiac, l'Espergazam, Malviés, les Parets, La Bastide le haut, Roueire, Pechmesnel, la quatorzième seule a disparu, elle est désignée dans la carte de Cassini sous le nom de La Cresse.

La croix de Millhade délimitait les paroisses de Quarante et de Saliés ; En 1761 Saliés comptait 212 habitants

1792, 17 novembre. — Nous maire, accompagné de notre secrétaire greffier, en exécution de la loi du 20 septembre, ce jourd'hui, avons été à la maison presbytérale de la dite commune, à l'effet de retirer les régistres, tant de sépultures mariages et baptêmes, et ayant prié le citoyen Pagès de nous les remettre, il nous les a desuite remis, quinze régistres contenant sépultures, mariages et baptêmes qui commençaient le 15 juillet 1618 et finissaient le 15 novembre

1792, lequel citoyen Pagés demeure déchargé, et nous sommes signés.

         Cabanes, maire.

Le même jour nous nous sommes rendus à la maison presbytérale du citoyen Joseph Tarboriech, curé de Saliés, dans le même but, et il nous a remis de suite, les dits registres qui commençaient le 29 mars 1660 jusqu'au 28 octobre 1792.

1791, 16 mars.

  A Messieurs du Directoire du district de Béziers,
    à Béziers.

         Messieurs,

Depuis le second du mois dernier je fais les offices au maître autel de mon église, mais c'est avec des ornements très communs n'en ayant pas d'autre à ma disposition ; vendredi dernier ayant à célébrer solennellement l'office de plusieurs martyrs dont les reliques reposent dans une chapelle de l'église, je fus obligé d'emprunter des ornements à Cruzy, paroisse voisine. Ayez donc la bonté je vous prie Messieurs de donner vos ordres à la municipalité de faire remettre, à la sacristie des cy devant chanoines réguliers, et des ornements convenables au curé afin qu'il puisse faire les offices avec la même décence qu'ils les célébraient eux mêmes avant leur destruction.

Les chandeliers du maître autel sont assez beaux et fort pesants, mais ils ne sont pas solides, les cierges ne peuvent pas y tenir droits, s'il y en avait dans le district des églises supprimées, vous pourriez les donner à mon église et prendre ceux que j'y ai, n'étant bons que pour être mis en fonte. S'il était possible de me faire remettre les ornements que j'ai l'honneur de vous demander avant la fête de l'Annonciation de la Vierge, nous pourrons la célébrer avec la décence convenable et vous obligerez celui qui a l'honneur d'être avec bien du respect, Messieurs,

Votre très humble et très obéissant serviteur.

Pagés, curé.

A Quarante, 16 mars 1791.

ESTIMATION DES BIENS DE L'ABBAYE

1791, 8 Août. — Nous, Jean François Revel, notaire royal de Cazouls, expert nommé par le Directoire du district de Béziers dans la séance du 6 décembre dernier pour procéder à l'estimation des biens nationaux situés dans le lieu de Quarante, après avoir prêté le serment nous avons procédé aux dites estimations ainsi qu'il suit :

1° Domaine des Pradels, ayant appartenu à la cy devant abbaye de Quarante, consistant en neuf articles différents..................	67.635 l.
2° Grange basse, trois articles	26.835 l.
3° Couvent et ses dépendances avec parterre et verger	4.500 l.
Les autre articles.....................	17.433 l.
Plus la chapelle Sainte-Anne et autres...	425 l.

Lundi 8 Août 1791, neuf heures du matin.

VENTE

Présens : MM. Laplace, vice-président, Rey-Pailhade, Azaïs et M. Gaudion, vice-procureur syndic et procureur fondé de M. le Procureur général syndic du département suivant sa procuration reçue par M⁰ Caizergues, notaire de Montpellier.

Après trois affiches apposées à Quarante et dans toutes les communes du district, il est, le 24 Août, procédé à la vente au quatrième feu. La mettairie des Pradels est adjugée au sieur Crassous pour la somme de 76.000 livres.

L'ensemble se vendit par plusieurs lots à différents acquéreurs parmi lesquels nous lisons Pradal, Laffon, Cassénac, Azaïs, Viennet et Rusquier, Mouret, Cassan, Fontez, Tarboriech, Lacombe, d'Ouveilhan ; Beslande, de Cruzy ; Baugy, de Cruzy. Le tout rapporta 85.185 livres, y compris la grange basse achetée par Carles, au prix de 41.100 livres, le couvent acheté par Charles Pradal au prix de 6.075 livres non compris la sacristie, le sacraire et l'église qui furent réservés (ainsi que l'horloge) ; les deux moulins furent achetés par la municipalité au prix de 4.025 livres, l'un d'entre eux était appelé moulin de Saint-Antoine ou des Canonges, aujourd'hui propriété de Vidal Paul, le rougieras avec pigeonnier, écurie, bergerie aux prix de 1.405 livres.

JARDIN ACCORDÉ AU CURÉ

Les commissaires de la municipalité ont observé au procureur syndic et autres membres chargés de la vente, qu'il sont autorisés par une délibération du Conseil général de la commune de Quarante du 19⁰ Juin dernier, à demander l'étendue d'un demi-arpent, mesure d'ordonnance, pour tenir lieu au curé de Quarante de jardin, ladite contenance à prendre sur la condamine au tènement de Rouviol, contenant huit séterrés deux punières cinq dextres et confrontant de levant chemin de Rouviol, du midi le chemin de Cruzy à Béziers dans toute sa longueur et de couchant le restant de la dite condamine, à quoi le curé accéda lors de ladite délibération.

Le Directoire, ouï le procureur syndic arrête provisoirement qu'il sera adjugé au curé de Quarante le jardin demandé cinq dextres, la contenance de demi-arpent.

1791. — Je soussigné déclare qu'en qualité de curé de Saliès, je réside dans le lieu de Quarante, dans une maison que M. Chabert donna aux curés de Saliès à condition que si à l'avenir les dits curés ne résidaient pas dans la dite paroisse, la maison donnée pour leur logement faisait retour à ses héritiers, ainsi qu'il conste de l'acte de donation que j'ai en mon pouvoir.

La dite église de Saliès est éloignée de ma résidence d'environ une demi-lieue et certaines métairies qui en dépendent en sont éloignées d'environ une lieue.

Etat du revenu que j'ai perçu l'année dernière dans le taillable de Quarante dépendant du décimaide de Salliès et dont j'en ai fait moi-même l'exploitation. Scavoir : total, 2.493 livres 17 sols 70.

CHARGES

Pour divers, 61 livres 25 sols. Pour la fête de saint Barthélémy, patron de ma paroisse, je donne, comme mes prédécesseurs l'ont toujours pratiqué, des gâteaux vulgairement dits redortons et du pain bénit pour deux setiers.

Comme l'église de Saliès est champêtre, je suis obligé de prier des prêtres, le jour de la fête locale, afin que les paroissiens et leurs convives ne manquent point la messe sous prétexte de ne pas laisser seules les métairies : j'emploie pour cette dépense ou celle du déjeuner que je donne aux chantres, aux paroissiens ou à leur convives qui demandent à déjeuner 18 livres 18.

Pour divers 942 liv. 7 den.

Revenu total..................	2493	17 7
Charges....................	884	7 3
	1609	10 4

Comme chapelain de Sainte Anne mon revenu est
de.. 59 8
Charges 55 8 2
                                                    ————
                                                       4

Le dit revenu est employé à dire des messes.

1791, 21 Août. — Le dernier compte-rendu de la Confrérie du Saint-Sacrement, a cette date dit que l'élection des nouveaux officiers n'ayant pu se faire le Dimanche dans l'Octave du Saint-Sacrement, personne ne s'étant présenté, le sieur Jean Gleizes, 1er marguiller, a nommé pour lui succéder Louis Mouret et Jean Callas ; le sieur Louis Laffon 2me marguiller, a nommé Nicolas Malaterre et Etienne Pradal père. François Chamairac a nommé Pierre Cros fils et Guillaume Petit et en l'absence de François Déjean, les confrères ont nommé André Caufepé, lesquels ont été nommés à la pluralité des voix. Les anciens marguillers ont rendu leur compte, en présence des confrères présents, il s'est trouvé que la recette s'élève à 151 livres, 14 sols, 6 deniers, la dépense à 153 livres, 12 sols : partant la confrérie doit aux anciens prévôts 36 sols 6 deniers qu'ils ont pris du bassin où s'est trouvé de plus dont les nouveaux prévôts se sont chargés.

ESTIMATION ET VENTE DES BIENS DE LA CY DEVANT ABBAYE DE QUARANTE SITUÉS A ARGELIERS

Jean Fabre de Narbonne, est nommé par le directoire du district de Narbonne et le 29 octobre 1791, il rendait compte de sa mission en estimant ces biens a 947 livres.

Le 5 Décembre, le directoire composé de MM. L. Barthès, président, Agel, Hérail, Romieu, Solier, procureur, etc., de Narbonne, vont à Argeliers vendre ces biens en présence de Vincens Mas, maire, etc., au 3me feu, l'offre de M. Rey est acceptée à 1.800 livres.

(Archives de l'Aude).

Il est difficile de préciser le total des revenus, parce que certains baux devaient se payer annuellement, d'autres tous les deux ans, ou trois ans, etc. Il y avait aussi des revenus en nature. Ces revenus variaient selon l'abondance ou la rareté des grains.

Le manuscrit de la Préfecture de Montpellier porte les recettes et les dépenses, du jour, du mois et de l'année. Chaque année un Visiteur venait au nom du Supérieur Général vérifier les comptes, y apposer sa signature, sous cette désignation (Visiteur de la province d'Aquitaine). Ce manuscrit renferme les comptes de 1766 jusqu'en 1790. La moyenne totale des recettes était par an, de 30.000 livres et les dépenses de 28.000. Quelquefois les dépenses dépassaient les recettes.

Cette lettre nous montre l'inquiétude du gouvernement par rapport aux acquéreurs des biens des Religieux.

Liberté, égalité, 25 Prairial an V.

Demande. — Les acquéreurs des bien nationaux jouissent-ils paisiblement des propriétés qu'ils ont acquises : dans le cas contraire, quel est le genre de persécution qu'on leur fait éprouver, d'où peut-il provenir, et qu'elles sont les mesures qu'a prises l'administration municipale pour faire respecter les personnes et les propriétés de ces acquéreurs.

LARTIGUE, *Commissaire du district*

Réponse : Les acquéreurs des domaines nationaux jouissent paisiblement des propriétés qu'ils ont acquises ; mais en leur annonçant la rentrée très prochaine des Prêtres et des Emigrés, on leur annonce aussi qu'ils n'ont pas longtemps à en jouir.

Les Papes et les vicomtes de Narbonne avaient a plusieurs reprises, fortifié l'autorité de l'abbé seigneur de Quarante. A leur tour les abbés avaient fait aux habitants de grandes faveurs et de grandes concessions ; droits de voierie; d'affouage, de forestage, de pacage, de pêche. L'abbé qui succédait, confirmait les concessions des abbés précédents. A côté de l'autorité de l'abbé, la justice locale, le corps municipal, les agents du Roi, exerçaient leur pouvoir. Cette organisation complète, amenait des froissements des conflits ; mais il faut reconnaître que ces conflits provenaient de la jalousie contre les pouvoirs temporels de l'abbé, et non de son caractère religieux.

Il faut rendre cette justice aux abbés ; ils se montrèrent généralement de bonne composition, et ne cherchèrent pas à abuser de leur pouvoir.

De leur côté les consuls, sans laisser amoindrir leurs privilèges terminaient presque toujours les procès, par une entente amicale. La municipalité voulant faire connaître les relations du Seigneur abbé et des habitants disait dans un mémoire en 1757. « Cette communauté a toujours vécu dans une grande union avec son Seigneur et même avec les religieux. »

Quoique nous n'ayons pas eu l'intention de faire connaître la construction si imposante de l'église, nous citerons néanmoins la variété de ses dimensions.

De style roman primitif, l'église compte trois nefs, celle du milieu est à berceau, les deux, des bas côtés à arêtes avec pendentifs très prononcés ; elle comporte 36 mètres 56 centimètres de long, sur une largeur moyenne de 16 mètres.

Il est nécessaire de dire moyenne, car l'église s'élargit à mesure que le visiteur s'avance vers le sanctuaire.

De ces cinq travées aucune n'est égale par ces dimensions : la 1re travée mesure 15 mètres 88, celle du milieu 15 mètres 95 celle du fond 16 mètre 72.

Au transept la distance est de 24 mètres 80.

Aucun pilier n'est à égale distance de celui qui est vis-à-vis, les nefs sont de dimension inégale, la longueur et la profondeur de chaque pilier différentes avec celui qui est en face. Plusieurs architectes interroges sur cette variété si surprenante, nous ont donné des réponses non seulement incapables de nous satisfaire, mais de plus opposées à ce que nous venons de lire dans Leccy de la marche « Tout se tient, tout a sa raison d'être dans cet art admirable, même les décorations en apparence superflues » A son tour Pierre de Montereau dit « L'architecture des églises françaises fut une création profondément calculée. »

La porte qui mettait en communication le cloître et l'église est gothique ; elle porte un blason échiqueté, comme la ville d'Annecy : ce doit être le blason de l'abbé qui l'a fit construire, il est orné du collier de la toison d'or.

On rentrait dans le monastère, du côté de l'Ouest, dans une cour, où on voit une partie du cloître ; le puits traditionnel, coupe la cour en deux parties.

L'Eglise, au midi, forme l'aile droite, à la rentrée du visiteur ; le monastère occupe les trois autres ailes et forment un carré de 62 mètres de long sur 34 de large. Nos lecteurs n'oublient point que le monastère fut reconstruit à la moderne au XVIIme siècle et perdit ainsi tout cachet d'antiquité.

L'ensemble du couvent appartient à plusieurs propriétaires. Une seule sale, probablement, le réfectoire, attire l'attention par ses dimensions et les ornements des quatre murs représentant en relief des corbeilles de fruits et des instruments de musique et par une cheminée en marbre rare.

Nous désignons avec joie le compte-rendu de M. Marius Cathala d'Argelliers, chargé par la Société des Etudes scientifiques de l'Aude, d'analyser l'excursion faite à Quarante en 1903. Avec une ardeur opiniâtre l'auteur a consacré de longues heures à cette étude, pour offrir un opuscule très intéressant sur les bâtiments.

VOCABLE DES CHAPELLES

En 1053, l'Archevêque de Narbonne dédia une chapelle :
1º aux Saints-Martyrs de Quarante ;
2º à Saint-Jean-Baptiste ;
3º de Sainte-Croix.

L'acte suivant nous indique la place des Chapelles.

5 Septembre 1712, est décédé en bon religieux, le Révérend Père Louis, prêtre et syndic du Chapitre, à 30 ans, inhumé dans l'ancienne chapelle de Saint-Jean, au-dessous de celle des XL martyrs en la grande église.

Cet acte nous montre que la chapelle de St-Joseph était celle de St-Jean.

Un autre acte de 1753, neuf Septembre, délibère de placer un bassin pour l'entretien de la chapelle N.-D. de Consolation.

Enfin un autre acte dit : la Chapelle de Ste-Anne tenait de M. Bedos, prêtre, une partie de son avoir.

Aujourd'hui, la chapelle des Saints Martyrs est sous le vocable de Saint-Jean ; celle de Saint Jean, sous le vocable de Saint Joseph et celle de Sainte-Anne, sous le vocable du Sacré-Cœur.

En 1016, Urbain, évêque de Béziers, vint consacrer la chapelle de Saint-Martin dans l'église de Quarante. Nous n'avons pu savoir d'une manière sûre, si cette chapelle serait celle qui est aujourd'hui sous le vocable de la Sainte-Vierge.

Le lecteur voulant établir une comparaison entre la justice d'autrefois et celle de nos jours, peut se demander la justice du tribunal de Quarante était-elle *faible, accommodante* ou *sévère* ?

Pour répondre à cette question nous avons parcouru un très grand nombre de sentences rendues par ce tribunal ; nous exposerons les suivantes de manière à rendre évidente la justice seigneuriale.

Le 15 février 1705, la veuve Antoine Petit, du mas de las Fargoussières, se plaint que depuis dimanche dernier 8 courant, tous les soirs il a été fait un attroupement de personnes au dit Fargoussières, faisant un bruit épouvantable avec des chaudrons, poêles, sonnettes et autres instruments à cause que la plaignante doit se remarier. Pour ce délit Bernard Calvet fut condamné à la prison abbatiale.

1724. — Le sieur Pierre Bertrand, alla le soir vers sept heures, acheter du tabac, chez Sabathier. En même temps le nommé André Bocage du dit lieu lui adressa des injures, en disant qu'il était un advocat de m..... (ici le mot de Monsieur Margue).

Maupel, Lieutenant en la cour de Quarante, ordonne la prise de corps, et Guilhomme Mailhac, viguier en la temporalité de Quarante, advocat au parlement de Toulouse, condamne Bocage à cinq cent livres d'amende.

On était loin au tribunal de Quarante d'admettre le dicton : « Advocatus et non latro, res miranda populo. »

Le 29 août 1722. — Rusquier fils aîné, homme de distinction de Quarante, habillé de rouge, son chapeau bordé, avait tiré son épée contre Coulomb Honoré, venu à la foire vendre des toiles blanches. Les témoins sont cités par ministère d'huissier, entr'autres Augustin Castel prestre et recteur de Montels, qui après avoir dîné chez MM. du chapitre aurait entendu du bruit sur le champ de la foire sans s'en être rendu compte.

Les autres témoins après les interrogatoires généraux savoir : êtes vous parents, allié, serviteur ou domestique d'aucune des parties ? déclarent avoir vu un jeune homme nommé Rusquier de Fontbonne fils.

Henri Barthez maître chirurgien de Quarante a déclaré selon Dieu et sa conscience, que le corps de Coulomb avait reçu deux blessures provenant d'instruments tranchants.

Le fils Rusquier fut d'abord condamné à quinze livres pour faire panser et médicamenter le blessé.

Avant le jugement définitif, tout noble qu'il était, le coupable fut condamné une première fois. Tous les moyens furent pris pour faire rendre la justice à ce marchant forain, l'huissier, le chirurgien ; et c'est le cas de dire que la critique exprimée contre les Puissants, par Lafontaine, n'eut pas ici son application :

> Selon que vous serez puissant ou misérable,
> Les jugements des cours vous rendront blanc ou noir.

1749, 19 février. — Certains personnages en oubliant tout devoir et religion s'éloignant de Dieu, et se jettant selon toutes apparences au démon, ont entrepris de s'en prendre à une croix construite à la Porte haute par les anciens de Bernard Gleizes sur le tertre d'un ferratyal appartenant à M. de Comérac, bâtie avec grosses pierres ; la pierre par dessus étant de mature, et le restant même, avec crouzilhon de fer ; et non contents de faire tomber le dessus de la croix, aurait fait tomber la table de mature et ensuite tout le reste jusqu'à terre, et d'autres actions si punissables méritent d'être criminellement punies, contre les coupables par un exemple tel que mérite un pareil attentat ; le procureur juridictionnel ordonne la recherche des coupables.

Ces cris d'indignation, nous montrent que la justice de l'époque pour être la gardienne de la société, voulait avant tout, que Dieu fut honoré, comme le premier soutien et la pierre fondamentale de toute nation civilisée.

A ceux de nos lecteurs qui désireraient connaître le thermomètre de la piété dans cette paroisse avant 1793 ; nous pouvons répondre que nous avons parcouru cent actes de sépultures consécutives d'adultes, dans le (libre de mortuorum) sur cent décès, il y eut quatre morts subites ; un mort dans le scandale, un mendiant, et tous les autres, c'est-à-dire quatre-vingt-quatorze sur cent, ont décédé en remplissant leurs devoirs de bons chrétiens. Lorsque l'un d'entr'eux ne recevait pas le Saint-Viatique, le compte-rendu a soin de dire : « à cause des vomissements consécutifs du malade » Si la maladie était longue, le procès-verbal la mentionne en ces termes ! « durant sa longue maladie, il a rempli plusieurs fois ses devoirs de bon chrétien ».

Un compte-rendu de 1765 nous apprend, que les Consuls, réunis un Dimanche, n'avaient point terminé, leurs délibérations, au moment des vêpres ils suspendirent leur séance, pour la reprendre après.

Une pétition ne dit-elle pas clairement, que la paroisse comptait 600 communiants à Pâques.

Nous lisons dans le *Génie du christianisme*: « Les juridictions seigneuriales sous la féodalité, furent de nécessité moins vexatoires, dans l'indépendance des abbayes et des prélatures, que sous le ressort d'un compte ou d'un baron. Le Seigneur ecclésiastique était tenu a de certaines vertus que le guerrier ne se croyait pas obligé de pratiquer.

Les abbayes devenaient les palais du peuple et le séjour de la liberté. Le peuple y montait par tous les degrés de l'intelligence de la puissance et s'y ennoblissait.

N'est-ce point à cette douce atmosphère que nous devons attribuer le grand nombre de nobles, cités dans les archives et dans les compoix de Quarante ?

Les principaux sont ;

1º de Gourbal ; 2º de la Peyrouse ; 3º de Bedos ; 4º de Saint-Privat ; 5º de Saint-Bézard ; 6º de Clerq ; 7º de Redon ; 8º du Breuil de la Gené ; 9º de las Ubertariés ; 10º de Comérac de Saint-Frichoux ; 11º Pierre de Saint-Etienne ; 12º de Cazis ; 13º de Brettes ; 14º de Guérin ; 15º de las Molières ; 16º de Mongravier ; 17º baron de Sorgues ; 18º de Saint-Martin ; 19º d'Aspiran ; 20º de la Gardie ; 21º d'Andoque ; 22º de Tarboriech, etc., etc. Vingt-sept actes publics portent le nom de Tarboriech avec la particule.

Il faisait bon vivre sous la crosse.

Glorieux martyrs de Quarante, jettez les yeux sur cette terre que vous avez arrosée de votre sang, ranimez la foi, réchauffez la charité, donnez la fécondité à semence, veillez à ce que l'ivraie n'étouffe pas le bon grain, rendez-lui sa première fertilité

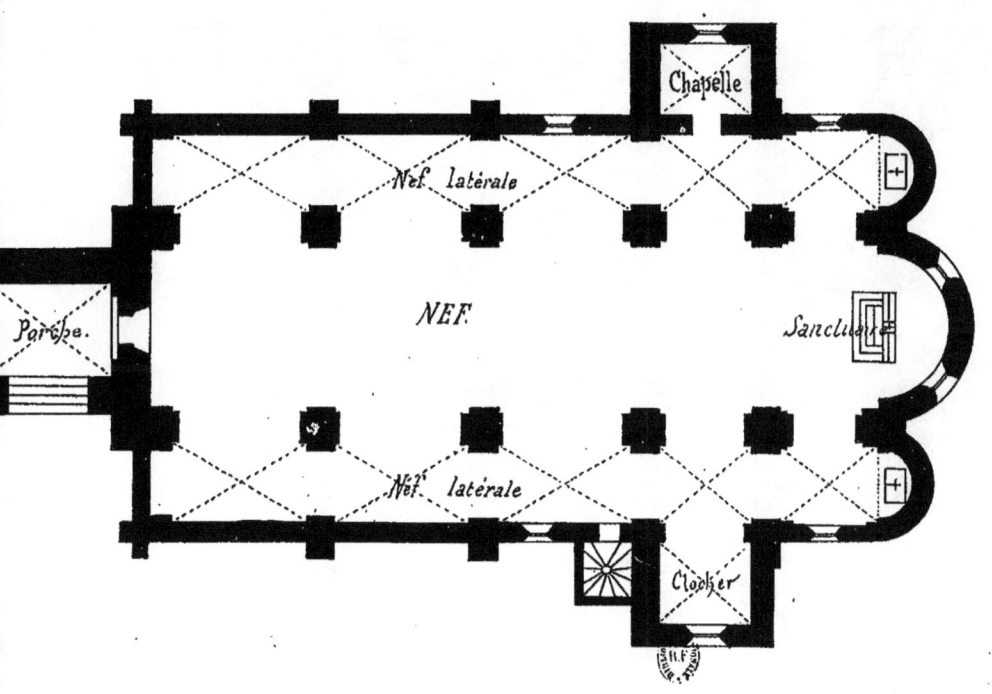

TABLE

Préface...	V
Origine du nom de Quarante...	1
Établissement du Christianisme à Quarante...	8
Autonomie de l'Eglise de Quarante...	18
Différence entre Vicus et Villa...	22
Dédicace de l'Église...	24
Origine du Monastère...	25
Origine et but des religieux Génovéfains...	26
Bérenger 1er abbé ; Ricuin 2e abbé...	28
Consécration solennelle de l'Église...	30
Donation d'Odon...	32
Matfred, Raimond Udalgo, Richin ou Richer...	34
Bulle d'Innocent II...	34
Seconde bulle d'Innocent II...	35
Bulle d'Anastase IV...	39
Donation d'Argelliers par Ermengarde, vicomtesse de Narbonne...	42
Réparation d'un tort...	44
Bulle d'Alexandre III...	46
Legs du terroir de Lignan...	48
Legs du Château de Cœmerac et ses dépendances...	51
Confirmation de ce legs par Ermengarde, vicomtesse de Narbonne...	54

Ermengarde donne tous ses fiefs à l'Abbaye à condition que l'Abbé fera célébrer une Messe à perpétuité, à son intention 56
Accord entre l'abbé Pierre et Raymond Bérenger d'Ouveillan au sujet du droit de pêche dans l'étang de Cœmerac.................... 59
Serment de Calva, vicomtesse, en faveur de l'Abbé.... 64
Confirmation par Aimeric, vicomte de Narbonnne, de tous les fiefs et honneurs accordés à l'Abbé par Ermengarde, vicomtesse de Narbonne, a condition d'une Messe perpétuelle.................... 66
Saint Martin et Saint Frichoux nommés pour la 1re fois 71
Acte de fraternité entre Sainte Marie de Quarante et Sainte Marie de Saragosse.................... 73
Lettre de Prélat de la Province au Pape, 1245, en faveur des Inquisiteurs.................... 75
Lettre au Roi Saint-Louis en faveur du Couvent de Caunes.................... 75
Bulle d'Innocent IV nommant les 32 châteaux ou communautés dépendant de l'Abbaye de Quarante et les prenant sous sa protection.................... 76
Amalric, vicomte de Narbonne se démet de son pouvoir sur les hommes et femmes dépendant de l'Abbé de Quarante.................... 84
Echange entre l'Abbé de Quarante et les Chevaliers de Saint Jean des hôpitaux de Capestang et de Roueire 87
Vente à l'Abbé, par le vicomte de Narbonne, d'une maison sise à Narbonne.................... 96
Bernard de Nissan.................... 99
Pouvoirs de l'abbé pour la nomination des notaires, l'érection des fourches, le droit sur les hommes pour le service militaire et toute justice.......... 100
Acte de fraternité avec le prieuré de Cassan.......... 108
Bulle de Martin IV. Evêque de Lodève, arbitre........ 110
Autre bulle de Martin IV. Evêque d'Agde, arbitre...... 111

Monastère assiégé par la foule, au sujet de l'élection
    de l'abbé.. 113
Bulle de Boniface VIII.. 117
Liste des communautés unies par la fraternité au Mo-
    nastère de Quarante. 119
Prestation de serment de l'abbé de Quarante à l'Arche-
    vêque de Narbonne... 119
Détermination du nombre des Religieux de Quarante. 121
Communes ayant embrassé le parti Albigeois........ 124
Genre de vie des Religieux de Quarante, leurs prières
    leur costume, leur nourriture, etc. 125
Bulle d'Innocent VI.. 128
Certitude au sujet de nos saints Martyrs............... 132
Raymon de Fabrègues proclamé bon et juste adminis-
    trateur 136
Bulle de Pie II... 138
Bulle de Paul II.. 140
Profession de Bérenger de Auxilis........................ 147
Délit de pêche dans l'étang de Comerac. 150
Bulle de Jules II... 152
Robert de Coquebourne nomme son frère Vicaire Géné-
    ral de l'Abbaye... 155
Les Religieux donnent aux habitants le pouvoir de dé-
    paissance sur le territoire de Quarante et de Saint-
    Jean de Conques. Compoix de 1536................ 155
Un laïque, abbé commendataire........................... 159
Révolte des Protestants....................................... 160
Préparatifs du siège de Quarante......................... 162
Lettres du duc de Joyeuse sur ce siège................ 163
Siège de Quarante... 165
Prise d'habit.. 169
Election du Prieur.. 171
Chanoine Bertrand de Redon défend les intérêts de
    l'Abbaye.. 173
Un recteur de Saliès refusé comme Religieux de Qua-
    rante à cause de son honorabilité suspectée....... 173

Importantes réparations au Monastère.............. 176
Nourriture accordée à chaque religieux, tandis qu'ils vivront au dehors durant les réparations du Monastère................................... 178
Procès en Parlement de Toulouse................. 180
Installation d'un Religieux comme ouvrier.......... 182
Hospitalité accordée à tous les Frères Mendiants...... 187
Un repas accordé aux Pauvres le Jeudi Saint......... 188
Admission d'un novice........................ 189
Convention au sujet de l'éducation de ce novice...... 190
Difficultés entre Religieux, et accord............... 192
Accord des religieux au sujet de la garde des clefs.... 195
Curieux contrat entre un Médecin et son client....... 196
Abbé Jean III de Thésan de St-Geniès.............. 196
Plainte injustifiée des habitants contre un religieux... 197
Accord entre les Religieux et le Recteur d'Argeliers... 199
Obligation du Recteur d'Argeliers, de nourrir, à la fête de St-Vincent, deux Religieux, leurs serviteurs et leurs montures............................. 200
Droit de dépaissance accordé aux habitants d'Argeliers, sur la Juridiction de Sérièges............... 200
Bail de cinq sétérées moyennant une géline par an... 200
Les Religieux refusent à l'Abbé la nomination d'un novice.................................... 201
Le même jour, les religieux choisissent un autre novice, lui donnent l'habit et la tonsure monacale... 207
Barthélemy de Renouard, abbé.................... 210
Largesses d'un Religieux désignées avec grand soin dans son testament........................... 210
Rédaction surprenante d'un acte mortuaire 212
L'Abbé, signifie aux Consuls, par acte notarié, l'obligation de prêter serment......................... 213
Opposition de l'Abbé à l'affiliation du monaste, à la réforme................................... 215
Passage de Louis XIV............................ 218

Compoix de 1660.. 218
Jean Rusquié fut le premier enfant du pays à se faire
    religieux.. 219
Etablissement de la confrérie du Saint-Sacrement..... 219
Don d'un ciboire à la Paroisse............................ 220
Louis de la Vergne de Montenar, de Tressan......... 221
Don d'un ciboire à la Confrérie du Saint Sacrement... 222
Anne Tristan de la Baume de Suze................... 222
Hypothèque du Rougyeras pour assurer un service
    religieux en faveur de la famille Tarboriech...... 223
Jours, heures et lieu fixés par l'Abbé, pour rendre la
    justice.. 224
Antiquité de la foire.. 227
Biens particuliers reconnus par le Roi, à la Com-
    munauté.. 228
Minime somme requise pour un permis de chasse.... 229
Procès au sujet du rachat de la Seigneurie de Sériège 230
Droit reconnu aux habitants de nommer le chapelain
    de Sainte Anne.. 232
Gratuité de l'Ecole pour les pauvres................... 233
Presbytère agrandi de trois appartements............ 235
Plainte des habitants au sujet de la solennité diminuée
    les jours de fêtes.. 235
Règlement fixant la qualité, et le bas prix de la viande 235
Etienne Antoine de Jouan.................................... 236
Testament de la Baume de Suze........................ 237
Rigoureux hiver de 1709.................................... 238
Dispositions prises pour diminuer les désastres de cet
    hiver.. 239
Suppression du traitement du Garde-terres pour faire
    des réjouissances, avec ces fonds, à l'occasion
    de la naissance du Dauphin................................ 242
Délibération montrant le thermomètre de la piété dans
    la paroisse.. 242
Règlement du médecin....................................... 244

Argelliers condamné à payer au Monastère 600 livres de taille..	244
Fusion de cloche..	245
Louis Viennet nommé curé de Saliès.................	246
Bulle. Saint-Siège vacant.......................................	247
A l'occasion de la naissance de Mgr le duc de Bourgogne, la communauté donne 50 livres pour le mariage d'une fille pauvre, au lieu de les dépenser en réjouissances publiques.........................	248
Solennité avec laquelle on porte le Saint Viatique aux malades..	249
Chapitre accusé de négligence pour l'entretien des lampes du Saint-Sacrement................................	249
Pouillé ordonné par l'Assemblée générale du Clergé.	250
Aumône affectée aux Enfants auxquels on lave les pieds le Jeudi Saint...	253
Discussion au sujet de la prééminence, aux processions	253
Programme de l'examen à passer pour être magistrat dans le ressort de Quarante............................	255
Procès en Parlement de Toulouse, pour empêcher les Religieux de prendre le titre de Seigneurs de Quarante..	258
Arrêt du Parlement de Toulouse délimitant les pouvoirs des curés de Quarante et d'Argeliers, et de ces deux communautés..	260
Les administrateurs du bureau de Bienfaisance d'Argeliers, réclament auprès des Religieux de Quarante la distribution de 12 setiers de bon blé, aux pauvres d'Argeliers...	263
Les Religieux refusant à la paroisse l'Ostensoir, la veuve Guerin donne à la Confrérie du Saint-Sacrement 121 livres pour l'achat d'un Ostensoir.......	264
Une députation des Notables est envoyée à Béziers pour féliciter Etienne de Boussanelle, à l'occasion de sa nomination...	265

SAINTE MARIE DE QUARANTE

Modèle de règlement pour la boucherie.............. 268
Projet du dessèchement de l'Etang de Quarante....... 268
Pendant les Vêpres, la municipalité interrompt ses
    délibérations, pour les reprendre après........... 269
Jean Pradal, greffier de la communauté, est révoqué,
    pour être suspecté, d'un trop grand attachement
    aux Religieux................................... 269
Maître Sabathier, lieutenant de la justice, refuse de
    ratifier cet acte..... 269
Une députation des notables, adressée à M. le Prieur
    par la municipalité, et les habitants, pour lui
    exprimer leurs condoléances, au sujet de l'at-
    tentat criminel commis contre sa personne....... 290
Difficulté entre les membres de la Confrérie du Saint-
    Sacrement et les autorités judiciaires au sujet des
    places les plus honorables les jours de Procession. 271
Compte-rendu faisant mention du buste de Saint-Jean. 273
François Gain de Montagnac...................... 275
Mémoire présenté aux membres de la province du
    Languedoc, par les Religieux pour le dessèche-
    ment de l'étang................................. 276
A leur tour, les Consuls font la même requête........ 276
Nouveau règlement pour l'instituteur............... 277
Joseph Bascoul se charge de rendre la maison curiale
    habitable moyennant deux cent cinquante livres.. 278
Fonte des cloches : vote de 1660 livres.............. 279
Lettre autographe de l'abbé François de Montagnac au
    Maire de Quarante............................... 283
Inventaire de tous les biens, au moment de la Révo-
    lution... 285
Lettre du curé de Quarante demandant au directeur du
    district de Béziers un ornement convenable pour
    célébrer la fête des Saints martyrs............... 296
Estimation est acquéreurs des biens des Religieux à
    Quarante....................................... 297

Un jardin accordé au curé, en 1791................ 298
Distribution gratuite de gâteaux à Saliés, le jour de
    Saint Barthélémy, patron de la Paroisse 299
Estimation et acquéreux des biens du Monastère à
    Argelliers 300
Vocable des chapelles................. 304

www.ingramcontent.com/pod-product-compliance
Lightning Source LLC
Chambersburg PA
CBHW060514170426
43199CB00011B/1445